전장을 지배한 전세를 뒤바꾼

무기전 보급전

전투코끼리, 랜드리스 작전, 아퀴버스, 탄저균까지 무기와 보급으로 본 세계사

전장을 지배한 무기전 전세를 뒤바꾼 보급전

ⓒ도현신, 2016

초판 1쇄 2016년 6월 1일
초판 2쇄 2016년 10월 25일

지은이 도현신
펴낸이 김성실
책임편집 김진주
본문 디자인 이주영
표지 디자인 채은아
제작 한영문화사

펴낸곳 시대의창　　**등록** 제10-1756호(1999. 5. 11)
주소 121-816 서울시 마포구 연희로 19-1
전화 02)335-6121　　**팩스** 02)325-5607
전자우편 sidaebooks@daum.net
페이스북 www.facebook.com/sidaebooks
트위터 @sidaebooks

ISBN 978-89-5940-614-2 (03900)

잘못된 책은 구입하신 곳에서 바꾸어드립니다.

이 도서의 국립중앙도서관 출판시도서목록(CIP)은
서지정보유통지원시스템 홈페이지(http://seoji.nl.go.kr)와
국가자료공동목록시스템(http://www.nl.go.kr/kolisnet)에서 이용하실 수 있습니다.
(CIP제어번호: CIP2016010839)

전장을 지배한

무기전 보급전

전세를 뒤바꾼

전투코끼리, 랜드리스 작전, 아퀴버스, 탄저균까지
무기와 보급으로 본 세계사

도현신 지음

시대의창

들어가기에 앞서

역사에 기록되지 않은 훨씬 이전, 인류가 한곳에 모여 집단을 이루고 살 때부터 이미 전쟁은 시작되고 있었다. 단순히 식량을 얻기 위해 코끼리나 들소 같은 큰 동물을 여럿이 함께 사냥하는 것이 전쟁의 시초였다.

하지만 단순히 사람의 몸만으로는 사냥을 하기 힘들다. 사람의 몸은 동물보다 훨씬 부드럽고 연약하기 때문이다. 사람보다 크고 힘센 동물을 죽이려면, 좀 더 편리하고 살상이 가능한 도구가 필요하다. 그래서 인류는 자신의 몸보다 더 강한 도구를 찾다가 주위에 널린 돌을 주워들었고, 이윽고 그것을 던지거나 내리치면 주먹이나 발보다 훨씬 강한 힘을 낸다는 사실을 깨달았다. 처음에는 단순히 돌을 던지는 것으로 시작했다. 그 뒤 나무 끝에 돌을 매달아 돌창과 돌칼과 돌도끼를 만들었고, 얼마 뒤 누군가가 돌로 만든 촉으로 멀리까지 쏠 수 있는 활과 화살을 개발했다. 인류는 돌로 만든 무기로 코끼리나 들소처럼 자신보다 훨씬 크고 힘센 동물을 사냥했고, 동물과의 싸움에서 승리할 수 있었다.

좀 더 시간이 지나자 인류는 이제 동물을 상대로 무기를 쓰는 것이 아니라 서로 다른 집단에 소속된 인간을 상대로도 무기를 쓰며 전쟁을 벌였다. 인류가 농사를 짓기 시작하면서 사냥을 하는 것보다 더 많은 식량을 한곳에서 얻게 되자 굳이 힘들게 사냥하지 않아도 얼마든지 많은 구성원을 먹여 살릴 수 있었다. 그러자 전쟁의 양상은 더욱 커졌다. 애써 거둔 수확물을 약탈당하지 않기 위해, 혹은 남의 것을 빼앗아 쉽게 먹고 살기 위해서였다.

이렇게 시작된 인간들의 전쟁은 짐승을 사냥할 때보다 더 복잡해지고 잔혹해졌다. 동물보다 지능이 뛰어난 인간끼리의 싸움이다 보니, 서로가 자신이 덜 다치면서 상대방을 더 많이 다치게 하는 쪽으로 지혜를 모아 더욱 편리하고 위력적인 살상 무기를 잇달아 내놓았다. 먼저 돌로 만든 촉이 달린 화살에 맞아 죽거나 다치지 않기 위해 방패와 갑옷과 투구 같은 방어 도구들이 등장했다. 두꺼운 방어 도구들을 단순히 돌화살만으로 제압하기 어렵자, 청동과 철로 만든 칼, 창, 도끼 등이 발명되었다. 이로써 더 효과적인 살상이 가능해졌다. 시간이 더 흐르자 인간의 힘을 초월한 화약이 발명되었고 그 화약을 바탕으로 총과 대포, 폭탄이 탄생했다. 이렇듯 인류의 역사는 곧 전쟁의 역사이며 한편으로는 무기 개발의 역사이기도 하다.

그러나 전쟁을 오래 하기 위해서는 무기만 중요한 것이 아니라 보급 능력도 중요하다. 아무리 용맹한 전사라도 먹지 못하면 싸울 수 없으니까. 또 사람이 많이 모일수록 그들을 먹여 살릴 식량이 많이 필요한데, 그런 일을 제대로 하지 못한다면 곧바로 신뢰를 잃고 집단은 해체된다. 예나 지금이나 배고픔을 이길 장사는 없는 법이다.

이 책은 무기와 보급, 이 두 가지 요소가 역사에 끼친 영향과 그에 얽힌 이야기를 담고 있다. 족히 수천 년이 넘는 방대한 세계사를 한 권의 책에 모두 담는 것은 무리이지만 무기와 보급, 곧 전쟁이 영향을 끼친 역사를 알게 된다면 어느 정도의 흐름은 잡을 수 있으리라 판단했다. 부디 이 책이 독자 여러분들의 지식과 교양에 조금이나마 도움이 된다면, 나로서는 더 바랄 것이 없다. 그럼 이제부터 즐겁게 책장을 넘겨주시길!

차례

2부 보급 먹지 못하면 싸울 수 없다!

1부 무기

우수한 무기가 승리를 좌우한다!

고대에 등장한 핵무기 활

간단한 발명이 잇따른 혁신을 부르다

인류는 언제부터 무기를 만들고 전쟁을 했을까? 이 물음에 확실한 답은 아무도 해줄 수 없다. 다만 원시 인류가 야생동물의 위협으로부터 자신을 보호하고, 더 나아가 동물을 사냥하여 식량을 마련하기 위해 무기를 만들었을 것이다.

최초의 인류인 오스트랄로피테쿠스는 약 300만 년 전에 나타났다. 그리고 호모사피엔스와 네안데르탈인을 거치면서 인류는 자신의 몸이 아닌, 도구를 사용하는 법을 익혀나갔다. 인류가 처음 손을 댄 도구는 자연에 흔히 널려 있는 돌이었다. 그래서 역사가 시작되기 이전, 각종 돌로 만든 도구를 사용한 시기를 가리켜 석기시대라고 부른다.

돌은 그 자체로 매우 유용한 도구였다. 사람의 뼈보다 더 단단한 돌은 그냥 던지기만 해도 위력적인 무기가 되었다. 또한 돌을 좀 더 가공하여 돌칼이나 돌도끼와 같은 석기를 만들면, 사람의 손으로 곡식과 채소를 수확할 때보다 많은 성과를 거둘 수 있었다.

돌칼과 돌도끼는 무기로도 사용할 수 있었다. 네안데르탈인과 그 이후에 나타난 크로마뇽인들은 이런 석기로 사냥을 하거나 다른 집단끼리의 싸움에 사용했다.

활의 등장

기원전 1만 2000년~8000년경 지금까지 보지 못한 혁신적인 무기가 어느 이름 모를 선구자에 의해 발명되었다. 그것은 바로 활이었다. 활은 인류가 나무와 풀에서 얻은 섬유로 밧줄을 꼬는 과정에서 만들어졌다. 휘어진 나무에 밧줄로 가늘게 만든 시위를 걸고 화살에 돌을 날카롭게 갈아 만든 화살촉을 끼워 시위를 잡아당겼다 놓으면 빠른 속도로 화살이 날아가 목표물을 맞혔다. 얼핏 보기에는 매우 단순한 원리 같지만, 이 당시 활의 등장은 핵무기의 등장과도 같았다. 활은 여태까지 인류가 사용했던 돌도끼나 돌칼 등에 비하면 매우 파격적인 신무기였다. 먼저 기존의 돌도끼나 돌칼은 한 번 사용하려면 적에게 가까이 다가가 바로 몸과 몸을 부딪치는 백병전을 치러야 했다. 그러면 자연히 적이 반격하게 되고, 그로 인해 죽거나 다칠 우려가 있었다.

그런데 활은 전혀 달랐다. 사용자가 적과의 거리를 좁히지 않고도, 정확히 말하면 적이 반격할 수 있는 범위 밖에서 마음 놓고 적을 공격하는 일이 가능해졌다. 내가 안전한 상황에서 적을 향해 얼마든지 공격할 수 있다는 것은 크나큰 장점이었다. 최소한의 손실로 최대한의 피해를 입힐 수 있다는 것이야말로 전략과 군사학의 근본 원리임을 감안한다면, 활은 매우 참신한 무기라 할 만했다.

또한 활은 후대의 무기 발전에 큰 공헌을 했다. 먼저 활을 사용함으로써 단순히 용맹함으로 활약하던 전사들은 몸을 사려야 했다. 아무리 사람이 몸을 단련해봐야, 돌화살촉에 맞으면 살갗이 찢어졌고 머리나 심장에 맞으면 죽기까지 했다. 그러자 화살을 막고 인체를 보호하기 위해 동물의 가죽을 나무에 씌워 만든 방패와 투구와 갑옷이 등장했다. 여기에 맞서 화살의 파괴력을 더 높이기 위해 화살촉은 차츰 돌에서 청동이나 철과 강철로 대체되었다. 공격자와 방어자 간의 경쟁 관계가 군사 무기를 발전시켰던 것이다.

아울러 석기시대에 등장한 활은 그 뒤 인류의 발걸음을 따라 전 세계로 전파되며 다양한 모습으로 개량되었다. 보다 길고 큰 나무에 시위를 묶어 쏘는 단일 장궁長弓, 나무에 동물의 뿔과 아교를 붙여 만드는 합성궁, 순전히 사람의 힘만으로 사용되는 것이 아니라 기계의 힘으로 발사되는 석궁이나 노궁, 쇠뇌 등이 속속 개발되었던 것이다.

이뿐만 아니라 시간이 한참 흐른 19세기 초반까지, 이름 없는 활은 무려 1만 년 동안 인류가 애호해온 무기로 자리 잡았다.

흑요석으로 만든 돌화살촉. 기원전 3300~2400년에 사용되었으며 오늘날 프랑스에서 발굴되었다.

최초의 고속 기동 무기 전차
바퀴를 단 수레의 전쟁사

기차와 자동차가 발명된 기원전 19세기 말까지 인류의 교통수단은 말이나 소, 낙타 같은 동물, 또는 그것들이 끌고 다니는 수레였다. 그중에서도 인류 문명의 발달과 세계사의 흐름에 가장 많은 도움을 준 동물은 단연 말이었다. 인류가 최초로 말을 길들이기 시작한 때는 기원전 4000년 전, 현재 우크라이나에 속한 지역에서였다.

하지만 초기의 말들은 지금과는 달리, 체구가 작고 힘이 약해서 사람을 태우고 달리지 못했다. 그래서 고대 사람들은 말에게 나무로 만든 바퀴 달린 수레를 끌게 했다.

역사를 바꾼 전차 이야기

말이 끄는 전차戰車가 인류 역사에 큰 역할을 했던 시기는 기원전

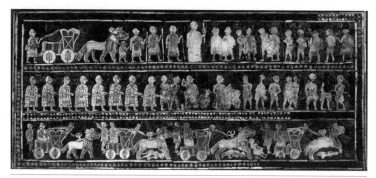

기원전 3000년 전, 수메르인들이 몰던 전차가 그려진 '우르의 스탠다드'.

2000년 무렵부터였다. 중앙아시아에 살던 백인 계통의 유목민 아리안족은 바퀴살이 여섯 개 달린 바퀴를 만들어, 두 마리 이상의 말이 끄는 전차에 붙였다. 이제까지의 수레바퀴와는 달리 바퀴살 달린 바퀴는 공기의 저항이 더 적어 그만큼 속도가 빨랐다. 아리안족은 이렇게 개량된 전차를 타고 주변 지역을 침략하며 세력을 넓혀갔다. 그들의 영향으로 전차는 서쪽으로는 유럽과 중동에까지, 동쪽으로는 인도와 중국과 한국에까지 광범위하게 전파되었다.

사람이 두 발로 걷는 속도보다 훨씬 빠르게 원하는 목적지까지 실어다주는 전차는 인류가 만든 최초의 고속 기동 무기이자, 자동차에 비견될 만한 혁명적인 발명품이었다.

아리안족에게 전차 제조 기술을 배운 서아시아의 유목민 힉소스족은 기원전 17세기 무렵, 중동에서 가장 부유한 나라인 이집트를 침략했다. 힉소스족이 침입하기 전까지, 이집트인들은 말을 본 적조차 없었다.

갑자기 빠른 속도로 움직이는 전차 위에서 활을 쏘아대는 힉소스족이 나타나자, 이집트인들은 처음 보는 신무기의 위력에 혼비백산했다. 게다가 전차는 사람이 걷거나 뛰는 속도보다 훨씬 빨리 움직일 수 있었다. 이처럼 우수한 기술에 눌린 이집트인들은 100년가량 힉소스족의 지배를 받아야 했다.

하지만 힉소스족과 오랜 접촉을 하면서 이집트인들도 차츰 힉소스족의 전차 제조 기술을 터득하게 되었다. 마침내 기원전 16세기에 이르러 수천 대의 전차 부대를 만들어 힉소스족을 격파하고 이집트 밖으로 쫓아내는데 성공했다.

강력한 전차 부대를 갖춘 이집트는 기원전 1275년, 팔레스타인 북부의 카데시 전투에서 중동의 패권을 놓고 현재 터키를 지배하던 히타이트 왕국과 충돌했다. 이때 이집트와 히타이트군은 각각 보병 2만 명과 전차 2,000대를 동원했다. 이집트의 전차는 말 두 마리가 전차를 끌고 마부 한 사람과 활을 가진 병사 한 사람이 탑승했다. 이는 원거리에서 화살을 쏘는 용도로 사용되었으며 무게가 가벼웠다. 반면 히타이트의 전차는 말 세 마리가 전차를 끌고, 마부 한 사람과 방패와 창을 든 병사 두 사람이 탑승하여 적진으로 정면 돌격했으며 무게가 무거웠다.

힉소스족을 추격하는 이집트의 파라오 아흐모세 1세와 그가 탄 전차.

전쟁의 초반부에는 기습 돌격한 히타이트군이 유리했으나 후반부에 들자 적과의 거리를 유지하며 원거리에서 화살을 쏘는 이집트군이 우세했다. 결국 카데시 전투는 두 나라의 무승부로 끝났다.

하지만 전차는 불편한 점도 있었다. 먼저 전차는 사람과 말, 수레의 무게까지 더해져 굉장히 무거웠다. 또한 전차 바퀴와 바퀴 축은 나무로 만들어져 한참 달리다가 방향을 바꾸려고 하면 때때로 부러졌으며, 바위나 자갈이 많은 거친 지형으로 들어가면 망가지기 쉬웠다. 여기에 전차 한 대를 만들려면 최소한 두 마리 이상의 말과 수레, 병사들까지 전부 마련해야 해서 비용이 너무나 많이 들었다. 결정적으로 전차가 사라지게 된 계기는 두 가지였다. 하나는 사람을 태우고 다니기에 충분히 크고 힘센 품종의 말이 등장한 것, 다른 하나는 전차에 맞서는 보병 전술이 발달한 것이었다.

기원전 9세기에 들어, 중동의 아시리아 왕국은 오랜 노력 끝에 사람을 태우고 다닐 수 있는 큰 말을 개량했다. 이 말은 아시리아 왕국과 대적하던 그루지야 지역의 유목민인 킴메르족을 통해 빠른 속도로 중앙아시아와 몽골 초원의 다른 유목민들에게 전해졌다. 이런 이유로 유목민들은 정착민들보다 더 일찍 전차를 버리고 기병이 되어 신속한 기동력으로 전장을 지배할 수 있었다.

아시리아 왕국이 이룩한 성과로 인해 사람이 직접 말의 등 위에 올라타 싸울 수 있는 기병이 등장했으며 전차의 가치는 점차 낮아졌다. 서남아시아의 왕이나 장군 들은 비용이 많이 들고 움직이기 불편한 전차보다는 비용이 적게 들고 움직이기 쉬운 기병을 더 선호했다. 하지만 전차를 사용하던 오래된 관습은 하루아침에 버리기 어려웠고, 이런 이유로 서남아시아에서는 한동안 기병과 전차가 공존했다.

기원전 331년, 가우가멜라 전투에서 서남아시아의 전차는 무너졌다. 당시 페르시아 황제 다리우스 3세는 전차 200대를 투입했다. 네 마리의 말이 끄는 전차에는 마부 한 사람과 병사 한 사람이 탑승했다. 전차 바퀴에는 날카로운 낫을 달아 바퀴에 닿는 물체를 모조리 베어버릴 수 있었다. 여기에 다리우스 3세는 전차가 잘 굴러갈 수 있도록, 미리 병사들을 동원해 전투가 벌어질 가우가멜라 평원을 평평하게 다지고 돌멩이를 골라내기까지 했다.

하지만 페르시아군과 맞선 마케도니아의 알렉산드로스 3세는 전차가 다가오면 재빨리 각 병사들의 대열을 넓혀 전차를 그냥 지나가게 한 다음, 뒤에서 창을 던지거나 찌르는 방식으로 대처하도록 했다. 결국 그렇게 페르시아의 전차 부대는 간단히 무력화되었다. 가우가멜라 전투는 전차의 효용성이 한계에 다다랐음을 보여주는 사건이었다. 그로부터 564년 뒤인 서기 233년, 다리우스 3세의 후손임을 자처하던 페르시아 황제 아르다시르는 무려 1,800대나 되는 전차를 동원하여 로마 제국을 공격했으나 끝내 이기지 못하고 패주해야만 했다. 그 이후 서남아시아권에서 군사 무기용 전차는 완전히 사라졌다.

동양에서 전차는 기원전 2세기 중국 한나라 무렵까지 사용되었으나 한나라가 흉노족과 전쟁을 치르며 문제점이 드러났다. 당시 북방의 유목민이었던 흉노족은 동서양을 연결하는 무역로 '초원길'을 통해 오래전 아시리아와 대적했던 유목민들과 교류하여 사람을 태울 수 있는 힘센 품종의 말을 도입했다. 그로 인해 흉노족은 날렵한 기병이 되어 한나라와의 전쟁에서 우위를 차지할 수 있었다.

알렉산드로스 3세의 공세에 밀린 다리우스 3세가 전차를 탄 채 도주하고 있다.

흉노의 기병들은 한나라의 국경을 침범하여 약탈을 일삼다가 전차를 앞세운 한나라군이 몰려오면 재빨리 달아났다. 한나라의 전차는 네 마리의 말이 끌고 마부 한 사람과 각각 활과 창을 가진 병사 두 사람이 탑승했다. 이 때문에 무겁고 느려 흉노족의 가볍고 빠른 기병을 따라잡지 못했다.

그러자 한나라는 전차를 버리고 말 사육과 기마부대 편성에 온 국력을 기울였다. 최대 18만 명이나 되는 대규모 기마부대를 만들어 흉노족을 격파했다. 전차 없이 기병만으로도 흉노족을 효과적으로 제압할 수 있다는 점이 증명되자 전차는 더 이상 쓸모없었다.

기원전 1세기가 되자, 전차는 비용이 훨씬 덜 들고 효율적인 기병에 밀려 마침내 동양의 전쟁터에서 사라졌다. 하지만 약 2000년 동안 전장을 지배했던 전차가 남긴 유산은 결코 없어지지 않았다. 빠른 속도로 움직이며 적진을 타격할 수 있는 고속 기동 무기의 원리는 전차에서 기병으로, 또 탱크와 전투기로 이어지며 오늘날까지 남아 있다.

세계를 제패한 기병의 탄생

사람을 태운 말이 전장을 누비다

전쟁의 역사에서 빼놓을 수 없는 동물은 말이다. 기원전 4000년 전부터 가축으로 길들여진 말은 전투와 운송 등 여러 면에서 매우 유용한 동물이었다.

초기의 말은 체구가 작고 힘이 약해 사람을 직접 태우지는 못하고 수레를 끌어 사람을 실어 나르는 용도로 쓰였다. 이 때문에 등장한 전차戰車, 또는 마차馬車는 기원전 2000년 무렵부터 유라시아 대륙 각 지역에 널리 전파되었다.

하지만 전차는 만드는 데 비용이 많이 들고, 선회할 때 이따금 바퀴축이 부러질 우려가 있었으며, 평탄한 지형에서만 굴러간다는 단점들이 있었다. 이런 결점을 보완하기 위해 사람이 직접 말에 탄 채로 싸우는 기병騎兵이 등장했다.

아시리아에서 시작된 기병의 역사

최초의 기병은 현재 이라크 북부에 기반을 둔 아시리아 제국에서 시작됐다. 기원전 9세기 무렵, 아시리아의 국왕인 투쿨티-니누르타 2세는 사람의 몸무게를 견뎌낼 만한 크고 힘센 품종의 말을 개량하는 데 성공하여 본격적으로 기병을 편성했다.

말을 달리면서 활을 쏘는 아시리아의 기병 부대. 달리는 말 위에서 활을 쏘려면 상당한 수준의 승마술이 필요하다. 그 단계에 이르는 데 아시리아인들은 100년 동안 부단한 노력을 해야 했다.

아시리아의 기병 부대는 원거리에서 활을 쏘는 궁기병과 창과 칼을 들고 직접 적들과 육박전을 벌이는 창기병으로 나누어졌다. 초기의 아시리아 기병 부대는 창기병이 자신의 말과 궁기병의 말 고삐를 잡고 움직이는 2인 1조 전략으로 운영되었다. 달리는 말 위에서 활을 쏘기에는 말을 타는 기술이 서툴러서 그랬던 모양이다. 그러다 기원전 8세기 초에 이르자 아시리아 기병들도 승마술이 늘면서 혼자서도 말을 잘 몰 수 있게 되었다.

아시리아 제국은 기원전 612년, 왕위를 둘러싼 내분이 격화되고 잔혹한 압제에 분노한 속국들이 반란을 일으켜 결국 멸망했다. 하지만 그들이 이룬 기마 부대의 전술 체계는 후대에 계속 전해졌다. 아시리아 이후 서남아시아를 통일한 페르시아 제국은 기병을 사용하여 큰 성과를 이룩했다. 페르시아 제국의 창시자인 키루스 2세는 우수한 품종의 말 산지인 메디아와 아르메니아를 점령했다. 그리고 말에게 페르시아 고원 지대에서 자라는 좋은 약초인 알팔파 Alfalfa를 먹여 건강한 말을 생산했다. 이처럼 훌륭한 말들로 편성된 페르시아의 기마 부대는 21년간 터키에서 중앙아시아에 이르는 광대한 영토를 정복했다.

키루스 2세를 동경했던 마케도니아의 알렉산드로스 3세는 페르시아의 기마 부대에서 힌트를 얻어 3.5미터에 이르는 긴 창으로 무장한 기병 부대 '헤타이로이'를 편성했다. 헤타이로이 부대는 페르시아 기병들이 멀리서 적을 향해 창을 던지는 식으로 싸웠던 것과는 달리, 창을 들고 적의 측면이나 후방을 노리고 맹렬한 돌격전을 감행했다. 헤타이로이 부대의 활약에 힘입어 알렉산드로스 3세는 이집트에서 인도에 이르는 광활한 영토를 정복할 수 있었다.

한편 동양의 기병 도입을 문헌으로 확인할 수 있는 최초의 시기는 기원전 4세기 무렵이다. 중국 조나라의 무령왕이 북방 유목민인 흉노족의 기병처럼 말을 타는 데 편리한 유목민의 옷을 입고 말을 타면서 활을 쏘는 이른바 호복기사胡服騎射를 추진하면서, 중국에 기병이 본격적으로 도입되었다. 그전까지 조나라를 비롯한 중국인들은 네 마리 말이 끄는 무거운 전차로 전쟁을 했다. 그런데 날렵한 기병으로 편성된 흉노족이 조나라를 자주 침범하자, 무령왕은 기병에 비해 느린 전차로는 흉노족과 제대로 싸울 수 없다고 판단했

19세기 아칼 테케 그림. 중국인들은 아칼 테케를 한혈마汗血馬 또는 천마天馬라고 부르며 그 위용에 감탄했다.

다. 말을 타는데 편리한 흉노족의 간편한 옷차림과 활쏘기 전술을 모방하여 새로운 기병 부대를 편성한 것이다.

한나라의 한무제 시기에 이르러, 중국의 기병 문화는 크게 발전했다. 기원전 101년, 한나라 장군 이광리는 6만 군대를 이끌고 현재 우즈베키스탄 동부의 페르가나Fergana인 대완국大宛國을 정복하고 대완국의 한혈마 20마리를 한나라로 가져왔다. 이후, 한혈마를 탄 한나라 기병 부대는 전투에서 흉노족을 압도하며, 그들을 격파했다.

한나라가 손에 넣었던 한혈마는 현재 투르크메니스탄이 원산지인 아칼 테케Akhal teke로 추정된다. 아칼 테케는 추위와 더위를 잘 견디며 사흘 동안 물을 마시지 않고 달려 중앙아시아의 카라쿰 사막을 횡단할 수 있을 정도로 체력이 강한 말이다.

중세 유럽에서는 말을 탄 기사들이 주력군이었다. 기사들은 주로 체구가 큰 중종마重種馬를 즐겨 탔다. 중종마는 어깨 높이가 1.63~2미터에 이를 정도로 크고 우람한데, 본래는 거친 밭을 갈 때에 쓰기 위해 품종을 개량한 말이었다. 일부러 크고 힘센 중종마를 타고 싸운 이유는 개인의 명예를 중시했던 기사들이 적에게 "이렇게 큰 말을 탔으니 나는 매우 강하다"라고 자신들의 위세를 과시하기 위해서였다.

영국의 샤이어Shire 품종의 말. 중세 기사들이 탔던 중종마에 속한다.

중종마를 타고 긴 창 랜스Lance를 쥔 채 돌격하는 기사들은 십자군전쟁에서 수적으로 우세한 아랍인들과 싸워 큰 전과를 거두었다. 한 예로 1177년 몽기사르 전투에서는 십자군 500명이 이집트군 2만 6,000명을 격파한 일도 있었다. 이렇게 강력한 기병 덕분에 십자군은 200년 동안 중동에서 살아남았다.

서양의 중종마는 다른 문화권 사람들에게 무척 신기하게 보였던 듯하다. 1342년 8월 로마 교황 베네딕투스 12세가 원나라 황제인 순제에게 말 한 마리를 선물했다. 원나라의 역사인 원사에서는 이 사건을 두고 불랑국佛朗國에서 진기한 말을 보내왔다고 기록했다. 여기서 불랑국이란 서유럽을 가리키는 말인 '프랑크Frank'의 한자 발음이다. 아마 교황이 서유럽산 중종마 한 필을 선물로 보냈던 모양이다. 기마민족인 몽골족이 세운 원나라의 황제이니, 말을 좋아할 것이라고 여겼던 것일까? 교황의 예상대로 원나라 순제는 매우 기뻐하며 그 위용에 감탄하여 궁중화가에게 중종마를 그리게

말을 탄 에스파냐 병사들과 원주민 동맹군이 아즈텍 전사들과 싸우는 모습을 담은 삽화. 에스파냐의 기병은 말이 없었던 신대륙 원주민들에게 불가사의하면서도 무서운 존재였다.

했다. 아울러 순제의 옆에 있던 궁중시인도 우람한 중종마에 놀라 "옛날 한나라 무제가 20만 대군을 서역에 보내 겨우 몇 필의 대완마(한혈마)를 얻었는데, 이제는 병사 하나 동원하지 않아도 멀리 서쪽 끝에서 바다를 건너 마치 날아오듯 하늘의 말天馬이 나타났구나!"하고 시로 읊었다.

16세기 아메리카 대륙을 정복한 에스파냐군도 중종마를 타고 싸웠는데, 아메리카 원주민들은 말을 처음 보고 너무 놀라 사람이 아닌 신처럼 여겼다고 한다. 얼마 뒤 말에 익숙해진 원주민들은 더 이상 말을 신이라고 생각하지 않았지만 그래도 말을 탄 에스파냐군은 여전히 원주민들에게 두려운 대상이었다. 그들이 사람보다 더 크고 무거운 말을 탄 채로 돌격하면 웬만한 원주민군은 궤멸되기 일쑤

나폴레옹 군대에서 활약했던 흉갑 기병, 퀴레시어. 나폴레옹의 적이었던 영국은 이들을 모방하여, 자신들도 퀴레시어 부대를 만들었다.

였다. 거의 다 죽어가던 패잔병을 지휘했던 에스파냐 정복자 코르테스는 오툼바 전투에서 자신이 직접 말을 타고 아즈텍군을 향해 돌격하여 적장을 쓰러뜨리고 패주시켰다. 또 다른 에스파냐 정복자 피사로와 싸운 잉카인들도 평지에서는 에스파냐 기병대의 위력을 도저히 이길 수 없다고 판단해 그들과의 정면 대결을 최대한 피하고자 했다. 이렇듯 강력한 기병 부대를 갖춘 에스파냐군은 불과 100년도 못 되어 광대한 아메리카 대륙을 파죽지세로 정복할 수 있었다.

또한 19세기 유럽을 재패했던 프랑스의 나폴레옹 군대에서도 중종마를 탄 기병 부대가 있었다. 이들은 가슴을 보호하는 흉갑을 입은 퀴레시어Cuirassier였다. 퀴레시어는 커다란 말을 타고 돌격하여 적들을 겁주거나 돌격하여 상대편 보병 대열을 부수는 역할을 맡

왔다. 당시 프랑스군은 유럽 최강의 군대였고 프랑스에서 운용하는 퀴레시어는 다른 유럽 국가에서도 선망의 대상이었다. 이에 영국을 비롯한 러시아와 프로이센과 오스트리아 등은 모두 퀴레시어를 모방한 부대를 만들기도 했다. 나폴레옹의 마지막 싸움인 워털루 전투에서도 퀴레시어는 다른 프랑스군과 함께 참전하여 용맹을 떨쳤다.

그러나 기병을 이용하여 가장 위대한 성과를 거둔 집단은 유라시아 대륙의 유목민들이었다. 화약 무기가 보편화되는 서기 17세기 이전까지 약 2000년 동안 유목민들은 유럽과 아시아의 초원에서 말들을 키우며 살았다. 이들은 성인 남자 대부분이 말을 타고 싸우는 기병이었기에 가장 강력한 전투 집단이었다.

역사에 기록된 최초의 기마 유목민은 인도-유럽어족의 일파인 킴메르족Cimmerians이다. 이들은 기원전 8세기 무렵, 지금의 우크라이나에서 남쪽으로 내려와 중동의 강대국인 아시리아와 리디아를 위협했다.

당시 킴메르족은 말을 타고 활을 쏘는 기마 궁수로 싸웠다. 그

말을 타고 활을 쏘는 킴메르인들의 모습.

들은 그전까지 고대 아리안족처럼 전차를 몰다가 아시리아족이 개량한 말을 재빨리 입수하여 기병이 되었던 것으로 추측된다. 이 킴메르족을 통해 중앙아시아와 몽골 초원의 다른 유목민에게 기마 문화가 빠른

속도로 전해졌다. 킴메르족은 기원전 7세기 후반이 되자, 중앙아시아에서 이주해온 다른 유목민 스키타이족에게 정복되거나 유럽으로 달아나 역사 속에서 사라졌다.

14세기 이란에서 그려진 몽골 기병들의 전투 장면.

킴메르의 뒤를 이어 나타난 스키타이족은 우크라이나에서 중국의 서부 변경에 이르는 광대한 영토에서 활동하면서 28년가량 서남아시아를 지배할 정도로 큰 위세를 떨쳤다. 스키타이인의 활동 영역이 워낙 넓다 보니, 이들을 가리켜 페르시아인들은 사카Saka, 인도인들은 시카, 중국인들은 색塞이라 불렀다.

기원전 5세기부터 몽골 초원을 지배했던 흉노족은 중국인들이 가장 두려워했던 적수였다. 최전성기였던 묵돌 선우의 통치 기간에는 중국 한나라를 위협하여 공물을 받아낼 정도였다. 이후 한무제 시기에 한나라의 공세에 밀려 세력이 위축된 흉노족은 멀리 유럽으로 달아나, 로마와 게르만에 훈족이라 불리며 공포의 대상이 되었다.

기원후 6세기 몽골 초원은 새로운 유목민인 돌궐족이 지배했다. 이들은 한때 40만 대군을 거느리며 중국 당나라를 압박하다가 속국이었던 위구르족의 반란에 밀려 중앙아시아로 달아났다. 그리고 이슬람교로 개종한 뒤 서남아시아로 진출하여 오늘날 터키인의 조상이 되었다.

그 밖에 13세기 들어 유라시아 대륙을 재패했던 칭기즈칸과 몽골족, 17세기에 중국 대륙을 정복한 만주족 모두 막강한 기병을 사용한 덕에 위대한 업적을 이룰 수 있었다.

이렇듯 기원전 9세기의 고대 아시리아에서부터 19세기 나폴레옹 시대에 이르기까지, 인류 역사에서 무려 2800년 동안 말은 전쟁에서 빼놓을 수 없는 귀중한 자원이자, 강력한 무기였다.

철제 무기의 발명

역사의 운명을 바꾼 금속 이야기

기원전 14세기경, 오늘날 터키에 살던 고대 히타이트인은 고온에 철광석을 녹여 좋은 품질의 철을 만드는 방법을 알아냈다. 부드러워 쉽게 휘는 연철이 아닌, 고품질의 강철을 얻으려면 약 1,053도 이상의 고온이 필요하다. 히타이트인 이전에도 철제 도구는 있었지만, 모두 연철이나 우주에서 떨어진 운석에 포함된 순수한 성분의 철로 된 희귀한 운철들이었다.

히타이트인이 시작한 철의 역사

히타이트인이 고온의 용광로에서 철광석의 불순물을 분리하여 순수한 강철을 만드는 데 성공하자 서남아시아의 판도는 바뀌었다. 우수한 철제 무기의 힘으로 기원전 1193년까지 히타이트는 이집트와 어깨를 나란히 하며, 서아시아를 지배하는 강대국으로 군림할 수 있었다.

철제 무기가 가진 위상은 마치 오늘날의 원자폭탄이나 레일 건(마하 7의 초고속으로 발사되는 미사일) 같은 최첨단 무기에 견줄 만했다. 한 예로 히타이트의 왕 하투실리스 3세는 이집트 왕 람세스 2세에게 그들의 강철 단검을 보내며 "너희 나라는 이런 무기를 만들 수 있는가?"라며 조롱하기까지 했다.

히타이트인들은 자국이 보유한 강철 제조 기술을 철저한 비밀로 하여 외부로의 반출을 엄격히 금지했다. 그 덕분에 이집트를 비롯한 주변국들은 끝내 히타이트의 철제 기술을 손에 넣지 못하고 청동제 무기로 만족해야 했다. 하지만 기원전 1200년 무렵, 동부 지중해와 북아프리카, 서아시아 일대에 뜻하지 않은 사건이 발생했다. 지금의 크레타와 그리스 남부 및 시칠리아와 사르데냐 섬에서 엄청난 수의 이주민이 배를 타고 소아시아(터키)와 팔레스타인, 이집트, 리비아 등 중근동 일대로 대규모 이주를 단행했던 것이다. 이 때문에 히타이트의 철기 제조 기술은 외부로 유출되고 만다.

해양민의 침입과 철기 제조 기술의 유출

해양민Sea People이라 불리는 이 이주민들은 왜 이런 집단 이주를 했던 것일까? 아직 정확한 이유는 밝혀지지 않았지만 당시 그리스 북부에 백인계 유목민인 아리안족이 쳐들어오자, 그들에게 삶의

터전을 위협받은 그리스와 크레타의
선주민들이 살 곳을 찾기 위해 동쪽
바다로 떠났을 것이라는 견해가 가장
유력하다.

해양민의 등장은 순식간에 서남아
시아의 판세를 바꿔버린다. 수백 년

동안 이집트와 함께 세력 구도를 좌우하던 강대국 히타이트는 메
뚜기 떼처럼 몰려오는 해양민에게 수도 하투샤가 함락된 뒤 멸망
한다. 히타이트를 멸망시킨 해양민들은 기원전 1174년 내친김에
이집트까지 쳐들어갔지만 이집트 군대의 굳건한 방어벽에 부딪쳐
쫓겨났다. 이집트 정복에 실패하자 이들은 방향을 돌려 오늘날의
팔레스타인 지역으로 이주했다.

한낱 난민 집단에 지나지 않던 해양민들이 어떻게 파죽지세로
서남아시아를 휩쓸며 위세를 떨쳤을까? 여기에는 한 가지 놀라운
사실이 있다. 해양민들은 히타이트인들이 쓰던 것과 같은 우수한
철제 무기로 무장했던 것이다.

해양민들이 어떻게 히타이트인들의 철제 무기 제조법을 손에
넣었는지에 대해서는 여러 추측이 엇갈린다. 그들이 고향 땅에 있
을 때부터 철제 무기를 만들어 사용했다는 주장도 있고 히타이트
왕국을 멸망시킨 이후에 히타이트인을 위협하여 그들로부터 철제
무기 제조법을 알아냈을 것이라는 주장도 있다. 여하간 히타이트
왕국의 멸망으로 철기 문화는 주변 곳곳에 전파되었다.

구약성경에 숨겨진 철제 무기의 비밀

이집트 정복에 실패한 뒤 팔레스타인으로 방향을 돌린 해양민들은 우수한 철제 무기의 힘으로 팔레스타인에 살던 이스라엘인들을 격파하고 그곳에 정착한다. 이 해양민들은 이스라엘인들에게 블레셋 Philistia이라고 불리게 된다. 이들이 바로 구약성경에서 이스라엘을 오랫동안 괴롭히던 집단이다. 그리고 팔레스타인이란 이름도 블레셋인들이 산다고 해서 붙여진 지명이다.

이스라엘의 위대한 영웅 다윗 왕이 나타나기 전까지 이스라엘인들은 블레셋인들과의 대결에서 불리한 위치에 있었다. 이스라엘인들은 블레셋인들과 싸울 때마다 번번이 패하기 일쑤였다. 구약성경에도 등장하는 기원전 1050년의 아벡 전투에서 이스라엘은 하느님의 계약을 새겨놓은 법궤를 빼앗기고 그것을 지키던 대제사장 엘리의 두 아들마저 전사했을 정도로 대패했다.

패배의 원인은 무기에 있었다. 블레셋인들은 우수한 철제 무기와 갑옷을 입고 싸운 반면 이스라엘인들은 그보다 약한 청동제 무기를 사용했던 것이다.

구약성경의 사무엘상 13장 19~22절에 의하면 당시 이스라엘에는 철을 다룰 줄 아는 대장장이가 없었고, 블레셋인들이 이스라엘인들에게 칼과 창 같은 무기들을 만들지 못하도록 강요했다고 한다. 그래서 이스라엘인들은 철제 보습이나 곡괭이가 필요하면 블레셋인들에게 가서 3분의 1세겔(은화나 금화를 재는 이스라엘의 화폐 단위.

약 11.42그램)을 내고 빌렸으며, 도끼나 낫은 10분의 1세겔을 내고 빌려야 했다.

이스라엘의 사울 왕이 블레셋인들과 전쟁을 벌였을 때, 이스라엘군 가운데 철로 된 칼과 창을 가진 자는 사울 왕과 그의 아들 요나단 왕자밖에 없을 정도로 이스라엘에는 철제 무기가 부족했다.

하지만 이스라엘인들도 바보가 아닌 이상 언제까지 당하고만 있지는 않았다. 예언자 사무엘의 추대를 받아 즉위한 이스라엘의 초대 왕 사울은 용감한 젊은이들로 저항군을 조직했다. 그리고 이들을 이스라엘 영토 각지에 세워져 있던 블레셋 진지를 기습하게 하여 블레셋을 제압하고 철제 무기를 빼앗아 무장했다. 이 방식은 상당한 효과를 거두었다. 사울 왕의 뒤를 이어 왕이 된 다윗은 한때 사울의 노여움을 사 적국인 블레셋으로 망명한 적이 있었다. 그는 자신과 접촉한 블레셋의 지파들을 포섭하여 그들로부터 철제 무기 제조 기술과 사용법을 전수받았다.

구약성경에 다윗은 휘하에 헷족 출신 우리야를 부하로 거느렸다고 기록되어 있다. 여기서 헷족이란 히타이트를 말한다. 조국이 멸망한 뒤 끌려와 군인이 되었던 우리야는 철제 무기와 관련해 많은 지식을 가지고 있었을 것이다. 이 점이 다윗 왕에게 도움이 되지 않았을까?

우리야 등 히타이트 망국민의 도움으로 철제 무기를 갖추게 된 이스라엘군은 뛰어난 지도자 다윗의 영도하에 블레셋인들과 싸워 크게 이겼다. 그리고 다윗의 아들이자 가장 위대한 이스라엘의 왕

솔로몬 시대와 그 이후에도 이스라엘은 블레셋인들을 계속 공격했다. 결국 블레셋인들은 이스라엘에 굴복하여 역사 속에서 사라졌다.

유목민이 전파한 철기 문화

한편 히타이트의 유산인 철기 문화는 블레셋인 말고도 오늘날 코카서스 산맥 북쪽에 살던 킴메르족에게도 전해졌다. 이들은 히타이트 왕국이 멸망한 뒤 영토였던 동부 아나톨리아 반도(터키)를 공격하여 한동안 그곳에 근거지를 마련하고 살았다. 그리고 그 과정에서 히타이트의 잔여 세력들로부터 철기 제조 문화를 손에 넣은 것으로 추정된다.

기원전 8세기로 접어들자 킴메르족은 동쪽 중앙아시아에서 몰려온 스키타이족에 격파되어 멀리 서쪽으로 달아났다. 그들이 선택한 새로운 이주지는 바로 유럽이었다. 서쪽으로 이주한 킴메르족은 남러시아의 우크라이나와 헝가리, 스위스, 프랑스, 벨기에 등 서유럽 깊숙이 쳐들어가 토착민들을 정복하고 철기 문화를 전파했다.

고대 유럽의 대부분을 지배했던 켈트족은 킴메르족과 접촉하여 철기 문화를 받아들였으며, 철을 무척 소중하게 여겨서 소금과 철의 보유량으로 부유함의 기준을 정했다.

그런가 하면, 킴메르족을 몰아낸 스키타이족은 그들로부터 입수

1881년 러시아의 화가인 빅토르 바스네토소프Viktor Vasnetsov가 그린 스키타이와 슬라브족의 전투. 러시아 역사학자들은 스키타이 왕족에게 지배되었다는 '농사를 짓는 스키타이인'이 슬라브족이며, 오늘날 러시아인들의 조상이라고 주장한다.

한 철기 문화를 주변 지역들과 교역하며 전해주었다. 오늘날 많은 고고학자가 고대 중국을 비롯한 동북아시아에 철기 문화를 전파한 장본인은 스키타이족이라고 추측한다. 일설에 의하면 단군 신화에 등장하는 환웅으로 대표되는 천신족天神族도 뛰어난 철제 기술을 가지고 있던 유목민 집단이라고 한다.

한반도에서는 가야의 전신인 변한 시절 철기 기술이 등장했다. 많은 학자가 변한의 철제 제조 기술이 스키타이족을 통해 철기 문화를 전해 받은 흉노족과 선비족 같은 북방 유목민으로부터 전파되었으리라고 추측한다. 고대 한반도에서 철은 한 나라의 국운과 왕위까지 차지할 수 있을 정도로 중요한 도구였다. 신라의 네 번째 왕 석탈해는 철을 다루는 데 뛰어난 대장장이였을 정도였다.

하지만 철기가 청동기를 완전히 밀어내고 보편화되기까지는 상당한 시간이 걸렸다. 페르시아 전쟁을 치르던 기원전 5세기 그리스에서는 여전히 청동으로 제작된 창과 방패를 주된 무기로 사용했다. 멀리 동양의 중국에서도 사정은 마찬가지였다. 전국 7웅을 통일한 진나라군은 모두 청동으로 만든 화살촉과 창, 칼을 사용했다. 심지어 서기 3세기, 조조가 이끄는 위나라 군대도 청동제 화살과 쇠뇌를 사용할 정도였다.

철기는 서양에서는 로마 제국 시대부터, 동양에서는 4세기 5호 16국 시대부터 보편화되었다. 한반도에서는 4세기 삼국 시대부터 널리 퍼졌다. 그러나 16세기까지 서양에서 강철로 만든 판금 갑옷과 칼이 청동으로 만든 대포와 함께 사용되었다는 점을 감안한다면 청동제 무기와 철제 무기의 공존은 상당히 오랫동안 계속되었다.

돌팔매의 명수 다윗

단순한 도구가 치명적인 무기로 변하다

구약성경을 잘 모르는 사람들도 '다윗'과 '골리앗'이라는 이름은 흔히 들어보았을 것이다. 그리고 다윗이 돌팔매Sling를 던져, 골리앗을 쓰러뜨렸다는 이야기도 잘 알 것이다. 조그만 소년이 고작 돌멩이 하나로 우람한 거인을 때려눕혔다는 내용이 워낙 극적이어서, 많은 사람이 이 이야기를 그저 어린이들에게 들려주는 동화 정도로 생각할 것이다.

하지만 다윗과 골리앗의 이야기는 결코 허무맹랑한 동화가 아니었다. 실제로 다윗이 골리앗에게 던진 돌팔매는 고대 세계에서 수천 년 동안 유용하게 사용되어온 강력한 군사 무기였다.

알고 보면 무서운 무기 돌팔매

돌팔매는 인류가 지구상에 나타난 이래로 함께해온 유서 깊은 무기이다. 그 기원은 인간이 야생동물이나 다른 인간의 습격에 대비하기 위해 자연에 널려 있는 돌멩이를 주워 던진 것에서 비롯되었다. 좀 더 시간이 지나자 돌을 그냥 던지는 것보다 팔매 끈과 가죽에 넣고 돌려 회전력을 이용해 던지면, 돌은 더 멀리 힘차게 날아가 목표물을 맞출 수 있다는 사실을 깨달았다. 이로써 돌팔매가 등장했다.

가장 오래된 돌팔매는 기원전 1325년경 것으로, 고대 이집트 왕 투탕카멘의 무덤에서 발굴되었다. 지금으로부터 무려 3000년 전부터 돌팔매는 군사용 무기로 사용되고 있었다.

돌팔매의 명수 다윗

다윗과 골리앗 이야기로 돌아가보자. 구약성서에 등장하는 블레셋의 용사 골리앗은 키가 거의 3미터에 이를 정도로 어마어마한 거인이었다. 그 우람한 체구에 갑옷과 투구와 정강이 보호대를 착용하고도 시종을 시켜 방패까지 따로 들고 다녔다고 하니 얼마나 위용이 대단했는지 짐작할 수 있다. 골리앗이 나서 이스라엘인 가운데 용기가 있는 자는 나와 겨뤄보자고 고함을 지르자, 그에 겁을 먹은 이스라엘 군인들은 아무도 감히 나서서 싸워볼 엄두를 내지 못했다고 한다.

그렇게 골리앗이 이스라엘군을 상대로 한참 약을 올리고 있을 때 이스라엘군인 형들에게 음식을 전해 주러 온 양치기 소년 다윗이 골리앗을 보았다. 다윗은 사울 왕을 찾아가

남미 대륙의 원주민들이 만들어 사용한 팔매 끈, 가축의 털로 끈을 꼬았다.

자신이 골리앗을 쓰러뜨리겠다고 말했다. 어떤 용감한 이스라엘군도 감히 거인 골리앗과 싸울 엄두를 내지 못하는 상황에 고작 양치기 소년이 골리앗과 싸우겠다는 말을 듣자 사울 왕은 선뜻 믿지 못했다. 그러나 다윗은 사울 왕에게 강하게 주장했다.

"저는 일찍이 양떼를 노리고 습격하는 사자와 곰을 돌팔매로 수없이 쓰러뜨렸습니다. 골리앗도 제가 그동안 때려잡은 짐승들과 다를 바 없습니다."

다윗의 간청에 마음이 흔들린 사울 왕은 그의 출전을 허락했다. 그리고 다윗에게 갑옷과 투구를 주었다. 생전 그런 방어구를 걸친 적이 없던 다윗은 불편하다며 곧바로 벗어버리고 평소와 같은 간편한 복장에 돌팔매를 들고 골리앗 앞으로 나섰다.

자기보다 훨씬 작은 체구의 소년이 어떠한 보호 장비도 없이 나와 싸우려는 모습을 보자, 골리앗은 다윗을 비웃고 저주했다. 그러나 다윗은 곧바로 팔매 끈에 돌을 넣어 빙빙 돌리다 골리앗의 이마를 향해 던졌다. 골리앗은 다윗이 던진 돌에 이마를 맞고 죽었다. 다윗은 쓰러진 골리앗을 향해 재빨리 달려가 그가 허

리에 차고 있던 칼을 빼내어 그의 목을 베었다. 모든 이스라엘군을 공포에 떨게 했던 무시무시한 거인 골리앗은 그렇게 한낱 양치기 소년의 돌팔매에 맞아 쓰러져 죽었으니, 참으로 허망한 최후였다.

중세 말까지 사용된 돌팔매

다윗과 골리앗 시대로부터 수백 년이 지난 고대 그리스와 로마에서도 돌팔매는 여전히 군사용 무기로 사용되었다. 고대 그리스 시대부터는 전문적인 돌팔매꾼으로 군대에 복무하는 용병들이 등장했는데, 주로 로도스 섬(터키 남부)과 발레리아스 제도(에스파냐 동부) 출신이었다. 이들은 어릴 때부터 빵 조각에 돌을 맞히기 전까지 식

자신의 거구를 자랑했던 골리앗은 그러나 양치기 소년 다윗이 던진 돌에 맞아 쓰러지고 만다.

사를 하지 못 하는 식으로 혹독한 훈련을 받았는데, 이 때문에 뛰어난 팔매꾼으로 명성을 떨칠 수 있었다.

그리스와 로마 시대의 돌팔매 관련 기록들을 보면 이들이 던지는 돌에 맞으면 투구와 갑옷에 구멍이 뚫리고 사람이 다치거나 죽기까지 한다고 묘사되어 있다. 그만큼 돌팔매는 '고대의 총'이라고 할 만큼 치명적인 무기였다. 그리스의 돌팔매꾼들은 기원전 401년

크세노폰과 기원전 331년 알렉산드로스 대왕의 페르시아 원정에도 참여하는 등, 유능한 병과로 인정받았다. 특히 크세노폰은 그의 저서인 《아나바시스》에서 로도스 출신 돌팔매꾼들이 페르시아의 궁병들보다 더 멀리 돌을 던졌다고 기록했다. 전문 돌팔매꾼들이 웬만한 궁병보다 더 나았던 셈이다.

그리스의 뒤를 이어 지중해의 패권을 잡은 로마 제국도 돌팔매꾼을 애용했다. 갈리아를 정복한 카이사르와 로마 제국의 영토를 최대로 넓힌 트라야누스 황제도 원정 때마다 돌팔매꾼들을 데려갔다. 오늘날 이탈리아 로마에 보관된 트라야누스 황제의 돌기둥에도 돌팔매꾼들의 모습이 보인다. 돌기둥에 새길 만큼, 돌팔매꾼들은 오랫동안 기억에 남았다.

로마 제국이 쇠망한 뒤 시작된 중세 시대에도 돌팔매는 줄곧 사용되었다. 중세에는 기존의 돌팔매를 좀 더 크게 만들어, 막대기에 끈을 묶어 커다란 돌을 던지는 '지팡이 돌팔매staff slinge'도 등장했다. 지팡이 돌팔매는 성을 공격할 때 적의 전투원을 향해 사용된 무기였다. 돌의 크기와 무게가 늘어난 만큼 그 위력은 기존의 것보다 강력했지만 그 대신 사정거리는 더 짧았다.

하지만 돌팔매는 불편한 점도 많았

트라야누스 황제의 다키아(현재 루마니아) 원정을 기록한 트라야누스 원기둥에 새겨진 로마 시대의 돌팔매꾼.

다. 무엇보다 팔매 끈에 돌을 낀 상태로 돌이 떨어지지 않도록 돌리다가 적에게 던지는 기술 자체가 손쉽게 터득할 수 있는 것이 아니었다. 로도스나 발레리아스 사람들이 했던 것처럼 오랜 시간 혹독한 훈련을 한 뒤에야 비로소 습득할 수 있었다.

15세기 초, 돌팔매보다 더 강력한 총이 개발되자 유럽에서 돌팔매는 이 신무기에 밀려 퇴출되었다. 총은 돌팔매보다 사용하기 쉬웠다. 아무리 둔한 사람이라도 열흘만 붙잡고 가르치면 누구나 총을 쏠 수 있었다. 더 효율적인 병과가 등장하면, 예전의 비효율적인 병과는 사라지기 마련이다.

남미와 한국의 돌팔매

유럽 밖 다른 나라에서는 중세 이후에도 돌팔매가 오랫동안 존속했다. 1536년 5월 6일 에스파냐군이 현재 남미 페루 지역의 잉카 제국을 공격했을 때, 잉카인들은 돌팔매를 무기로 사용했다. 그들은 송진이 잔뜩 묻은 면직물에 불에 달군 뜨거운 돌을 감싸 에스파냐군을 향해 던졌다. 그러면 뜨거운 돌이 날아가면서 공기와 마찰을 일으켜 열기가 오르고, 그 열기가 송진과 만나 불타올랐다. 이렇게 잉카인들이 에스파냐군 진지로

중세 시대에 사용된 지팡이 돌팔매를 그린 삽화. 맨 오른쪽이 바로 지팡이 돌팔매를 든 사람이다.

돌을 던지자, 순식간에 건물들이 불에 타버렸다. 당시 정황을 목격한 잉카 황제 망코가 남긴 말에 따르면, 잉카 군대가 던진 돌에 맞은 건물들이 불타면서 수많은 에스파냐 병사가 불에 타 죽었고, 황급히 뛰쳐나온 병사들만 살아남을 수 있었다고 한다.

잉카인들은 멀리서 돌팔매를 던지는 데에도 능숙했다. 이들의 돌팔매는 에스파냐군의 검을 부러뜨렸고 투구를 쓰지 않은 병사들의 얼굴에 맞으면 턱뼈를 부러뜨릴 정도여서 에스파냐군이 무척 두려워했다.

한편 한국에서는 고대 고구려 연맹왕국 시절부터 돌팔매가 성행했다. 고구려는 매년 정월 초순마다 왕이 구경하는 가운데 대동강 인근의 마을 청년들이 양편으로 갈라져 연례행사로 석전石戰이라는 돌팔매 놀이를 하곤 했다. 고려 시대에는 돌팔매를 전문으로 하는 부대인 석척군石擲軍이 편성되었으며, 조선 시대에도 을묘왜변이나 임진왜란 같은 전쟁이 일어나면 돌팔매 부대가 동원되어 왜군을 향해 돌을 던지며 싸웠다. 특히 1510년 4월, 제포에서 일어난 왜변에서 조선군 내 돌팔매 부대가 던지는 돌에 많은 왜군이 죽거나 다쳤다고 전해진다.

구한말 조선에 온 선교사들도 조선인들은 돌팔매 놀이를 매우 즐겼으며 서로 던지는 돌에 머리를 맞아 다치거나 죽는 사람이 나와도 놀이를 멈추지 않았다는 이야기를 기록했다. 그만큼 돌팔매는 우리 조상들에게도 무척 친숙했던 놀이이자 무기였던 셈이다.

중국의 노

2000년의 시간을 지배한 기계식 활

중국 영화 〈영웅〉은 기원전 3세기 무렵 춘추전국시대를 배경으로 한다. 영화 본편에서는 진나라의 대군이 매우 위압적으로 그려지는데, 특히나 영화 중간 부분에서 진나라군이 한꺼번에 화살을 쏘는 장면은 인상적이다. 진나라군이 다루는 활 가운데 다소 특이한 활이 보이는데, 그것이 바로 노弩다. 이처럼 노는 2000년 동안 중국의 전장에서 사용되었다.

춘추전국시대부터 등장한 노

노는 순전히 사람의 힘만으로 시위를 당기는 활에 금속 방아쇠와 나무로 된 틀을 얹은 무기이다. 발명된 시기와 장소는 대체로 기원전 5세기, 양쯔강 유역에 있던 초나라로 본다. 그 무렵 중국은 수

많은 나라가 서로의 국운을 걸고 매일 같이 전쟁을 벌이던 춘추전국시대였다. 전쟁으로 하루하루를 보내던 시대였기에 상대편보다 더 강력한 무기가 필요했고, 이에 노가 탄생하게 된 것이다.

서양에도 노와 같은 무기가 있는데 이는 석궁crossbow이다. 공교롭게도 석

중국의 노. 노는 한 사람이 들고 다니는 개인용 노에서부터 상자 위에 올려놓고 쏘는 대형노(상자노)에 이르기까지 종류가 다양했다.

궁 역시 노와 같은 시기인 기원전 5세기 그리스에서 발명되었다. 초기의 석궁은 가스트라페테스gastraphetes라 불렸는데, 활의 몸체 뒷부분을 사람의 배에 대고 시위를 당겨 사용했다. 앞서 말했듯이 노의 크기는 다양한데, 한 사람이 들고 다니는 개인용 노는 몸체 틀의 크기가 대략 50~80센티미터 내외이며 활의 길이는 120센티미터가량이었다. 화살의 최대 사정거리는 800미터쯤 되지만 사람이나 동물을 살상할 수 있는 거리는 150미터 안팎이었다.

노는 화살을 찬 시위를 걸어 두었다 금속으로 만든 방아쇠를 당기면 시위가 풀어지면서 화살이 날아가는 식으로 운용되었다. 그래서 사람이 시위를 당기는 일반적인 활보다 다소 장전 속도가 느렸다. 아무리 뛰어난 사수라도 1분에 세 발 정도 쏘는 게 고작이었다. 게다가 활과는 별도의 장비인 나무틀과 방아쇠가 들어가는 탓에 활보다 더 무거웠다.

하지만 노는 장점도 많았다. 먼저 활은 숙달되는 데 시간이 매우 오래 걸렸다. 게다가 순수하게 사람의 힘만으로 쏘는 무기이기

때문에 완력이 약한 사람은 활을 제대로 쏘기가 어려웠다. 이에 반해 노는 기계식 무기라 사용법을 익히고 숙달되는데 활보다 더 적은 시간이 걸렸다. 그리고 기계식 방아쇠로 당기기 때문에 개개인의 완력 차이에 크게 구애받지 않았다. 그래서 많은 사람을 한꺼번에 훈련시키는 데 활보다 편리했다. 노는 일반적인 활보다 관통력이 더욱 강했다. 화살로 뚫을 수 없는 갑옷도 노를 쏘면 단번에 뚫렸다.

이런 이유로 춘추전국시대, 중국의 패권을 다투는 진나라와 초나라 등 각국은 노로 무장한 군대를 앞다투어 훈련시켰다. 그 가운데 특히 진나라의 노 부대는 굉장히 막강했다. 그들의 전투 방식도 노를 적극적으로 활용한 것이었다. 그들은 일단 어느 나라의 도시에 다다르면 사흘 동안 그 도시를 포위한 채 계속 노를 소나기처럼 퍼부었다. 이렇게 진나라군이 쏘아대는 화살 세례를 받는 상대국 백성들은 겁에 질려 저항할 의지를 잃고 항복했다. 이는 오늘날 미국 공군이 적국의 목표로 삼은 도시를 집중적으로 폭격하는 전략과 비슷하다.

막강한 노 부대의 힘으로 진나라는 기원전 221년, 최초로 중국을 통일했다. 진나라는 기원전 206년 가혹한 폭정에 분노한 백성들의 반란으로 멸망했지만, 진나라가 완성한 노 부대의 편제는 그 뒤 역대 중국 왕조들이 그대로 계승하여 무려 2000년 동안이나 이어졌다.

한나라와 송나라의 노 부대

기원전 99년, 한나라 장군 이릉은 북방 유목민인 흉노족을 공격하기 위해 원정을 떠났다. 당시 이릉의 부대는 기병이 없었고 전원 보병이었다. 그래서 많은 사람이 이릉의 출정을 불안해 했지만, 이릉은 자신만만했다. 실제로 기병으로 이루어진 흉노군과 마주친 이릉은 보급품을 실은 수레를 엄폐물로 삼아 부대 앞에 세운 다음 그 뒤에 숨어 궁수들로 하여금 노에 화살을 메겨 흉노군을 향해 쏘게 했다. 이러한 이릉의 전술로 인해 흉노족은 1만 명의 사상자를 내고 큰 타격을 입었다.

만약 이릉을 돕기 위해 한나라의 다른 부대가 왔더라면 흉노족은 꼼짝없이 패배했을 테지만 불행히도 이릉은 적진 너무 깊숙이에 들어가 고립된 상태였다. 결국 수적 열세를 극복하지 못하고 흉노족에 항복하고 말았다. 하지만 이릉의 일화는 기병이 없는 군대라도 엄격한 훈련과 잘 조직된 전술, 그리고 노와 같은 우수한 사격 무기를 갖춘다면 얼마든지 기병에 맞서 싸울 수 있다는 사실을 알게 해준다.

한나라가 쇠약해진 뒤 중국은 삼국지의 배경이 된 삼국시대로 접어든다. 이때도 노는 무기로 널리 사용되었는데, 조조와 더불어 삼국시대 초반부에 최강의 군벌이었던 원소는 노로 무장한 군대를 앞세워 많은 승리를 거두었다. 192년에는 그의 적수인 공손찬이 거느린 기마 부대를 상대로 노를 집중적으로 활용하여 적의 기세를

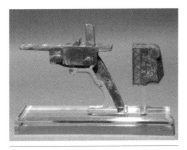
한나라 시대에 청동으로 만들어진 노의 방아쇠
장치 유물.

꺾고 승리했다.

명재상으로 잘 알려진 촉한의 제갈
량도 노를 잘 활용했다. 그는 길이 18센
티미터의 화살 열 개를 한 번에 발사할
수 있는 원융元戎이라는 노를 만들어 군
대에 보급했다. 당시 촉한은 위나라와
오나라 등 삼국 가운데 가장 약했지만
제갈량이 만든 원융을 효과적으로 사용하여 221~263년까지 42년
동안 존속할 수 있었다. 전성기의 촉한은 3,000명가량의 원융 부대
와 5,000명가량의 노 부대를 거느렸다.

노는 삼국시대 이후 서진과 5호 16국, 수당 시대에도 계속 쓰였
다. 당나라군은 전체 인원의 20퍼센트가 노로 무장했으며, 적수인
북방의 돌궐족과 서방의 토번족(티벳인)을 상대로 이를 사용하여 큰
전과를 거두었다.

그러나 중국 역사상 노의 효율성을 가장 크게 올린 나라는 송나
라였다. 송나라는 한나라나 당나라와는 달리 주변 이민족을 정복
하지 못하고 북방의 적수인 요나라와 금나라와 원나라의 침략에
시달렸다. 하지만 그러면서도 송나라는 무려 300년 동안이나 이민
족들의 침입을 잘 막아내며 번영했다. 그 이유는 바로 우수한 노로
무장한 군대 때문이었다. 송나라 군대는 대형노인 상자노床子弩와
개인용 노인 신비궁神臂弓, 극적궁克敵弓, 신경궁神勁弓 같은 뛰어난
노를 무기로 사용하며 침략자들과 맞섰다.

1004년 단주 전투에서 송나라군은 요나라군과 대치하고 있었다. 이때 요나라군 사령관 소달란이 정찰에 나섰다가 송나라군이 쏜 상자노에 맞아 전사했다. 지휘관을 잃은 요나라군은 사기가 떨어져, 송나라군의 평화조약에 서명하고 철수했다.

신비궁과 극적궁이 거둔 승리도 빼놓을 수 없다. 요나라의 뒤를 이어 송나라와 싸운 금나라 장군 완안올술은 "송나라군이 가진 신비궁이 가장 두렵고 그다음은 대부大斧(큰 도끼)가 두렵다"라고 말할 정도였다. 당시 금나라군은 두터운 갑옷을 입은 기병의 돌격을 주된 전술로 삼았는데, 송나라군이 신비궁을 한번 쏘면 기병의 갑옷이 한 번에 뚫렸다. 1140년 벌어진 언성 전투에서 송나라의 명장 악비岳飛가 지휘하는 송나라군은 멀리서는 신비궁 화살을 퍼붓고 가까이서는 대부를 휘둘러 금나라군을 쳐부수었다. 같은 해에 벌어진 순창과 1141년 자고 전투에서도 악비는 신비궁과 대부를 결합한 전술로 금나라군을 격파했다.

악비에 비견되는 송나라군 명장 한세충은 1135년, 신비궁과 비슷한 노인 극적궁을 개발했다. 극적궁 역시 신비궁처럼 150미터 이내에서 갑옷을 입은 금나라 기병을 한 번에 사살할 수 있었다. 극적궁의 개량형인 신경궁도 등장했는데, 이 무기는 관통력에서 극적궁보다 강했지만 대신 화살을 장전하는 데 신비궁보다 세 배나 더 오래 걸렸다.

1279년 송나라가 망하자, 노의 사용 빈도는 줄어든다. 송나라 이후에 들어선 원나라 시대부터 총과 대포 같은 화약 무기가 등장했는데, 화약 무기들은 파괴력에서 노보다 더 뛰어났기 때문이다. 하지만 원나라 이후 명나라에서도 한 번에 화살 두세 발을 연사할 수 있는 연노連弩가 개발되는 등, 나름대로 노의 사용과 개선이 이어졌다. 명나라 이후의 청나라 시대에 이르자 소총과 대포 같은 화약 무기가 보편화되어 노의 중요성은 더욱 떨어졌다. 그러나 1840년, 영국군이 중국을 침입하여 아편 전쟁을 일으켰을 때 이에 맞서 청나라군이 사용한 무기들 가운데는 노도 있었다. 진시황 시기부터 거의 2000년을 뛰어넘어 쓰인 노는 중화제국의 황혼인 청나라 시대에까지 계속 활약했던 것이다.

페르시아를 정복한 청동 창

2000년을 이은 중무장 보병의 시대를 열다

이란은 현재 이슬람 원리주의와 서방의 경제 재제에 시달리는 신세로 전락했으나 기원전 6세기에는 페르시아 제국이라 불리며 세계에서 가장 강력하고 부유한 나라였다. 용맹한 군주인 키루스 2세가 주위의 강대국들인 메디아와 리디아 및 바빌론을 차례로 정복하여, 페르시아 제국의 기반을 만들었던 것이다. 키루스 2세의 계승자인 캄비세스 2세와 다리우스 1세는 이집트와 인도 서부와 트라키아(불가리아)를 정복하여 페르시아 제국의 영토를 더욱 넓히며 그전보다 막강한 국력을 키웠다.

특히 페르시아 제국이 최전성기를 이룩했던 다리우스 1세 무렵 페르시아 제국의 영토는 지금의 불가리아에서 인도 영역에 이를 만큼 실로 어마어마했다. 당시 페르시아 제국은 세계 최고의 군사력과 경제력을 보유한 명실상부한 초강대국이었다.

그러나 페르시아 제국은 뜻하지 않게 그들보다 훨씬 약자였던 그리스인들에게 참패를 거듭하다 결국 그리스 연합군의 총사령관 인 알렉산드로스 3세에 멸망했다. 대체 어떻게 이런 일이 가능했을 까? 그 비결은 그리스군이 가진 청동제 창과 방패 때문이었다.

그리스에서 실패한 페르시아의 전술

페르시아군은 징집된 농민들로 이루어진 수많은 경무장 보병과 귀 족 출신으로 편성된 기병의 합동 체제였다. 페르시아군은 전투가 벌어지면 먼저 보병이 원거리에서 화살, 돌팔매, 창 등을 날리며 적 을 제압하고, 그다음 기병이 돌진하여 적에게 치명타를 가한 뒤 보 병까지 합세해 적을 분쇄하는 식으로 싸웠다. 이 전술은 아시아의 대평원 지대에서 페르시아군에게 연전연승을 가져다줄 정도로 위 력적이었다.

하지만 이러한 페르시아군의 전술은 그리스에서 실패했다. 먼저

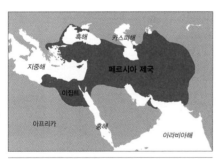

페르시아 제국의 최전성기 시절. 오늘날 불가리아와 이집 트에서 터키와 이라크와 이란과 인도에 이르는 실로 거대 한 영토를 지배했다.

그리스의 지형은 페르시아군이 여태껏 휩쓸었던 아시아의 평원 과는 매우 달랐다. 그리스의 지 형은 산지가 많아 페르시아 기병 들이 움직이기 어려웠다. 게다가 페르시아 보병들은 대부분 금속 보호구를 쓰지 않았고 천으로 만

든 가벼운 옷감을 착용한 탓에 중무장한 그리스 보병과의 결전에서 불리했다.

페르시아와 그리스가 각자의 국운을 걸고 치열한 격전을 벌였던 페르시아 전쟁(기원전 490~449년) 당시, 그리스군의 주력 병과는 호플라이트hoplite라 불리던 중무장 보병이었다. 호플라이트는 청동제 창날이 달린 2.7~3미터 내외의 창 도리dory를 오른손에 들었고, 1미터 크기에 3킬로그램쯤 되는 방패 호플론hoplon 또는 아스피스aspis를 왼손에 들었다. 호플론은 가죽을 댄 나무 표면에 청동을 입힌 삼중 구조로 되어 있었으며, 안에 고리가 두 개 있

고대 그리스의 호플라이트를 재현한 사진.

어 팔을 단단히 걸 수 있었다. 창 이외에 보조무기로는 청동제 부속품과 함께 쇠로 만들어진 칼 사이포스xiphos가 있었다. 이는 길이가 30~60센티미터 정도에 달했다. 사이포스는 주로 창이 부러지거나 잃어버렸을 때 또는 적과 거리가 너무 가까워 창을 쓸 수 없을 때에 사용했다.

여기에 호플라이트는 청동으로 만든 투구(머리를 보호하는 장비)와 흉갑(가슴과 배를 보호하는 갑옷)과 정강이 보호대까지 착용했다. 이렇게 완전무장한 호플라이트의 장비 무게는 총 27킬로그램에 달했기에 매우 무거웠지만 그만큼 몸을 잘 보호할 수 있었다.

호플라이트는 서로 모여 팔랑크스Phalanx라는 밀집대형을 이루

팔랑크스 대형을 이룬 호플라이트들의 충돌을 묘사한 고대 그리스 그림.

고 싸웠다. 이들의 진형은 매우 빽빽하여 적의 화살과 투창 등 원
거리 공격을 효과적으로 막아냈다. 그래서 페르시아와의 테르모필
레 전투(기원전 480년 8~9월)에 참전한 스파르타인 디에네케스는 페르
시아군의 수가 워낙 많아 그들이 쏜 화살이 태양을 가릴 정도라는
말을 듣고는 이렇게 말했다.

"기쁜 소식이군, 날도 더운데 화살이 태양을 가려주면 시원한 날
씨에서 싸울 수 있으니 말이야."

이뿐만 아니라 호플라이트의 창은 페르시아 보병의 창보다 더
길어 전투가 벌어지면 먼 거리에서 페르시아 보병을 압도할 수 있
었다. 페르시아 보병도 이런 사실을 깨닫고, 호플라이트에게 달려
들어 그들의 창을 부러뜨리려 했다. 그러나 그리스 보병들이 페르
시아 보병들보다 더 잘 밀집되고 진형을 잘 이루며 싸웠던 덕에 페
르시아 보병은 불리할 수밖에 없었다. 마라톤 전투(기원전 490년 9월)
에서 아테네군은 페르시아군을 격파했고, 테르모필레 전투에서 그

리스군 7,000명은 비록 패배했지만, 자신들보다 훨씬 수적으로 우세한 페르시아군 2만 명을 전사시켰다. 그리고 플라타이아 전투(기원전 479년 8월)에서 그리스 보병들은 페르시아군을 거의 전멸시키고 페르시아 전쟁에서 결정적인 승리를 거두었다. 그리스 보병들의 무기와 장비, 그리고 그것들을 활용한 전술이 페르시아 보병보다 뛰어났기 때문에 가능한 일이었다.

페르시아를 제압한 크세노폰의 호플라이트

그리스가 페르시아 전쟁에서 승리하자, 페르시아인들도 그리스 보병의 우수성에 주목했다. 그래서 페르시아 왕족들은 자기들끼리의 내전에서 그리스 보병들에게 높은 임금을 주고, 그들을 용병으로 고용하는 일도 잦았다.

이러한 사실은 기원전 401년, 아테네 시민 크세노폰이 그리스 용병 1만 명과 페르시아 내전에 참여한 경우에서 찾을 수 있다. 당시 페르시아 왕자인 키루스는 자신의 형 아르타크세르크세스 2세를 몰아내려는 반란을 꾸미며 그리스 용병 1만 명을 고용했다. 그 과정에서 키루스는 전사했지만 고용주를 잃고 적대적인 외국 한복판에 고립된 그리스 용병들은 크세노폰을 지도자로 추대했다. 이들은 지금의 바그다드 부근에서 흑해 연안까지 먼 거리를 횡단하며 마주하는 모든 적을 물리치고 무사히 고국으로 돌아갈 수 있었다. 크세노폰은 이 과정을《아나바시스》라는 책으로 펴냈으며, 엄격한

군기와 우수한 장비로 무장한 그리스 보병들이 페르시아 제국을 손쉽게 제압할 수 있음을 입증했다.

《아나바시스》의 초반부에는 그리스 보병 1만 명이 밀집 방진을 이룬 상태에서 장난삼아 페르시아인들을 향해 돌진하자, 놀란 페르시아인들이 달아났고, 그 모습을 지켜보던 그리스인들이 웃었다는 이야기가 기록되어 있다. 페르시아인들이 그리스인들과의 전쟁에서 밀집 방진에 막혀 끝내 패배했다는 점을 감안한다면 그들은 그리스의 보병 방진을 두려워했던 것 같다.

페르시아를 정복한 알렉산드로스 3세의 밀집 보병

그리스 보병의 밀집 대형 전술은 기원전 4세기에 들어 큰 변화를 맞이한다. 그리스의 북쪽에 있던 마케도니아 왕국이 그리스 보병 전술을 한층 개량하여 더욱 위력을 증강했던 것이다. 마케도니아의 왕인 필리포스 2세는 젊은 시절 그리스 도시 국가 가운데 하나인 테베에 볼모로 잡혀 있었다. 그 기간 동안 테베의 보병 전술을 눈여겨보고 고국으로 돌아와 마케도니아의 군제를 대대적으로 개혁했다. 먼저 군대의 핵심을 보병에 두고 그들의 무기인 창을 6미터 정도로 대폭 늘려 보다 먼 거리에서 적을 공격할 수 있게 했다. 단, 늘어난 방패의 무게가 부담되는 탓에 방패 크기를 줄이고 방패 끈을 목에 걸 수 있도록 고쳤다. 또한 그리스의 보병 대열은 3열까지만 동시에 공격할 수 있는데 반해, 창의 길이가 늘어난 만큼 마

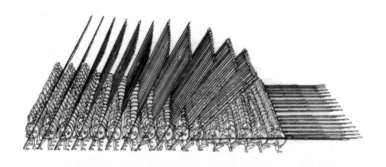

6미터에 달하는 긴 창을 든 팔랑크스 부대.

케도니아의 보병 대열은 5열까지 공격할 수 있어, 공격력이 더욱 증대되었다. 그리고 보병 대열이 5열까지 공격에 참여할 수 있는 만큼, 정면에서 마케도니아의 보병 대열은 아무도 뚫을 수 없는 그 야말로 무적의 군대가 되었다.

필리포스 2세의 아들 알렉산드로스 3세는 아버지가 물려준 군대 조직을 그대로 물려받아 원정에 나섰다. 그는 페르시아군을 잇따라 격파하고 마침내 기원전 330년, 페르시아 제국을 멸망시켰다. 마라톤 전투에서부터 160년 동안 이어져온 그리스와 페르시아 간의 전쟁에서 그리스의 중무장 보병이 승리했던 것이다.

알렉산드로스 3세의 사망 이후, 그의 부하 장군들은 각자 이집트와 시리아, 마케도니아를 차지하고 저마다 왕이 되어 치열한 전쟁을 벌였다. 그 바람에 군사력을 크게 소모했고 때마침 서쪽에서 쳐들어온 로마에 멸망되었다.

그러나 그리스인들이 이룩한 중무장 보병의 밀집 대형 전술은 서기 17세기 초까지 그 유용함이 입증되어 널리 사용되었다. 스위

장창을 사용해 난투극을 벌이고 있는 독일의 란츠크네흐트 용병 부대. 이들의 전술은 마케도니아의 밀집 보병 부대와 거의 흡사했다.

스 용병 부대나 독일 용병 부대 란츠크네흐트Landsknecht, 에스파냐의 테르시오Tercio는 모두 갑옷과 투구를 단단히 착용하고 긴 창을 든 중무장 보병으로, 그리스 호플라이트의 먼 후손뻘이었다. 그리스인들이 만든 팔랑크스 전술은 약 2000년가량 사용되었다.

인도와 카르타고의 전투코끼리

살아 움직인 고대의 탱크 부대

알렉산드로스 3세를 좌절시킨 코끼리 부대

기원전 330년, 마케도니아의 알렉산드로스 3세는 불과 4년 만에 광대한 페르시아 제국을 멸망시킨 여세를 몰아 당시 세상의 끝으로 알려진 인도를 정복하기 위해 대군을 이끌고 원정에 나섰다. 그러나 인도로 가는 길목을 지배하던 포로스 왕이 지금의 파키스탄 펀자브 지방의 히다스페스 강 유역에서 알렉산드로스 3세와 맞서 싸웠다.

그리하여 기원전 326년, 동서양의 두 군주가 격돌한 히다스페스 전투가 일어났다. 이 전투에서 포로스 왕은 전투용 코끼리 85마리를 앞세워 마케도니아군을 압박했으며, 전차 300대와 보병 3만 명, 그리고 기병 4,000명이 그 뒤를 따랐다. 말이나 낙타보다 훨씬 크

히다스페스 전투를 묘사한 그림. 마케도니아 군은 포로스 왕의 코끼리 부대 탓에 큰 곤경에 빠졌다.

고, 엄청난 체구를 가진 코끼리의 돌격에 여태껏 무적을 자랑했던 마케도니아군은 막대한 피해를 입었다. 알렉산드로스 3세는 투창과 돌팔매와 도끼와 낫 등으로 집중공격하도록 하여 코끼리들을 간신히 물리쳤다. 그러나 마케도니아 병사들은 이 전투에서 크게 사기가 꺾였다.

알렉산드로스 3세에게 항복한 포로스는 남쪽의 크산드라메스 제국(마가다 왕국)은 전투용 코끼리를 무려 6,000마리나 거느리고 있다고 전했다. 이 말이 퍼지자, 마케도니아 병사들은 더 이상 원정을 계속할 용기를 잃었다. 고작 코끼리 85마리와 싸울 때도 막대한 피해를 입었는데 6,000마리라니, 도대체 어떻게 감당한단 말인가?

모든 병사가 더는 인도로 못 가겠다고 하니, 알렉산드로스 3세도 결국은 인도 원정을 포기하고 철수할 수밖에 없었다. 코끼리 부대가 알렉산드로스 3세의 야망을 저지했던 셈이었다.

카르타고의 전투코끼리

로마와 지중해의 패권을 놓고 전쟁을 벌였던 카르타고도 전장에 코끼리를 사용한 것으로 유명하다. 전성기에 카르타고는 도시 서쪽 성벽에 코끼리 300마리를 기를 수 있는 축사를 만들 만큼 전투용 코끼리 사육에 열성적이었다.

카르타고의 전투용 코끼리 부대는 주로 북아프리카산 코끼리들로 편성되었다. 이 코끼리들은 인도산 코끼리보다 체구는 작았으나, 그만큼 사료를 덜 먹었기 때문에 관리하는 데 비용이 적게 들었다. 카르타고의 전투코끼리 부대는 코끼리에 올라탄 몰이꾼 한 사람과 병사 두 사람으로 구성되었다.

카르타고의 명장인 한니발은 2차 포에니 전쟁 당시 코끼리 37마리와 보병 8만 명, 기병 1만 2,000명으로 구성된 군대를 이끌고 만년설과 추위가 몰아치는 알프스 산맥을 넘었다. 훗날 나폴레옹도 감탄했을 만큼 대단한 업적이었다.

알프스 산맥에 살던 켈트족들은 한니발이 거느린 코끼리들을 보고 너무 놀라고 두려워 감히 접근하지도 못했으며, 한니발과 동맹하여 로마에 맞서 싸우기로 결심할 정도였다. 코끼리 부대에 켈트족 동맹군까지 보유한 한니발은 이탈리아에서 벌어진 전쟁에서마다 로마군을 연거푸 격파하며 위세를 떨쳤다.

하지만 2차 포에니 전쟁은 로마의 명장인 스키피오의 활약으로 로마가 끝내 승리했다. 다만 한니발이 내세운 코끼리 부대가 상당한 정신적 충격을 주었는지, 카르타고인들에게 두 번 다시 코끼리 부대를 보유하지 못 하도록 하는 조항을 넣기도 했다.

로마군을 밀어붙이는 한니발의 코끼리 부대.

페르시아의 전투코끼리

서기 232년, 사산 가문의 아르다시르 1세는 자신이 562년 전에 멸
망한 옛 페르시아 제국의 후손이라고 주장하며 페르시아 제국을
부활시키고 황제 자리에 올랐다. 그리고 페르시아 제국의 영토를
되찾겠다는 일념으로 로마 제국과 전쟁을 벌였다. 그 과정에서 아
르다시르 1세는 전투용 코끼리 700마리를 동원했다. 페르시아의
전투코끼리에는 코끼리를 모는 몰이꾼 한 사람과 전투원 두 사람
이 올라탔으며, 코끼리의 등에 세워진 망루에 탄 전투원은 화살이
나 투창으로 적을 공격했다.

　페르시아 제국은 그 이후로도 줄곧 전투코끼리를 전장에 배치
했다. 636년 카디시야 전투에서도 페르시아군은 선두에 코끼리

30마리를 앞세워 이슬람군에 큰 피해를 입혔다. 이슬람군은 코끼리들의 돌격에 짓밟히고 내몰려 궁지에 몰리다가 이슬람군에 협조하는 페르시아인들의 도움으로 간신히 코끼리들을 격퇴했다.

인도와 동남아의 전투코끼리

중세 이후로 접어들면 유럽과 서아시아에서는 더 이상 전투코끼리를 사용하지 않았다. 전투코끼리가 마지막까지 활용된 곳은 인도와 동남아 등지였다. 알렉산드로스 3세의 야심을 좌절시킨 인도는 17세기까지 전투코끼리가 군의 주력 부대였다. 특히 인도 대부분을 지배했던 무굴 제국에서는 코끼리 관리에 심혈을 기울여 코끼리의 온몸을 보호하는 갑옷까지 제작할 정도였다. 무굴 제국은 코끼리 갑옷은 쇠고리 10만 개와 금속판 8,500개로 코끼리 갑옷을 만들었다. 심지어 코끼리의 양쪽 상아에 4.5킬로그램짜리 단검을 매달아 적을 공격할 수 있도록 꾸몄다.

또한 무굴 제국의 전투코끼리들은 거대한 앞발로 보병의 한쪽 발을 누르고 코로 다른 쪽 다리를 휘감아 사람을 찢어죽이거나 달리는 말의 다리를 잡아채는 훈련을 받았다. 이렇게 갑옷으로 중무장한 코끼리 부대가 정면에서 달려든다면, 대포 같은 강력한 화약무기가 아니면 도저히 막아낼 재간이 없었으리라.

인도와 인근 지역인 동남아에서도 오랫동안 전투코끼리 부대를 운용했다. 인도 동쪽과 바로 인접한 미얀마는 야생 코끼리를 붙잡

무굴 제국 시대에 만들어진 코끼리 갑옷을 그린 그림.

아 길들여 스리랑카로 수출했으며, 1277년 중국 원나라와의 전쟁에서 코끼리 2,000마리와 군사 6만 명을 동원했다. 그 뒤로도 18세기까지 미얀마군은 전투코끼리들을 주력 부대로 사용했다.

미얀마 동쪽의 캄보디아에는 크메르라 불리는 제국이 있었다. 이들은 12세기에 앙코르와트 사원을 건축했을 만큼 부유하고 강력한 나라였다. 중국에서는 크메르를 진랍眞臘이라 했는데, 송나라의 역사를 기록한 사서 《송사》 진랍전에는 "진랍은 전투용 코끼리를 무려 20만 마리나 거느리고 있다"라는 구절이 보인다. 다소 과장된 기록이겠지만 크메르 제국의 강력한 위세를 엿보게 하는 대목이다.

코끼리 부대의 약점

그러나 강력해보이는 코끼리 부대에도 약점이 있었다. 첫 번째로 코끼리들이 지나치게 많이 먹었다. 그래서 식용 식물이 많이 자라는 인도나 동남아 등지 외에 유럽과 서아시아에서는 코끼리 먹이를 대기가 어려워 코끼리 부대가 오래 지속되지 못했다. 카르타고가 운용했던 북아프리카산 코끼리들도 6세기 이후, 북아프리카가 점차 사막으로 변하면서 먹이를 구하지 못해 멸종했다.

또한 코끼리라는 동물 자체가 겁이 매우 많아 조금만 놀라도 바로 미친 듯이 날뛰어 통제하기 어려웠다. 1277년 미얀마와 원나라와의 전쟁에서도 원나라군이 숲 속에 숨어 코끼리들을 향해 집중적으로 화살을 날리자, 고통에 못 이긴 코끼리들이 마구 날뛰다 미얀마군에 달려드는 바람에 오히려 미얀마군이 큰 피해를 입고 패배했다. 그래서 코끼리를 다루는 몰이꾼들은 망치와 못을 항상 지녔는데, 자칫 코끼리가 놀라 날뛰면 코끼리의 목에 망치로 못을 박아 죽이기 위함이었다.

아울러 근대 이후로 대포와 소총이 개발되면서 덩치가 큰 코끼리는 오히려 멀리서 저격하기 좋은 표적물로 전락했다. 거대한 병기라고 해서 항상 좋은 것만은 아니다.

로마군의 비밀 무기 글라디우스

짧은 검이 세계를 제패하다

기원전 753년, 이탈리아 중부의 작은 마을에서 시작한 로마는 주변의 다른 부족들을 정복하여 영토를 늘려나갔다. 그리고 로마의 국력이 최전성기에 달했던 117년, 로마 제국의 영토는 오늘날 영국에서 모로코와 이집트 및 이라크까지 뻗어 있었다. 로마군은 가는 곳마다 승리를 거듭했고, 적대하는 모든 세력을 격파하며 영토를 정복해나갔다.

그렇다면 로마군이 지중해를 재패하게끔 한 일등공신은 무엇이었을까? 그것은 로마군의 검, 글라디우스Gladius였다.

원래 로마군은 둥근 방패와 긴 창을 들고 밀집 대형으로 싸우는 그리스식 전술을 구사했다. 그러나 이런 전통 방식이 갈리아족과 삼니움족 등 적대 세력과의 전투에서 불리하게 작용하자, 대대적인 군제 개혁에 들어갔다. 그들은 둥근 방패와 긴 창을 버리고 던지기용 창 필룸Pilum과 직사각형 방패 스쿠텀Scutum, 그리고 이베리아인들에게 입수한 짧은 검 글라디우스로 무장한 것이다.

로마군은 그리스군처럼 보병이 주력이었으나, 그리스군보다는 대형의 유연함과 기동성을 중시했다. 로마 병사들은 일단 실전에 들어가면 2미터 내외의 창 필룸을 적을 향해 두 번 던진 다음 길이 1.2미터, 폭 80센티미터의 넓은 방패 스쿠톰으로 병사들의 몸을 가린 상태에서 적에게 다가가 글라디우스로 찌르는 방식으로 싸웠다.

글라디우스는 60센티미터 내외의 길이에 1킬로미터가량의 무게를 지닌 강철 검이었다. 현대인의 눈으로 보아도 상당히 짧은 검이었다. 반면 로마의 적들은 그보다 더 크고 긴 무기들을 사용했다. 로마와 싸웠던 마케도니아와 셀레우코스 왕조의 장창병들은 6미터 내외의 긴 창 사리사Sarissa를 들었고, 켈트족은 1미터 내외의 크고 긴 검을 사용했다. 그래서 전장에 나온 마케도니아와 셀레우코스, 켈트족 병사들은 로마군이 쓰는 짧은 글라디우스를 보고 보잘 것 없는 무기라며 비웃곤 했다.

하지만 막상 전투에서 로마군의 글라디우스는 강력한 위력을 발휘했다. 로마군은 밀집 대형을 이루고 싸웠는데, 좁은 공간에서는 휘두르거나 베는 용도의 켈트식 장검보다 찌르는 용도의 글라디우스가 훨씬 빠르고 효율적으로 살상할 수 있었다. 그래서 로마 장

로마군이 사용했던 글라디우스를 현대에 들어 재현한 모습.

로마군과 마케도니아군이 격돌한 피드나 전투를 묘사한 그림. 영국인 화가 피터 코널리Peter Connolly 의 작품. 이 전투에서 대패한 마케도니아는 사실상 나라가 멸망하는 사태에까지 몰렸다.

군들은 병사들에게 주로 적의 배를 찌르라고 가르쳤다. 사람은 팔이나 다리가 다쳐도 살 수 있으나 배 속의 장기가 손상되면 살 수 없기 때문이다. 로마군과는 달리 켈트족 병사들은 대부분 갑옷을 입지 않아 로마군의 글라디우스에 찔려 치명상을 입었다.

　로마군이 마케도니아나 셀레우코스군과 싸울 때는 사정이 좀 달랐다. 아무리 용맹한 로마군도 정면에서는 6미터나 되는 사리사를 당해낼 수 없었다. 그래서 로마 장군 루키우스 아이밀리우스 파울루스Lucius Aemilius Paullus는 기원전 168년 피드나Pydna 전투에서 마케도니아군이 사리사를 들고 '창의 벽'을 만든 상태에서 공격해 오는 것을 보고는 그렇게 무서운 광경은 평생 동안 처음 보았다고 고백하기도 했다. 로마군에 소속된 펠리그니아 병사들도 마케도니아군에 정면으로 달려든 적이 있었다. 이때 마케도니아군은 두 손으로 사리사를 내지르며 펠리그니아 병사들을 공격했는데, 펠리그니아의 방패와 갑옷도 사리사를 막지 못했다.

그러나 사리사를 들고 팔랑크스 대형으로 싸우는 군대는 평탄한 지형이 아닌 곳에서는 밀집한 대형이 흩어져 제대로 위력을 낼수 없었다. 그래서 로마군은 사리사를 든 마케도니아와 셀레우코스 군대를 만나면 일부러 적을 험준한 지형으로 유인하거나 대형이 흩어진 틈을 노려 후방과 측방을 기습했다. 사리사는 그 크기와 무게 탓에 들고 있는 병사들이 빠르게 행동하기 어려웠다. 반면 글라디우스는 사리사보다 훨씬 가볍고 작은 크기라 더 빠르고 능동적으로 행동할 수 있었다.

이런 이유로 그리스의 역사가 플루타르코스Plutarchos는《플루타르코스 영웅전》에 "마케도니아의 보병 부대가 밀집한 상태에서 방진을 짜면, 엄청난 힘을 가진 커다란 짐승과 같았다. 그들이 질서있게 대열을 지키며 방패와 방패로 연결되어 있을 때는 철의 벽과도 같아 대항할 수 없었다. 그러나 대열이 무너져 하나하나 흩어지자 그들은 곧 힘을 잃었으며 거추장스러운 무기 탓에 전투력 또한많이 떨어졌다. 그들은 따로 있을 때보다는 전체의 한 부분으로 있을 때 훨씬 더 강했다"라고 기록했다.

게다가 마케도니아나 셀레우코스 군대의 병사들은 창을 주요무기로, 검을 보조 무기로 삼았는데, 대부분의 경우 창을 사용하는 상태에서 전투가 끝나기 마련이라 검을 쓰는 데 서툴렀다. 따라서 창을 쓸 수 없는 근접전이 벌어지면 검을 주요 무기로 삼아 검술에 능한 로마군이 자연히 유리할 수밖에 없었다.

이러한 이유들로 기원전 197년 키노스케팔라이 전투와 168년의 피드나 전투와 기원전 190년의 마그네시아 전투에서 마케도니아군과 셀레우코스군은 글라디우스로 무장한 로마군에 끔찍한 참패를 맛보아야 했다. 글라디우스를 든 로마군이 사리사를 든 마케도니아군을 격파한 사실을 접한 그리스인들은 "팔랑크스 대형은 이제 쓸모가 없어졌다!"라고 탄식하기도 했다.

긴 창을 들고 밀집 대형으로 싸우는 전술은 사실상 르네상스 시대까지 이어졌으니, 팔랑크스 대형이 쓸모없다는 주장은 너무 섣부른 판단이었다. 하지만 기동성을 중시한 로마군의 전술과 밀집한 상황에서 보다 효율적인 살상이 가능한 글라디우스가 그리스인들에게 그만큼 큰 충격을 주었다는 반증이리라.

로마 제국은 역사상 가장 오랫동안 패권을 유지한 나라였다. 전

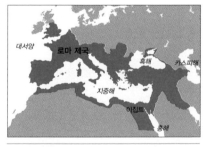

설적인 시조 로물루스가 로마를 세운 기원전 753년에서부터 동로마 제국(비잔티움 제국)이 망하는 1453년까지 로마의 역사는 무려 2,206년이나 된다. 로마가 본격적으로 제국에 들어서는 기원전 27년부터 동서로 분열되어 서로마 제국이 망

로마 제국의 최전성기 시절. 현재 유럽 국가 대부분이 로마의 지배를 받았다. 오늘날 유럽 연합의 창설 배경에도 옛 로마 제국의 화려한 영화를 되살려보려는 유럽인들의 염원이 담겨 있다.

하는 476년까지도 503년에 달한다. 이렇듯 로마는 최소 500년에서 최대 2000년 동안이나 존속했던 놀라운 나라였다. 그리고 로마를 대제국으로 만든 배경에는 글라디우스로 무장한 로마군의 힘이 있었다.

비잔티움을 지킨 그리스의 불

가장 사악한 금단의 무기

395년, 지중해의 패권국인 로마 제국은 제위 계승을 둘러싼 오랜 내분 끝에 동서로 분열되었다. 그리고 476년 서로마 제국이 멸망함으로써 로마 제국의 계승국은 동로마 제국(비잔티움 제국)만 남았다.

동로마 제국은 발칸 반도와 북아프리카, 소아시아(터키)와 시리아 등 옛 로마 제국이 번영을 누렸던 영토 대부분을 지배했다. 그런 이유로 페르시아 제국과의 오랜 전쟁에서도 결국 동로마 제국이 승리할 수 있었다. 하지만 그 과정에서 동로마 제국은 지나치게 국력을 소모하여 633년 새로 일어난 이슬람 세력에 제대로 대항하지 못했다. 종교를 앞세워 대외 팽창에 나선 무슬림들(이슬람교도를 가리키는 말)은 불과 40년 만에 파죽지세로 북아프리카와 서아시아 대부분을 정복하며 동로마 제국을 위기로 몰아넣었다. 심지어

650년 비잔티움─동로마 제국과 그 주변 지역.

674년에는 이슬람 대군 10만 명이 동로마 제국의 수도인 콘스탄티노플(오늘날 터키의 이스탄불)을 공격하러 몰려오기도 했다. 그러나 바로 이때 동로마 제국의 비밀 병기 '그리스의 불Greek fire'로 콘스탄티노플은 위기를 모면할 수 있었다.

모든 것을 태우는 화염방사기

'그리스의 불'이 만들어진 연대는 정확하게 알려져 있지 않다. 다만 이슬람군이 콘스탄티노플을 침공하기 몇 년 전, 시리아 헬리오폴리스(현재의 바알벡) 출신의 그리스인 학자 칼리니코스Kallinikos에 의해 발명되었다는 사실만 확인할 수 있다.

한편 10세기 작가 마르쿠스 그라이쿠스는 그리스의 불을 이렇게 묘사했다.

"순수한 황, 주석, 고무, 역청, 녹인 초석, 석유, 송진을 모아 끓인 다음 밧줄에 스며들게 해 불을 붙인다. 이 불은 소변과 식초와 모래로만 끌 수 있다."

그리스의 불은 펌프나 관을 이용하여 적에게 뿌리거나 길고 좁은 통으로 목표물을 향해 발사할 수도 있었다. 기름 같은 액체가 불에 타는 형태라 목표물에 한번 적중하기만 하면 금방 쉽게 타올랐다. 그 열기가 어찌나 뜨거웠던지, 심지어 물속에서도 불이 계속 타올랐다고 전해진다. 말하자면 그리스의 불은 오늘날 화염방사기와 비슷한 무기였던 셈이다.

674년 이슬람군의 제1차 콘스탄티노플 공격에서 동로마 제국을 지켜낸 일등 공신은 바로 이 그리스의 불이었다. 그리스의 불을 배에 장착한 동로마 함대는 해전에서 아랍 함대를 향해 그리스의 불을 뿜어댔고, 아랍 함대는 순식간에 불에 타 침몰했다. 육전에서도 그리스의 불은 매우 훌륭했다. 그리스의 불을 맞은 이슬람 병사들의 몸은 녹아내릴 정도로 불에 타버렸다. 심지어 불을 끄려고 물을 끼얹어도 소용없었고 계속 타올랐다고 한다.

해전에서 그리스의 불을 묘사한 삽화. 그리스의 불은 주로 동로마 함대가 사용했던 무기였다.

아무리 이슬람교에 대한 열렬한 신앙심과 약탈의 의욕으로 뭉친 군대라 할지라도 이 대적할 수 없는 화염방사기에는 도저히 버틸 수가 없었다. 결국 이슬람군은 679년 전투를 중단하고 철수했다. 영토 대부분을 빼앗기고 멸망의 위기에 몰려 있었던 동로마 제국이 그리스의 불로 인해 기사회생한 것이다.

그러나 이슬람인들은 결코 콘스탄티노플에 대한 야심을 포기하지 않았다. 제 1차 콘스탄티노플 전투 이후 38년 뒤인 717년, 이슬람인들은 전함 1,800척에 8만 대군을 거느리고 다시 콘스탄티노플을 공격했다. 동로마군보다 훨씬 많은 병력이었다.

하지만 이번에도 그리스의 불은 그 위력을 발휘했다. 동로마 함대가 발사하는 그리스의 불은 이슬람 함대를 모조리 격침했다. 이슬람 함대들은 잿더미가 되어 병사들과 함께 바닷속으로 가라앉았다. 물자와 식량 보급을 담당한 함대가 침몰해버리니, 이슬람군도 더는 전투를 할 수가 없었고, 결국 1차 전쟁과 마찬가지로 철수할 수밖에 없었다.

이리하여 두 번에 걸친 이슬람군의 콘스탄티노플 공격은 모두 실패로 끝났다. 수도를 무사히 지켜낸 동로마 제국은 폭풍 같던 이슬람 세력의 공격을 저지하는 데 성공했다. 무슬림들이 내분에 빠져 동로마 제국에 대한 공세를 더는 이어갈 수 없게 되자 동로마 제국은 오히려 역공에 나서 이슬람 제국에 빼앗겼던 크레타와 시리아 지역의 상당수를 되찾는 데 성공한다.

이슬람뿐 아니라 동로마 제국을 노리는 주변의 다른 적들과 싸울 때에도 그리스의 불은 매우 유용했다. 941년 약 1,000여 척의 함대로 구성된 러시아군이 콘스탄티노플을 공격했을 때도, 그리스의 불을 장착한 동로마 함대는 반격에 나서 러시아군에 치명타를 입혔다. 당시 정황을 묘사한 기록에 따르면 아주 운이 좋아 달아난 소수를 제외하고는 대다수의 러시아 병사가 배에 탄 채 그리스의 불에 휩싸여 타 죽었다고 한다. 선박 역시 불에 모두 타 가라앉았는데, 그 광경이 마치 바다에 불이 붙은 것과 같았다고 한다.

그리스의 불을 본 러시아인들은 동로마인들이 '하늘의 번개'를 갖고 있다고 생각해 크게 놀랐고, 결국 동로마를 무력으로 정복하는 대신 평화적인 관계를 유지해야겠다고 정책을 바꾸었다.

1108년 동로마 제국을 공격한 노르만(프랑스 문화에 동화된 바이킹의 후손) 군대와의 전투에도 그리스의 불이 사용되었다. 동로마 황제 알렉시우스 1세의 딸 안나 콤네네 공주가 쓴 《알렉세이드Alexiad》에도 당시 정황을 묘사한 기록이 있는데, 여기서도 그리스의 불이 등장한다.

"소나무와 같은 상록수에서 채집한 가연성 수지에 유황을 섞고 그것을 긴 관에 넣고 공기를 계속 주입한다. 그 끝을 적에게 겨누고 뿜어져 나오는 액체에 불을 붙이면 곧바로 불길이 회오리바람처럼 적의 얼굴로 날아간다."

잉글랜드와 남부 이탈리아를 정복했던 용맹한 노르만족도 표면에 닿는 모든 물체를 순식간에 태워버리는 그리스의 불 앞에서는 도저히 버텨낼 재간이 없었다. 결국 노르만족은 동로마 제국마저 손에 넣으려던 야심을 포기한 채 철수했다.

이처럼 그리스의 불은 동로마 제국이 치른 전쟁에서 매번 승리를 가져다주는 강력한 무기였다. 동로마인들은 그리스의 불을 매우 중요하게 생각했다. 그래서 동로마 황제들은 절대 외국에 넘겨주지 말아야 할 세 가지로 '황제의 의복과 황실의 공주와 그리스의 불'을 꼽았을 정도였다.

로마 제국이 동서로 갈라지고 나서도 동로마 제국은 1453년 오스만 제국(터키)에 멸망될 때까지 무려 1058년 동안이나 존속했다. 동로마 제국은 글자 그대로 천년 제국이었다. 이토록 오랫동안 제국이 지탱될 수 있었던 이유는 바로 '그리스의 불' 같은 막강한 무기로 주변의 적들을 잘 막아냈기 때문이었다. 이 '그리스의 불'이야말로 동로마 제국이 존속하는 데 큰 역할을 한 일등 공신이라고도 할 수 있을 것이다.

몽골의 강력한 투석기 회회포

오랜 교착 상태를 단번에 끝낸 신무기

13세기 유라시아 대륙을 휩쓴 몽골군은 40년 동안이나 길고도 바다 같이 넓은 양쯔강을 넘지 못했다. 양쯔강을 방어선으로 둔 남송의 성벽이 워낙 높고 튼튼했기 때문이었다. 하지만 멀리 서남아시아에서 온 기술자들이 만든 강력한 투석기 회회포回回砲 덕에 상황은 완전히 바뀌었다. 투석기에서 쏘아대는 바위덩어리는 남송의 성벽을 너무나 쉽게 부숴버렸다. 성벽이 없어지자 남송은 더 이상 몽골군에게 저항하지 못하고 항복했다.

몽골군이 두려워했던 양쯔강

1206년 칭기즈칸이 몽골 초원을 통일하고 제국을 세우자, 몽골인들은 말을 타고 사방을 공격하며 세계 정복에 나섰다. 중국 북부를 지배하던 여진족의 금나라와 탕구트족의 서하가 순식간에 몽골군의 말발굽에 짓밟혔다. 중앙아시아의 호라즘 왕국도 불과 4년 만에 몽골군의 공격으로 무너졌다. 몽골 장군들이 이끄는 기병대는 수천 킬로미터를 달려 중앙아시아에서 페르시아와 카프카스 산맥을 넘어 러시아까지 진격했을 정도로 신속했다.

1227년 칭기즈칸은 죽었지만 그의 뒤를 이은 후계자들은 선조가 남긴 세계 정복의 꿈을 물려받아 대외 정복을 이어갔다. 한반도의 고려와 중국 서남부의 대리 및 티베트, 이라크의 아바스 왕조와 소아시아의 터키, 킵차크 초원의 쿠만과 러시아 도시 국가들이 모두 몽골 제국의 강력한 위세에 무릎을 꿇었다.

이제 몽골 제국이 노리는 목표물은 세계에서 가장 부유하고 풍요로운 중국 남부의 남송이었다. 그러나 남송 정복은 쉽지 않았다. 남송은 바다처럼 넓고 깊은 양쯔강으로 에워싸인 나라였다. 헌데 몽골군은 전형적인 유목민족이었기 때문에 탁 트인 초원에서의 야전에는 강하지만 배를 타고 싸우는 수전에는 영서툴렀다.

더구나 남송의 방어 시설도 만만치 않았다. 남송의 도시들은 높고 두꺼운 벽에 둘러싸여 있어 몽골군이 동원한 공성 장비에도 좀처럼 손상되지 않았다. 또한 남송은 당시 세계 최대의 인구

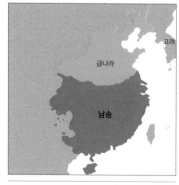

남송의 영역을 나타낸 지도. 남송은 금나라에게 북쪽 영토를 빼앗겼지만 풍부한 경제력으로 인해 번영을 누렸다. 그리고 40년 동안이나 몽골군에 저항할 정도로 만만치 않은 군사력을 지니고 있었다.

를 보유했기 때문에 남송군은 항상 몽골군과의 전투에서 입은 피해를 보충 병력으로 바로바로 채울 수 있었다. 이 밖에도 남송이 가진 신비궁과 극적궁 같은 강력한 무기들도 몽골군의 진격을 가로막는 장애물이었다. 그래서 몽골군은 무려 40년 동안이나 남송과 전쟁을 하면서도 그들의 튼튼한 방어 전선을 뚫지 못하고 교착상태에 빠져 있었다.

1259년 칭기즈칸의 넷째 아들이었던 톨루이칸의 장남이자 몽골제국의 네 번째 대칸(몽골 제국 군주의 호칭) 몽케칸은 남송과의 오랜 교착 상태를 해결하기 위해 자신이 직접 대군을 이끌고 남송을 공격했다. 그러나 그들의 방어 전선은 여전히 두터웠으며, 몽케칸은 교착 상태에 빠져 시간만 보내다가 결국 사천성 합주의 조어산에서 병으로 죽고 만다. 몽케칸이 죽은 원인에 대해서는 여러 말들이 많은데 남송군과의 전투에서 죽었다는 설도 있다.

회회포를 들여온 쿠빌라이

몽케칸이 죽은 뒤 몽골 제국은 제위를 둘러싼 내분이 발생했다. 몽케칸의 동생인 쿠빌라이와 아리크부카가 서로 자신이 정통 대칸이라고 주장하며 전쟁을 벌였다. 결국 풍부한 물자를 얻을 수 있는 중국 북부의 쿠빌라이가 아리크부카를 제압하고 몽골 제국의 다섯 번째 대칸이 되었다.

쿠빌라이는 선대의 대칸들과는 달리 중국 문화를 부러워한 사람이었다. 그는 자신이 단지 유목민인 몽골족만의 '대칸'이 아닌 동아시아에서 가장 오래된 역사와 찬란한 문명을 꽃피운 중원의 한족들을 다스리는 '황제'가 되고 싶어 했다. 그래서 나라 이름도 1271년 '몽골'에서 '원元'으로 바꾸었으며, 중국 역사에서는 그를 가리켜 원나라의 세조 황제라고 부른다. 또한 쿠빌라이는 자신이 중국 전체를 지배하는 황제가 되기 위해서는 양쯔강을 방패로 삼아 끈질기게 저항하는 남송을 반드시 정복해야만 한다는 사실도 잘 알고 있었다.

중국 문화를 동경한 쿠빌라이는 자신에게 충성하는 사천택 같은 한족 군벌도 거느리고 있었다. 그리고 이들이 포함된 10만 대군을 편성하여 1268년 9월 양쯔강으로 흘러드는 한수漢水 남쪽 기슭인 양양성襄阳城과 그 건너편인 번성樊城을 포위하도록 했다. 몽골군에 복무하는 한족들은 몽골족들과는 달리 육전뿐 아니라 수전에도 어느 정도 익숙했기 때문에 가능한 일이었다.

몽골군은 결코 서두르지 않았다. 양양성과 번성은 매우 높고 큰 성벽으로 보호받고 있었고 양쯔강을 오가는 배를 통해 보급품을 들여오고 있었다. 따라서 몽골군은 두 성에 틀어박힌 남송군을 상대로 지구전에 들어갔다. 먼저 성의 군사와 주민들이 외부로 쉽게 나오지 못하도록 성 주위를

칭기즈칸의 손자이자 원나라를 세워 중국 전체를 지배한 쿠빌라이. 쿠빌라이는 우리 역사에도 큰 영향을 미친 인물인데, 오고타이 때부터 싸워오던 고려가 끝내 그의 시대에 이르러 몽골에 항복했던 것이다.

둘러싼 해자(흙을 파낸 도랑)를 파고 그 바깥에 성채를 쌓았다. 그리고 망루를 세워 남송군의 움직임을 감시했다.

남송군이 성문을 열고 공격해오면 몽골군은 곧바로 그들에 화살과 쇠뇌를 퍼붓고 응전하여 격퇴했다. 1271년 6월, 남송 조정이 양양성과 번성을 사수하기 위해 수군 10만 명을 보내자 몽골군은 결정적으로 양쯔강 위에서 수전을 벌여 그들을 격파하기도 했다.

하지만 그럼에도 양양성을 지키는 여문환과 번성을 지키는 장한영은 끈질기게 몽골군에 맞서 결코 성을 포기하지 않았다. 몽골군으로서는 남송군의 식량과 물자가 차단되어 그들이 스스로 성문을 열고 나오기를 바랐으나, 남송군이 지구전에 들어가자 그조차 기대하기 어려워졌다. 더구나 두 성의 성벽은 여전히 높고 튼튼하여 몽골군이 보유한 기존의 공성 장비로도 함락시킬 수 없었다.

1272년, 지지부진한 전황에 고민하던 쿠빌라이는 동생 훌라구가 페르시아를 정복하고 세운 일 칸국에 사신을 보내 강력한 무기를 만드는 기술자를 보내줄 것을 요청했다. 이에 일 칸국에서는 알라우딘과 이스마일 같은 기술자들을 쿠빌라이에게 보냈다. 그들은 회회포를 만들어 쿠빌라이에게 바쳤다.

회회포는 본래 중세 유럽에서 만들어진 투석기 트레뷰셋 trebuchet이 서남아시아에 전해진 무기였다. 물론 그 이전에도 캐터펄트Catapult나 오나거onager 같은 투석기가 있었지만 트레뷰셋은 기존의 투석기들과 다른 점이 있었다. 트레뷰셋은 추의 원리로 돌을 날려 보냈는데, 들어 올린 추가 아래로 떨어질 때 발생하는 위치에너지를 이용했다. 기존의 투석기는 돌을 날려 보내기 위해 끈을 잡아당기는 사람 수를 늘려야 했지만, 트레뷰셋은 추만 무겁게 하면 되었다. 그리고 추를 들어 올릴 때에도 순간적으로 큰 힘을 들일 필요가 없고 소수 인원으로 돌을 날려 보낼 수 있었다. 트레뷰셋을 조작하는 순서는 다음과 같다. 먼저 목표물을 향해 조준을 한 다음 줄을 당겨 추를 들어올려 구로 고정시킨다. 그리고 돌을 장전하고 구를 빼서 발사한다.

마침내 1273년 1월, 원나라군은 번성을 노려 회회포를 배치하고 14일에 걸쳐 집중 포격했다. 이제까지 한 번도 경험하지 못했던 회회포의 힘에 번성 성벽은 무너졌고, 그 틈으로 원군이 몰려가자 번성을 지키던 남송군은 겁을 먹고 항복했다. 곧바로 원군은 번성에 회회포를 설치하고 양양성을 향해 포격했다. 이때 사용된 회회포는 폭이 700~800미터에 달하는 한 수를 넘어 90킬로그램이나 되는 돌을 날려 보냈는데 발사된 돌이 떨어질 때면 무려 2미터나 땅에 파고들었다고 한다. 이 기막히고 막강한 신무기의 위력은 어떤 무기나 방어벽으로도 막아낼 수 없었다. 이미 번성이 함락된 소식을 듣고 사기를 잃은 여문환은 자신을 더 이상 돕지 않는 남송 조정에 불만을 품고 있던 터라 결국 1273년 2월 원나라군에 항복했다.

현대에 들어 재현한 트레뷰셋. 이 무기가 동방으로 전해져 회회포라고 불렸다.

약 5년에 걸친 양양-번성 공방전이 회회포라는 신무기의 힘으로 순식간에 타개된 것이다.

남하에 가장 걸림돌이 되었던 두 성을 함락시킨 원나라군은 그 여세를 몰아 남송의 수도인 임안으로 진격했다. 임안은 1276년 원나라 군대의 총사령관인 바얀에게 함락되었으며, 탈출한 남송 황제와 시종들은 3년 뒤 1279년 애산의 전투에서 전멸되었다. 그리하여 남송은 완전히 멸망했고 쿠빌라이의 원나라가 중국을 통일했다. 회회포의 힘이 역사를 바꾸었던 것이다.

아메리카를 정복한 강철 무기

금속 갑옷과 무기로 신대륙을 제패하다

1520년대, 에스파냐인들은 군대를 이끌고 지금의 중남미 대륙을 침범하여 현지 원주민들과 전쟁을 벌였다. 원주민들이 가진 풍부한 금과 은을 탐낸 이유에서였다. 신대륙에 파견된 에스파냐군은 불과 1,000명 내외였지만 그들은 자신들보다 수천 배나 많은 원주민을 어렵지 않게 굴복시켰다. 청동과 철제 무기를 모른 채 흑요석으로 만든 원시적인 돌칼만 가지고 싸운 원주민들은 에스파냐군이 착용한 튼튼한 강철 갑옷과 날카로운 검과 창을 도저히 당해낼 수 없었던 것이다.

아즈텍인을 학살한 강철 검과 창

먼저 아즈텍 제국이 에스파냐에 정복된 사건부터 살펴보자. 아즈

멕시코에 위치했던 아즈텍 제국의 영토.

텍 제국은 오늘날 멕시코에 있던 나라다. 1116년 멕시코 북쪽의 사막에서 살던 아즈텍인들은 남쪽으로 이주하여 원주민인 톨텍족에게 봉사하는 용병으로 활동했다. 그러다가 1345년, 아즈텍인들은 톨텍족의 예속을 끊고 지금의 멕시코 수도인 멕시코시티의 자리에 테노치티틀란이라는 도시를 건설했다. 테노치티틀란은 최대 25만 명의 인구를 수용할 수 있었는데, 이는 당시 유럽의 어느 도시들보다도 큰 규모였다.

그러나 이토록 발달한 문명을 지닌 아즈텍인들은 에스파냐인들의 침입을 받은 지 불과 2년 만인 1521년에 멸망했다. 대체 무엇 때문이었을까? 가장 큰 이유는 바로 군사 기술에서 에스파냐에 크게 뒤떨어졌기 때문이었다. 아즈텍인들은 소금물에 적신 목화 솜옷을 전투복으로 입고 흑요석을 붙여 만든 몽둥이를 휘두르며 싸웠다. 하지만 에스파냐인들은 강철로 만든 갑옷과 투구를 착용하고 강철로 만든 칼과 창을 휘두르며 싸웠다. 아즈텍인들이 사용하는 흑요석 무기는 돌로 이루어진 것이라, 에스파냐인들의 두터운 강철 갑옷에 부딪치면 그 즉시 부서졌다. 그러나 에스파냐인들이 사용하는 강철 검과 창은 아즈텍인들의 목화 솜옷을 그대로 뚫고 아즈텍인들의 살을 베었다. 이렇게 기본 무기에서부터 아즈텍군은 에스파냐군과 크게 차이가 났다.

92

아즈텍 군사들의 무기와 복장을 나타낸 그림.

아즈텍인들에게 특히나 공포의 대상이었던 무기는 바로 에스파냐인들이 사용하던 강철 검이었다. 한 예로 에스파냐군은 톡스카틀 축제에서 불과 100명도 안 되는 인원으로 무려 8,000명에 달하는 아즈텍 귀족을 학살했다. 그러나 이들은 강철 검과 갑옷 덕분에 고작 부상자 몇 명만 발생했을 정도로 일방적인 승리를 거두었다. 그 당시 상황을 직접 목격한 아즈텍인은 "그들은 축제 참가자들을 모조리 공격했다. 칼에 베이고, 뒤에서 창에 찔린 사람들은 내장이 몸 바깥으로 나온 채 쓰러졌다. 머리가 날아간 사람들도 있었다. 병사들은 머리를 베고 나서도 그 머리를 산산조각 냈다. 그들이 사람들의 어깨를(칼이나 창으로) 치자 팔이 몸에서 떨어져 나갔다. 허벅지나 장딴지를 다치는 것은 예사였다. 배에 칼을 맞은 사람들은 내장을 땅바닥에 쏟으며 죽어갔다. 일부는 삐져나온 내장을 질질 끌며

달아나려다가 자기 내장에 발이 걸려 넘어지기도 했다"라는 기록을 남겼다.

에스파냐군이 사용한 강철 검은 에스파냐 본토의 톨레도에서 담금질한 무기였다. 톨레도는 예로부터 강철의 생산지로 유명했는데, 근대 영국의 문학 작품《아이반호》에서조차 "에스파냐의 강철로 만든 갑옷은 매우 튼튼하다"라는 말이 언급될 정도로 칭송받았다. 또한 톨레도의 강철로 만든 장검의 날을 갈면 굉장히 날카로웠고, 검술에 능숙한 병사가 그 검을 휘두르면 한 번에 적의 손목과 발목을 자를 수 있었다.

에스파냐 병사들은 검 이외에 6미터 내외의 장창도 지니고 있었다. 장창은 끝부분에 무거우면서 예리한 창날이 달렸는데, 보병들이 밀집하여 방진을 이루면 정면에서는 도저히 뚫을 수 없는 단단한 벽이 되었다. 그런 장창 방진은 에스파냐어로 '철의 밀밭'이라 불렸다. 장창보다 가벼운 투창은 가까운 거리에서 적을 향해 던질 경우, 치명상을 입힐 수 있었다.

게다가 에스파냐군은 강철 갑옷과 투구를 착용했기 때문에 아즈텍 군사들이 흑요석 무기를 휘둘러도 안전하게 보호되었다. 무기의 우수성 덕에 에스파냐군은 단 2년 만에 수백만 인구가 사는 아즈텍 제국을 무너뜨렸다. 또한 에스파냐는 아즈텍 제국이 있었던 멕시코 지역

강철 갑옷과 무기를 갖춘 에스파냐 군사들이 아즈텍인들을 일방적으로 학살하는 장면을 묘사한 그림.

을 300년가량 식민지로 지배하면서 에스파냐어와 가톨릭교를 전파하여 완전히 에스파냐 문화권으로 편입시켰으니, 최종적인 승리를 거둔 셈이었다.

200명도 안 되는 에스파냐군에 무릎 꿇은 잉카 제국

오늘날 에콰도르와 페루와 칠레에 걸친 넓은 영토를 지배했던 잉카 제국도 에스파냐에 결코 무사하지 못했다. 12세기에 들어선 잉카 제국은 16세기 초에 1,000만 명가량의 인구와 방대한 영토를 지닌 강대국으로 성장했으나, 에스파냐 정복자 프란시스코 피사로가 이끈 군사 168명에 허무하게 굴복하고 말았다.

1532년 11월 16일 잉카 황제 아타우알파는 이제까지 한 번도 보지 못한 사람들이 나타났다는 소식을 듣고, 그들을 보기 위해 수천 명의 수행원과 병사를 이끌고 에스파냐인들이 머물고 있던 카하마르카로 떠났다. 그러나 피사로는 카하마르카 광장에 미리 병사들을 매복시켜 놓았다가, 아타우알파와 그 일행들이 들어오자, 재빨리 포위하여 공격했다. 에스파냐군은 잉카군에 대포를 잔뜩 퍼부었고, 그다음 강철 검을 뽑아 휘두르며 잉카군을 무자비하게 찌르고 베었다. 에스파냐군의 공격을 전혀 예상하지 못한 데다가, 에스파냐군처럼 강철 갑옷과 무기도 없었던 잉카군은 도저히 에스파냐의 공격을 당해낼 수 없었다.

이날, 아타우알파를 따라왔던 수많은 잉카 귀족과 고관 모두 에스파냐군에 끔찍한 죽임을 당했고, 잉카 병사와 수행원 들도 살아남지 못했다. 강철 검을 앞세운 에스파냐군의 기습에 죽어간 잉카인이 무려 7,000여 명에 달했다. 이뿐만 아니라 잉카 황제인 아타우알파마저 에스파냐군에 사로잡혀 포로가 되었다. 모든 권력이 황제 한 사람에게 집중된 구조를 지닌 잉카 제국에서 황제가 외국 군대에게 포로로 잡혔다는 것은, 곧 잉카 제국의 모든 행정이 마비되었다는 사실을 의미했다.

그리고 카하마르카 전투에서 잉카 제국의 운명은 사실상 끝난 것이나 다름없었다. 포로가 된 아타우알파는 피사로에게 자신을 살려주면 나라 안의 모든 황금과 은을 모아 주겠다고 약속했지만, 정작 금과 은을 주고도 에스파냐인들에게 처형되었다. 그 뒤 잉카 제국은 에스파냐인들에 놀아나는 신세를 면치 못하다가 맞서 싸웠으나 40년 만에 잉카 제국의 대부분이 정복되어 에스파냐의 언어와 종교를 받아들여야 했다.

오늘날 멕시코에서 아르헨티나에 이르기까지 대부분의 중남미 국가가 에스파냐어를 사용하고 가톨릭교를 믿는다. 이들 국가들이 전부 300년 가까이 에스파냐의 식민지였던 결과이다. 단, 브라질은 포르투갈어를 사용하는데 이는 브라질이 에스파냐가 아닌 포르투갈의 식민지였기 때문이다.

조선과 명나라를 위협했던 일본도

사람과 말까지 모두 베었던 예리한 검

16세기부터 중국 해안 지대에 왜구들이 나타나 약탈을 일삼았다. 명나라 조정은 군대를 보내 왜구들을 토벌하게 했으나, 놀랍게도 모두 참패했다. 그들이 휘두르는 크고 긴 일본도가 명나라군의 창대를 모조리 잘라버렸던 것이다. 일본도의 위력에 놀란 명나라 조정은 척계광이라는 명장을 등용하고 나서야 겨우 왜구의 발호를 잠재울 수 있었다.

명나라에 충격을 준 일본도

오늘날 일본도日本刀는 닌자와 사무라이, 벚꽃과 함께 전 세계에 일본 문화를 알리는 역할을 톡톡히 하고 있다. 일본도의 기원은 고대로 거슬러 올라가는데, 한반도와 중국에서 일본으로 전해진 환두

대도環頭大刀가 점차 일본의 문화적 환경에 맞게 개량되어 일본도가 탄생했다. 일본도는 쇠를 펴고 접어 다시 두드리는 '접쇠' 방식으로 만드는데, 여기에는 가야가 멸망한 뒤 일본으로 이주한 가야계 유민들이 일본인들에 전수한 '타타라' 기술 또한 큰 영향을 끼쳤다.

일본도의 원형을 확립한 검은 칼날의 길이가 60센티미터 이상인 타치太刀이다. 이 타치는 헤이안 시대(794~1192년) 말기에 등장했다. 일설에 의하면, 타치는 당시 일본 동북부에서 일본 중앙 조정에 저항하던 이민족인 에미시蝦夷족과의 전투를 거치면서 등장했다고

한다. 에미시족은 기마전술을 썼는데, 이러한 에미시족에 효과적으로 맞서기 위해 일본 무사들도 달리는 말 위에서 적을 베기에 편리하게 칼날이 휜 타치를 만들어 사용했다는 것이다.

무사들이 정권을 쥔 가마쿠라 시대(1185~1333년)에 이르자, 칼날의 길이가 85센티미터 이상인 노타치野太刀가 등장했다. 노타치는 그 무게와 길이 때문에 두 손으로 잡고 사용해야 했기 때문에 쌍수도雙手刀라고도 불렸다.

일본 전체가 두 패로 갈라져 싸운 남북조 시대(1336~1392년)가 되자, 타치와 노타

노타치를 든 일본군 장수의 모습. 임진왜란에서 조선군에게 가장 충격을 주었던 무기가 바로 왜군이 쓰던 일본도였다. 조선군이 쓰던 짧은 환도로는 왜군을 당해내기 어려워, 조선 조정에서는 항왜들을 통해 쌍수도법을 전수받도록 한다.

치 등 일본도는 더욱 길어졌는데, 이는 남북조 시대에 이르러 일본의 군사 전술이 말을 타고 활을 쏘는 기사騎射전에서 칼이나 창 같은 근접전용 무기를 들고 적에게 돌격하는 백병전으로 바뀌었기 때문이다.

1467년 오닌의 난을 기점으로 일본은 봉건 영주들이 난립하여 서로 간에 잔혹한 혈전을 벌이는 전국시대에 돌입한다. 전쟁으로 인해 가난해진 일본 변경 주민들은 배를 타고 바다로 나가 해적질을 하는 왜구가 되었지만, 이미 중앙정부의 통제력이 소멸된 터라 그들을 아무도 막을 수 없었다. 그래서 15세기 말을 기점으로 중국 명나라 동부의 해안 지대에 왜구들이 들끓었던 것이다.

식량과 비단 등 물자를 빼앗으려 중국을 습격한 왜구들은 노타치와 타치 같은 일본도로 무장하고 있었다. 반면 그들을 진압하려 출동한 명나라 관군은 짧은 창을 들고 있었다. 여기서 차이가 났다. 왜구들이 휘두르는 예리한 칼날에 명군의 창은 모조리 잘려나갔던 것이다. 그러니 전쟁 초기에 명군은 일본도를 가진 왜구에 속수무책으로 패했다.

뒤늦게 왜구의 심각성을 깨달은 명나라 조정은 1555년, 뛰어난 명장인 척계광戚繼光을 왜구 토벌의 책임자로 임명했다. 척계광은 먼저 일본도의 위력에 대항하고자 4~5미터의 낭선狼筅을 군사들

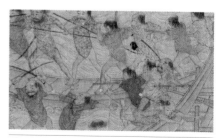

명군과 왜구의 전투 장면을 그린 항왜도권抗倭圖券에 묘사된 왜구의 모습.

에게 지급했다. 낭선은 대나무 가지를 그대로 남겨두고 그 끝에 쇠를 단 창으로, 일본도에 잘 잘리지 않았다. 그리고 낭선의 끝에 쇠 창날을 달아 일본도를 든 왜구보다 더 먼 거리에서 공격할 수 있었다. 그와 동시에 척계광은 왜구로부터 빼앗은 일본도를 연구하고 이를 명나라 군사들에게 지급하기도 했다. 이런 척계광의 노력에 힘입어 명나라는 왜구들을 제압하는 데 성공했다.

그러나 척계광이 죽고 얼마 지나지 않아, 명나라는 다시 일본도로 무장한 적군과 대규모 전쟁을 벌여야 했다. 이번에는 조선 땅에서였다. 1592년부터 조선은 일본을 통일한 도요토미 히데요시가 일으킨 임진왜란에 시달렸는데, 조선이 명나라에 원군을 요청하자 명나라 조정은 조선을 돕기 위해 명군을 보냈던 것이다.

조선에 파견된 명나라군은 평양성을 탈환하고 그 여세를 몰아 후퇴하는 일본군을 추격했다. 그러던 가운데 현재 고양시인 벽제관에서 일본군의 반격에 큰 낭패를 겪었다. 다음은 조선의 명재상이자 임진왜란의 현장을 직접 목격했던 유성룡이 지은 징비록의 내용 가운데 벽제관 전투를 기록한 부분이다.

"원래 제독(명나라 장수 이여송)이 거느린 군사는 모두 북쪽 기병騎兵이라, 화기火器는 없고 다만 짧은 칼만 가졌는데, 적(일본군)은 보병을 써서 서너 척이나 되는 날카로운 긴 칼을 휘둘러 좌우로 치니, 인마가 모두 쓰러져 도저히 당해낼 수가 없었다. 자못 형세가 위태롭게 된 제독은 후군後軍을 불렀으나 거느린 군사는 그들이 도착하기 전에 모두 패하여 죽거나 상하는 자가 무척 많았다. 다행히 적들도 군사를 거두고 그 이상 급히 따르지 않았으므로 날이 저물자 그대로 파주로 돌아왔다."

여기서 유성룡이 언급한 '서너 척이나 되는 날카로운 긴 칼'이 바로 노타치였다. 일본군이 노타치를 휘두르자 명나라군과 말이 모두 쓰러졌다는 구절에서 노타치가 발휘한 위력을 짐작케 한다. 노타치로 무장한 일본군의 역습에 큰 타격을 받은 명군은 그 뒤로 일본군과의 전투를 가급적 회피하려는 모습까지 보였다. 일본도가 준 충격이 매우 컸던 것이다.

조선군에 귀순한 항왜와 일본도

한편 임진왜란에서 일본군과 싸운 조선군도 일본도의 위력을 일찍부터 눈여겨보았다. 임진왜란 이전에 조선군은 주로 활쏘기에 치우친 군대였던 탓에 칼과 창을 휘두르는 백병전에 취약했다. 이 점이 길고 날카로운 칼을 가진 일본군과의 전투에서 불리하게 작용했다. 헌데 임진왜란이 길어지자 조선에 항복하는 항왜降倭가 늘어났다. 이들은 백병전에서 탁월한 전투력을 발휘했기 때문에 조선에서는 이들이 항복해오면 훈련도감에 보내 조선군 병사들에게 검술을 가르쳐 조선군의 취약점을 보완하도록 했다.

1594년 8월 2일 자《선조실록》에 의하면, 조선에 항복한 왜구들은 조선의 살수殺手를 보고 아이들 놀이와 같다고 혹평했다고 한다.

또, 1594년 12월 27일 자《선조실록》에서도 선조 임금은 조선 병사들에게 이런 명을 내리기도 했다.

"왜인의 검술은 대적할 자가 없다. 전일 항왜 다수가 나왔을 때 그중에 검술이 극히 묘한 자가 많았다. 적합한 자를 뽑아 장수로 정하여 교습하도록 별도로 한 대열을 만들라고 전교했는데, 끝내 실시하지 않고 그 항왜들을 모두 흩어 보냈다. 지금 이판吏判(이덕형)이 도감에 있으니 족히 그 일을 할 만하다. 별도로 장수 하나를 뽑고 아이들 약간 명을 택하여 한 대열을 만들어 왜인의 검술을 익히되 주야로 권장하여 그 묘법을 완전히 터득한다면, 이는 적국의 기술이 바로 우리의 것이 되는 것인데 어찌 유익하지 않겠는가? 훈련도감에 이르라."

조선의 최고 권력자에게도 일본도와 일본의 검술은 매우 훌륭한 기술로 보였던 것이다.

임진왜란이 끝나고도 항왜들은 조선에 정착하여 그대로 살았는데, 훗날 1624년 1월 22일에 벌어진 이괄의 난에 대거 가담하기도 했다. 이괄은 평양에서 후금(훗날의 청나라)의 침략에 맞서 싸울 군사를 훈련하는 일을 맡았는데, 마침 북방에 항왜들 가운데 상당수가 거주하면서 조선군에게 창검술을 가르치고 있었다. 이들은 북방의 주력 군대 1만 명을 지휘하게 된 이괄의 부대에 편입되었고, 이괄이 난을 일으키자 그를 따라 반란에 가담하게 되었다.

이괄의 반란군은 각지에서 맹위를 떨쳤는데,《인조실록》에 따르면 항왜군이 칼(일본도)을 휘두르며 돌진하자 관군이 이를 보고 겁을 먹어 뿔뿔이 흩어져 달아나는 바람에 제대로 싸울 수가 없었다고 한다. 반란을 일으킨 지 약 3주 만인 2월 11일, 이괄의 반란군은 한양에 입성하여 새 임금을 추대할 정도로 위세를 떨쳤다. 여기에는 일본도로 무장한 항왜들의 분전이 한몫했다.

이괄의 반란군은 2월 11일 길마재에서 벌어진 관군과의 전투에서 패배하고, 곧이어 2월 15일 이괄 본인이 부하인 기익헌에게 죽임을 당하여 끝났다. 그러나 이괄의 난 이후에도 일본도와 항왜들의 존재감은 계속되었는데, 1637년 병자호란 때도 임진왜란 중 조선에 귀순했던 유명한 항왜 김충선이 쌍령 전투에서 청군과 싸워 용맹을 떨쳤던 것이다.

병자호란은 조선의 패배로 끝났지만, 효종을 비롯하여 그 이후의 조선 왕들은 두 번 다시 치욕을 겪지 않기 위해 군사 훈련과 무예 연마에 많은 노력을 기울였다. 그리하여 정조 임금은 1790년 편찬한 《무예도보통지武藝圖譜通志》에서 쌍수도와 왜검倭劍을 정식 과목으로 넣었다. 말할 것도 없이 쌍수도는 일본에서 전래된 노타치였고, 왜검은 노타치를 비롯한 각종 일본도를 다루는 검술을 뜻했다. 조선을 위협했던 일본도가 후대에 조선을 지키는 무기로 다시 태어났던 것이다.

아퀴버스와 머스킷

현대 무기의 시초가 된 총기의 등장

인류가 석기 시대부터 발명한 활은 거의 1만 년 동안 투사무기의 왕으로 군림했다. 그러나 화약이 발명되고 이를 기반으로 한 총이 등장하자, 활은 총에 밀려 사라졌다. 그리고 활의 자리를 대신한 총은 21세기인 현재까지 가장 기본적인 무기로 널리 쓰이고 있다.

중국에서 발명된 총

그렇다면 총은 언제 어디서 등장했을까? 최초의 총은 서기 1290년 중국에서 개발된 화총火銃이었다. 서양이 아닌 중국에서 총이 발명되었다는 사실에 놀랄 사람도 있겠으나, 총에 들어가는 화약을 처음 발명한 나라가 바로 중국이었으니 이상한 일도 아니었다.

현재까지 화약과 관련해 가장 오래된 기록은 중국의 의원 손사막 孫思邈(541~682년)이 쓴 《단경丹經》에 실려 있다. 손사막은 목탄과 초석과 유황의 배합 방법을 화류황법化硫礦法이라 불렀는데, 그가 적은 화류황법 덕에 탄생한 것이 흑색 화약이다. 흑색 화약은 1884년 프랑스인 폴 마리에Paul Marie가 발명한 무연 화약이 등

원나라에서 개발한 화총. 현재까지 세계에서 가장 오래된 총기 유물이다.

장하기 전까지 전 세계 군대가 무기로 사용했다.

당시 중국을 지배하던 원나라는 금나라와 송나라를 정복하면서 그들이 만든 화약 무기 제조 기술을 습득하여 이를 더욱 발전시켰다. 그러한 노력의 산물이 바로 화총이었다.

총신이 구리로 만들어진 화총은 전체 길이가 43센티미터 내외였고 총구 크기가 3센티미터였다. 총탄은 한꺼번에 여러 개를 넣고 장전할 수 있었다. 방아쇠를 당기는 현대의 총기와는 달리 둥그런 총탄을 총구 안에 넣고 불을 붙이면 화약이 터지는 힘으로 총탄이 발사되는 구조였다.

1368년에 원나라를 북쪽으로 몰아내고 중국을 지배한 명나라에서는 15세기 무렵, 신쟁神鎗이라는 새로운 총이 개발되었다. 신쟁은 총기 앞부분을 쇠로 만들고 뒷부분은 나무로 만들어 구리로만 만든 화총보다 더 가벼웠다. 총탄은 납으로 만들었는데, 한꺼번에 스무 탄씩 발사할 수 있었다. 총탄을 비상 등의 맹독에 넣어 두었다가 적에게 쏘면 중독 효과까지 일으킬 수 있었다.

서양에서 등장한 아쿼버스와 머스킷

그러나 화총과 신쟁은 현대 총기로 이어지지 못했다. 15세기부터 서양의 화약 무기 제조 기술이 급속도로 발전하면서, 현대 총기의 원류가 된 아쿼버스arquebus와 머스킷Musket은 모두 서양에서 발명되었다.

서양의 화약 제조는 1260년, 영국의 수도사인 로저 베이컨Roger Bacon이 최초로 기록을 남겼다. 그리고 1375년 무렵에 중국의 화총이나 신쟁과 같은 원리로 작동되는 무기인 권총이 등장해 보급되었고, 1411년에는 아쿼버스라 불린 화승총이 등장했다.

아쿼버스는 먼저 총 안에 화약을 넣고 총구로 총탄을 넣어 심지에 불을 붙인 뒤 방아쇠를 당겨 총알을 발사하는 구조였다. 이 작업에 꽤 많은 시간이 들었던 탓에 현대의 총기처럼 연속으로 총알을 발사하지는 못했다. 또한 총탄이 회전하면서 멀리까지 날아가도록 하는 강선이 아직 개발되지 못했기 때문에 총의 명중률도 그다지 높지 못했다. 그래서 18세기 말, 미국 독립전쟁에 참가한 영국군 장군들은 병사들에게 적의 눈동자가 보일 때까지는 총을 쏘지 말라고 명령했을 정도였다. 그래서 대부분 1분당 두세 발 정도 발사하는 것이 고작이었다.

하지만 아쿼버스와 머스킷에는 무시할 수 없는 장점도 있었다. 유효 사정거리인 50미터 이내에서 총을 쏘면 아무리 두꺼운 갑옷과 투구라도 반드시 관통하여 사람을 죽이거나 다치게 할 수 있다는 점이었다. 그전까지 사용되던 화살보다 파괴력과 관통력에서 훨씬 강력한 무기였다. 또한 이 총기류들은 기존의 활보다 더 다루기 쉽고 짧은 시간 안에 익숙해질 수 있었다. 그래서 총기를 사용하는 대규모의 군사를 육성하기에도 좋았다. 16세기에 이르자, 유럽인들은 그전까지 써왔던 석궁 등을 버리고 보편적으로 아쿼버스를 사용하게 되었다.

1525년 2월 24일, 프랑스 국왕 프랑수아 1세와 신성로마제국 황제이자 에스파냐 국왕 카를 5세와 파비아 전투에서 아쿼버스의 위력이 증명되었다. 프랑수아 1세는 유럽 최강으로 불린 기사들을 투입했으나, 긴 창을 쓰는 보병 부대의 보호를 받으며 등장한 에스파냐 총병이 퍼붓는 총탄에 전멸했다. 그 바람에 전세가 역전되어 카를 5세는 프랑수아 1세를 생포하는 대승을 거두었다. 이때 에스파냐군이 사용한 창병과 화승총 부대를 혼합한 전술을 테르시오Tercio라고 한다. 이후 에스파냐는 약 100년 동안 테르시오 전술을 사용하여 유럽 최강국으로 군림했다.

아울러 1528년에는 아쿼버스보다 더 파괴력과 관통력이 우수한 머스킷이 등장했다. 이러한 무기로 무장한 유럽인들은 16세기부터 해외로 진출하여 원주민들을 제압했다. 총기로 무장한 에스파냐군은 아메리카의 아즈텍과 잉카 제

르네상스 시대 아쿼버스를 든 병사를 그린 그림. 유럽제 아쿼버스는 무게가 꽤 무거워서 총을 쏘려면 폭Fok이라 불리는 금속제 지지대 위에 올려 쏴야 했다.

국을 정복했으며, 러시아인들은 불과 2세기 만에 광활한 시베리아의 대부분을 손에 넣고 오늘날까지 차지하고 있다.

역사를 바꾼 조총

파비아 전투에서 위력을 발휘한 아쿼버스는 그로부터 18년 뒤, 뜻하지 않은 계기로 먼 동양에까지 전해진다. 1543년 일본의 다네가섬種子島에 상륙한 포르투갈 선원은 일본인들에게 아쿼버스 두 정을 전파했다. 이 신무기의 놀라운 성능을 목격한 일본인들은 아쿼버스를 철포鐵砲라 부르며 개발에 혼신의 힘을 기울였다.

그리고 1592년 4월 13일, 아쿼버스로 무장한 일본군은 바다 건너 조선을 침공했으니 이것이 바로 임진왜란이었다. 임진왜란이 처음 일어날 당시 조선인들은 장군과 대신 등 상류층 인사를 제외하고는 아쿼버스에 대해 아는 사람이 없었다. 그러다 일본군이 쏘아대는 아쿼버스의 위력을 보고 크게 놀라 날아가는 새도 잡는다는 뜻으로 조총鳥銃이라 불렀다. 조총은 1592년 4월 28일 탄금대 전투에서 위력을 발휘했다. 이 전투에서 조선군을 이끈 신립은 여진족을 토벌하여 명성이 높은 장군이었다. 그러나 긴 창과 조총으로 무장한 일본군의 공세에 밀려 참패하고 결국 자살했다. 탄금대 전투의 소식이 알려지자 조선 조정은 충격과 공포에 휩싸였다. 왕과 대신들은 한양을 버리고 의주까지 피난을 갔다.

임진왜란에서 일본 수군을 상대로 연전연승을 거둔 이순신도

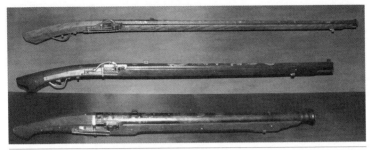

일본인들이 만든 아쿼버스. 일본제 아쿼버스는 유럽제보다 무게가 가벼워 쏘는 데 지지대가 필요없었다. 이 총은 조선에 전해져 조총이라 불렸다.

조총의 탁월한 성능을 인정했다. 그는 일본군으로부터 노획한 조총을 분해하여 다시 조립하는 과정을 거쳐 조총의 제조 방식을 알아내는데 성공했다. 이순신이 직접 쓴 1593년 9월 17일 자《난중일기》에는 "온갖 연구 끝에 조총을 만들어 내니 왜인의 총통보다 훌륭했다. 명나라 사람들이 와서 진중에서 시험 사격을 하고는 잘되었다고 칭찬하지 않는 사람이 없었다"라고 기록되어 있다.

이렇듯 임진왜란에서 조총의 위력을 실감한 조선인들은 전쟁이 끝나고 선조의 뒤를 이어 광해군이 집권하자, 조총으로 무장한 병사 5,000명을 편성할 정도로 조총의 개발과 보급에 열을 올렸다. 청나라의 요청으로 1654년과 1658년 두 차례에 걸쳐 러시아군과 전쟁을 벌인 나선정벌에서도 조선군은 놀라운 사격술을 보였다. 러시아 군사들은 "대두인이 두렵다!"라는 말을 남겼다. 대두인大頭人이란 조선군 병사들이 쓴 모자인 전립을 본 러시아 군사들이 조선군의 머리가 큰 줄 알고 한 말이었다.

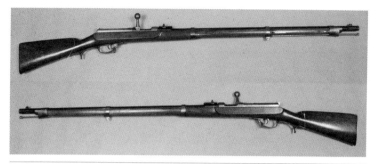

드라이제 니들 건.

라이플의 등장

18세기 말에 들어 총기는 더욱 혁신되었다. 당시 프랑스의 장군 나폴레옹은 총 안에 강선(나선형으로 판 홈)을 활용한 라이플Rifle이라는 총을 배포했다. 라이플은 강선 기술을 활용한 덕에 총알이 일정하게 회전하며 안정적으로 멀리 날아갈 수 있었다. 따라서 기존의 총기인 아퀴버스나 머스킷보다 훨씬 진보된 무기였다.

19세기 초인 1835년 현재 독일의 근간이 된 프로이센에서 기존의 머스킷을 개량한 드라이제 니들 건Dreyse needle gun이 개발되었다. 드라이제 니들 건은 총탄을 총의 뒤쪽으로 장전하는 구조였다. 따라서 그전까지 총알을 총구에 직접 넣는 다른 총들보다 장전 속도가 훨씬 빨랐으며 오랜 시간 총을 쏘아도 화약 찌꺼기가 총구를 막는 일도 없었다. 이러한 드라이제 니들 건으로 무장한 프로이센군은 1866년 자도바 전투에서 오스트리아군을 상대로 압승을 거두었다.

110

드라이제 니들 건을 시작으로 서구는 본격적인 라이플 시대에 접어들었다. 그리고 기관총과 더불어 라이플로 무장한 서양인들은 해외 식민지 쟁탈전에 나서 전 세계 대부분을 정복하기에 이르렀다. 아쿼버스에서 시작한 총기 시대가 오늘날까지 이어지는 서구의 세계 주도를 이끈 것이다.

조선의 일등 공신 판옥선

판옥선이 없었다면 한산도와 명량대첩도 없었다

1592년 시작된 임진왜란은 육상에서는 일본군이 연전연승했으나, 해상에서는 이순신이 이끄는 조선 수군이 연일 일본 수군을 격멸하고 있었다. 조선 수군은 높고 큰 갑판과 다량의 대포를 탑재한 판옥선을 주력함으로 운용했는데, 일본 수군의 상륙용 전함인 세키부네보다 훨씬 화력에서 막강했다.

바다의 요새 판옥선

임진왜란에서 조선군이 거둔 가장 빛나는 승리는 단연 해전에서였다. 행주대첩이나 진주대첩도 대승을 거두었지만 이순신이 이끄는 무적의 조선 함대가 해상에서 일본 수군을 연이어 깨뜨린 승리와 견준다면 오히려 작게 느껴질 정도였다. 무엇보다 조선 육군은 행주대첩 이후로는 일본군과 싸워 제대로 이긴 적이 별로 없었다. 그러나 수군은 정반대로 전쟁 말기까지 초기의 막강한 전력을 유지하며 일본군을 위협했다.

7년의 전쟁 동안 조선 수군은 일본 수군을 상대로 싸워 시종일관 압도적인 우위를 자랑했다. 이 같은 연승의 요인은 단연 조선 수군의 주력함인 판옥선의 우수성에 기인한 것이었다.

조선 수군의 기존 주력함이던 맹선은 느리고 둔중한 데다 배의 크기와 화력에서 왜구들의 전선에 밀리는 약점을 보였다. 따라서 1555년 왜구들의 공격에 효과적으로 맞서기 위해, 배의 크기를 더욱 늘리고 화력을 대폭 증강한 판옥선을 만든 것이다.

판옥선의 첫 번째 특징은 노를 젓는 선실과 전투원을 태운 갑판이 따로 분리된 2층 전함이라는 점이다. 이렇게 되면 노를 젓는 격군들은 전투가 벌어지더라도 적의 화살이나 총탄 같은 원거리 공격에 노출되지 않아 안전한 상황에서 노를 저을 수 있다. 또한 궁수와 같은 전투원이 적에게 공격을 하다가 자칫 아군 격군들을 다치게 할 염려도 없이 전투에 전념할 수 있었다.

두 번째는 배에 막강한 화포들을 대거 탑재하여 매우 강력한 원거리 화력을 갖추었다는 것이다. 당시 조선군은 천자총통이나 지자총통 같은 화포를 일찍부터 개발해 실전에 배

조선 수군의 주력 전함인 판옥선. 임진왜란 중 일본 수군은 판옥선보다 크기와 위력이 떨어지는 배인 세키부네를 주력 전함으로 편성했다가 참패했다.

치하고 있었다. 하지만 이런 화포들은 너무 무거워 제대로 운반할 수단이 별로 없는 데다가 화약 많이 필요했던 탓에 육전에서는 그다지 자주 사용되지 못했다. 판옥선은 이러한 문제점들을 일거에 해결했다. 화포가 무거워도 배에 탑재해 포격하면 되고 화약이야 미리 배에 저장해두면 그만 아닌가?

판옥선에 실린 막강한 화약 무기들

판옥선은 강력한 위력의 화약 무기들을 탑재하고 있었기에 조선 수군의 연승도 가능케 했다. 특히 판옥선에 실린 대형 화약 무기는 일본 수군의 무기들보다 훨씬 강력했다.

조선에서는 대포에 속하는 천자, 지자, 현자, 황자총통이 연이어 개발되었다. 이러한 화포들은 명종 이후와 선조 때부터 그 기록이 보이는데, 천자와 지자총통은《선조실록》에 처음 언급되며 현자총통은 명종 9년인 1554년 5월 19일 자《명종실록》에 그 기록이 보인다. 이로 미루어보건대 천지현황자총통은 명종 또는 선조 때에 개발된 것으로 보인다.

조선 시대의 대표적인 대형 화약 무기인 천자총통. 화약을 지나치게 많이 소모한다는 단점도 있었으나, 막강한 화력 덕분에 판옥선에 탑재되어 큰 전과를 올렸다.

천자총통은 조선의 대표적인 대형 화포였으며, 중량이 무거워 자체 이동은 불가능하고 따로 동차鋼車에 탑재해 사용했다. 포는 구리로 만들어졌으며 길이는 2미터이고 전체 무게는 725킬로그램에 이르렀다. 철제 포탄을 발사할 경우 최대 사정거리는 1,500보(약 1.4킬로미터)나 되었으며 조란환(새 알만한 크기의 철제 산탄)을 한꺼번에 200발이나 발사할 수 있었다. 이런 산탄 사격에 휘말리면 순식간에 몸뚱이가 갈기갈기 찢겼다.

지자총통은 천자총통보다는 작았으나 역시 대형 화포였으며 포의 전체 길이는 90센티미터였다. 철제 포탄을 발사할 경우 최대 사정거리는 900보(약 1킬로미터)였으며 산탄 100발을 쏠 수 있었다. 현자총통과 소형 화포인 황자총통은 각각 사정거리가 800보(약 700미터), 400보(약 300미터)였다.

가까운 거리에서 접전할 때에는 개인용 무기인 승자총통勝字銃筒을 사용했다. 승자총통은 선조 8년(1575)에서 11년 사이에 전라좌수사와 경상병사를 역임했던 김지金墀가 1575년에 개발한 무기이다. 이 승자총통은 1583년 신립이 여진족인 이탕개의 난을 진압했을 당시와 1588년 여진족 시전부락 토벌 당시에 큰 위력을 발휘했다. 무게가 가벼워 병사가 들고 자유롭게 이동할 수 있었지만 최대 사정거리는 200미터가 넘는 장거리 무기였다.

또한 총통에는 일반적인 포탄 대신 길이가 3미터나 되는 거대한 목제 화살인 대장군전大將軍箭이 장전되어 사용되기도 했다. 대장군전은 천자총통이나 지자총통에 넣고 화약의 힘으로 발사되는 오늘날의 미사일과 같은 무기이다. 육군사관학교에서 이 대장군전을 복원하여 그 위력을 시험해보니, 400미터를 날아가 콘크리트 석벽을 완전히 관통하여 참관하던 사람들을 깜짝 놀라게 했다. 일본 측 기록에 따르면 조선 수군이 맹렬하게 발사한 대장군전을 맞은 일본 배들은 갑판과 방패가 모두 파괴되었다고 한다.

튼튼한 방어력의 판옥선

판옥선은 배의 밑바닥이 평평한 평저선平底船이었으며, 이러한 구조로 인해 포를 쏠 때의 반동을 안정적으로 흡수할 수 있었다. 또한 자유자재로 선회할 수 있었으며, 한반도의 얕은 바다에서 항해하는 데 유리했다.

판옥선은 두께가 12센티미터가량인 소나무를 사용해 내구력이 매우 견고했다. 여기에 배의 좌우 갑판에 참나무로 된 방패를 설치하여 적의 원거리 사격을 효과적으로 방어할 수 있도록 장치를 해놓았다. 이 정도면 당시 일본군이 평균적으로 사용했던 조총도 웬만큼 막아낼 수 있었다.

마지막으로 판옥선은 갑판의 높이를 높여 적이 쉽게 아군의 배로 넘어올 수 없도록 설계했다. 높은 갑판에 선 조선 수군들은 적을 아래로 내려다보며 자신들의 장기인 화살을 마음 놓고 적에게 퍼부을 수 있었다.

육중한 크기에 견고한 방어력과 막강한 화력을 갖춘 판옥선은 그야말로 '바다에 떠다니는 요새'라 해도 과언이 아니었다.

반면 일본 수군의 주력함인 세키부네는 판옥선보다 크기와 화력 면에서 훨씬 뒤떨어지는 배였다. 따라서 원거리 화력전의 대결

양상으로 가면 도저히 판옥선을 이길 수 없었다. 세키부네에 탑승한 일본 수군들은 전투가 벌어지면 신속히 거리를 좁히고 판옥선에 올라타 칼과 창을 휘두르며 조선 수군을 제압하는 등선육박전술登船肉薄戰術을 벌이려 했다.

　그러다 보니 해전이 벌어지면 일본 함대는 어떻게 해서든 조선 함대 가까이 배를 붙이려 했다. 조선 함대는 일본 함대와의 거리를 최대한 유지하면서 적 선단에 맹렬한 포격을 퍼붓는 방식으로 싸웠다. 이순신은 이런 전투 흐름을 잘 조정하여 승리를 얻었고, 반대로 원균은 이를 제대로 하지 못해 칠천량해전과 같은 치욕적인 패배를 했다.

중국의 운명을 바꾼 홍이포

포탄 한 발이 역사를 만들다

1626년, 중국 명나라를 두렵게 했던 만주족 누르하치는 영원성 전투에서 뜻밖의 패배를 했다. 명나라군이 가진 홍이포紅夷砲라는 대포의 위력에 도저히 방어선을 뚫지 못했던 것이다. 여태까지 승승장구하던 누르하치는 생전 처음 당하는 패배에 분노하며 철수했지만 얼마 못 가 눈을 감았다.

그러나 얼마 지나지 않아 홍이포를 가진 명나라 군대가 만주족에 항복했다. 여기에 1644년 중국 본토로 향하는 길목인 산하이관을 지키던 명나라군이 만주족에 성문을 열며 무릎을 꿇었다. 그 덕분에 만주족은 막강한 홍이포를 갖추고 거침없이 진격하여 중국 전체를 정복할 수 있었다.

16세기 무렵, 포르투갈인들이 타고 다니며 바다를 누비던 카락선.

서양의 대포에 놀란 중국

홍이포紅夷砲는 글자 그대로 해석하면 '붉은 오랑캐의 대포'라는
뜻이 된다. 여기서 말하는 '붉은 오랑캐'란 중국인이 아닌 붉은 머
리카락을 가진 외국인을 가리키는데, 그들은 멀리 유럽에서 중국
까지 배를 타고 바다를 건너 온 서양인들이었다.

큰 배에 대포를 싣고 중국을 최초로 방문한 서양인들은 16세기
의 포르투갈인들이었다. 포르투갈은 유럽에서 최초로 대항해시대
를 연 나라인 관계로, 유럽의 여러 나라 가운데 중국과 가장 처음
접촉했던 것이다.

중국 명나라의 역사를 기록한 사서인 《외국전》 불랑기佛狼機편
에는 당시 포르투갈인들이 가져온 대포의 위력에 놀란 명나라인
들의 반응이 기록되어 있다. 1520년 명나라 조정의 회의에서 어사

하오는 "불랑기는 가장 흉악하고 교활하며 여러 나라의 무기와 비교하여 가장 뛰어납니다. 지난해 이들은 큰 배를 몰고 돌연 광동에 들어와 대포 소리로 땅을 진동시켰습니다. 그들 가운데 도성에 들어온 자는 성질이 사납고 교만하여 수령과 다투며, 위세를 내세워 반드시 싸우고 살상을 하니 남방의 환란과 위태로움이 끝이 없습니다"라고 말하며 우려를 나타냈다. 여기서 하오가 언급한 불랑기라는 말의 어원은 프랑크Frank인데, 이는 아랍인들이 서양인을 모두 프랑크인이라 부르던 것을 명나라인들이 빌려 쓴 것이다. 중국 역사서에 언급된 불랑기라는 말의 대부분은 바로 포르투갈을 가리키는 표현이었다.

대포라는 무기 자체가 서양에서 처음 만들어진 것은 아니었다. 이미 13세기 말 원나라에서는 청동으로 대포를 만들었으며 명나라도 14세기부터 대포를 무기로 사용했다. 그러나 15세기 들어 유럽의 과학 기술과 무기 제조 기술이 눈부시게 발전하면서 서양의 대포는 위력과 성능에서 중국을 앞지르게 되었다.

1523년, 명나라 조정에서 포르투갈인들과 그들이 가져온 대포의 위력에 대해 논의하던 가운데 광동성 서초만을 침범한 포르투

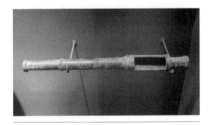

인천시립박물관에 보관된 불랑기포.

갈군이 명나라군에 격퇴된 사건이 발생했다. 이때, 명나라군은 포르투갈인들이 쓰던 대포를 노획했는데, 이를 불랑기인들의 포라고 하여 불랑기포佛狼機砲라 불렀다. 불랑기포

120

의 뛰어난 위력을 본 명나라군은 서둘러 복제품을 만들고 정식 무기로 채택했다.

불랑기포와 임진왜란

불랑기포는 임진왜란(1592~1598년) 무렵, 조선의 요청으로 파병 온 명나라군이 즐겨 사용한 무기였다. 1593년 1월 27일, 명나라군이 평양성에 주둔한 일본군을 공격할 때 당시 현장에서 그 광경을 목격한 유성룡은 불랑기포를 보고 "마치 천둥이 치는 것 같았다. 불랑기포의 위력은 과연 천하무적이라 할 만했다"라며 《징비록》에 생생하게 기록했다.

불랑기포가 종래의 화포들과 다른 점은 하나의 모포에 자포가 여러 개 있어, 미리 장약해둔 자포로 기존 화포들보다 훨씬 빨리 포탄을 발사할 수 있었다는 것이다. 보통 모포 1문에 5~9개의 자포가 함께 사용되었다. 조선에서 제작된 불랑기포는 길이가 82~98센티미터에 달하며 무게는 60~90근에 이른다. 유효 사정거리는 500미터이고 최대 사정거리는 1킬로미터이다. 적의 성이나 요새를 공격할 때에는 큰 탄환 하나를 사용하며 적의 병사를 공격할 때는 소형 산탄을 쓴다. 또한 불랑기포에는 가늠구멍과 가늠쇠가 갖추어져 있어 조준이 쉽고 명중률이 높았다.

불랑기포는 기존의 화포보다 좋은 성능을 지녔지만 단점도 있었다. 모포와 자포의 구경이 각각 달라 자포가 너무 작으면 화약이 폭발할 때 가스가 새어나가 포탄의 위력이 약해졌다. 반대로 자포가 너무 크면 포신이 터져 버려 주위의 병사들이 죽거나 다칠 우려가 있었다.

실제로 1598년 9월 27일에 벌어진 사천성 공방전에서 명군이 발사한 불랑기포가 오발하여 그 불길이 화약과 탄환으로 옮겨 붙어 대화재를 일으켰다. 이 혼란에 명군 병사들이 놀라 우왕좌왕하자 그때를 놓치지 않고 사천성에서 방어전을 펴던 일본군 8,000명이 일제히 성문을 열고 쏟아져 나와 명군을 맹렬히 공격했다. 일본군의 기세에 눌린 명군은 정신없이 패주하다가 많은 병사가 남강에서 익사했다.

홍이포와 누르하치, 그리고 만주족

불랑기포 이후에 도입된 홍이포는 네덜란드인들이 명나라에 전해준 화포로, 불랑기포보다 더욱 성능이 뛰어났다. 명나라인들은 네덜란드인들을 가리켜 붉은 털을 가진 오랑캐라 하여 홍모이紅毛夷라 불렀는데, 이들이 만든 대포를 홍이포라고 표현한 것이다.

《명사》불랑기편의 다른 기록을 보면 "그들이 믿는 바는 오로지 큰 배와 대포뿐이다. 배의 돛대 밑에는 큰 철포 두 장을 실었고, 이를 발사하면 돌로 만든 성도 꿰뚫어 무너뜨릴 수 있었으며 수십 리가 진동했다. 이를 세간에서 홍이포라 칭하는데, 곧 이들이 만든 것이다"라는 구절이 나온다. 이는 바로 홍이포의 위력을 본 중국인들이 그 소감을 적은 것이다.

1604년 네덜란드는 명나라군과 전투를 벌였는데, 이때 네덜란드인들이 사용한 홍이포의 위력에 중국인들은 크게 놀랐다. 이후 1618년부터 홍이포를 수입하여 복제품을 만들어 정식 장비로 채택했다. 1630년까지 명나라군은 홍이포를 900문이나 만들었고, 이 가운데 대부분은 당시 명나라 북쪽 국경 지역을 자주 침략하던 만주족을 막기 위해 사용되었다.

1638년 명나라에서 제조된 홍이포는 포신의 길이가 186센티미터에 구경은 약 77.8밀리미터이며 무게는 298킬로그램이었다. 이보다 더 큰 것은 무게가 1,611킬로그램이나 되었다. 최대 사정거리는 약 9킬로미터였으나 유효한 사정거리는 2.8킬로미터 안이었다.

1626년 1월 23일부터 26일까지 벌어진 영원 전투에서 홍이포는 그 뛰어난 성능을 입증했다. 여태까지 패배를 모르고 승승장구하던 누르하치의 군대는 영원성에 배치된 홍이포 11문이 쏟아내는 격렬한 포격에 무수한 사상자를 냈고, 결국 철수하고 말았다. 일설에 의하면 누루하치는 홍이포 포탄의 파편에 맞았고 이 상처가 악화되어 결국 죽었다고 한다. 당시 영원성을 지키던 명군은 고작 2만 명에 지나지 않았으나 수비를 맡은 장수 원숭환은 미리 성벽을 튼튼히 보수하고 이 홍이포를 적절히 사용하여 누르하치의 13만 대

강화도 초지진에 보관된 홍이포.

군을 격퇴하는 대승을 거둔 것이다.

그러나 홍이포는 명나라 조정의 처사에 불만을 품고 만주족에
항복한 명나라군이 그들에게 제조법과 사용법을 가르쳐줌으로써
청나라에서도 곧바로 사용되었다. 청군은 홍이포를 홍의포紅衣砲
라 바꿔 불렀다. 청나라의 만주족들은 '이夷'라는 글자가 자신들을
'오랑캐'라 비하한다고 여겨 매우 싫어했기 때문이었다.

1644년 산하이관을 지키던 명나라 장군 오삼계가 청나라에 항
복하자, 홍이포로 무장한 청군은 이제 거침없이 중원 깊숙이 진격
하여 두텁고 높은 성들을 차례차례 함락시켰다. 1645년 4월 25일
양주성과 7월의 강음성에서 명나라 백성들이 거세게 저항했지만,
청군이 발사한 홍이포의 위력에 성이 모두 무너져 항복했다. 그 뒤
로도 청군은 가는 곳마다 홍이포를 사용하여 명나라의 잔존 세력
이 벌이는 저항을 모조리 제압했다. 청나라가 중원을 정복한 이유
가운데 하나가 바로 홍이포라 해도 과언이 아니다.

아울러 청군이 보유한 홍이포는 1637년 병자호란 당시 조선군
을 상대로 위력을 발휘했다. 청군이 발사하는 포격에 강화도 성벽
은 철저히 파괴되었고 그곳으로 피신한 봉림대군(훗날 효종)과 조정
대신들은 꼼짝없이 청군의 포로가 되었다. 국왕 인조는 소현세자
와 함께 남한산성으로 피신했지만, 청군의 홍이포에 산성의 성가
퀴가 무너져 전세가 기움에 따라 결국 성에서 내려와 청 태종에게
항복하고 말았다. 홍이포가 우리 역사에 유명한 삼전도의 굴욕을
만들었던 것이다.

한편 인조의 뒤를 이은 효종은 병자호란에서 조선이 청나라에 무기력하게 무릎을 꿇은 일을 매우 수치스럽게 여기다가, 제주도에 표류한 네덜란드인 벨티브레와 하멜을 통해 홍이포 제조 기술과 사용법을 알아냈다. 효종의 아들이자 후계자인 현종의 시대에는 남만대포南蠻大砲 12문이 제작되어 강화도에 배치되었는데, 이 남만대포가 바로 홍이포였다. 또한 영조 7년에는 최대 사정거리가 10여 리에 달하는 홍이포가 제작되었다.

장창과 총검 시대의 시작

워털루의 황혼을 따라 기병 시대도 저물다

2000년 동안 전장을 지배해왔던 기병들은 16세기 말부터 서서히 밀려나기 시작한다. 보병들이 5미터가 넘는 긴 장창을 앞세우며 기병들을 막아냈고, 17세기 말이 되자 프랑스에서 총검이 개발되면서 총은 창의 역할까지 대신했다. 이제 기병들은 정면으로 돌진해 봤자 총탄에 맞아 죽을 뿐이었다. 이들은 더 이상 예전처럼 보병들을 쓸어버리지 못하고, 그저 적의 배후를 들이치거나 도망가는 적들을 추격하는 역할로 축소되었다.

기사, 그리고 파이크와 창병

로마제국이 망한 뒤 1,000년 동안 유럽은 중세라는 암흑시대를 맞이한다. 이때 전쟁터를 지배했던 주역은 말을 탄 기사였다. 큰 말에 올라타 튼튼한 갑옷과 긴 창을 들고 적에게 돌격하는 기사는 웬만한 방법으로는 막아낼 수 없었다. 사람보다 몸집이 커다란 말이 달려드는데 가만히 서서 버티려면 엄격한 훈련을 해야 했고 강한 규율이 필요했다. 그렇게 하기란 여간 쉽지 않았다. 또한 중세의 병사들은 모든 무기와 장비를 스스로 마련해야 했는데, 부유한 사람일수록 비싼 말과 좋은 무기를 장만했고 가난한 사람들은 돈이 없어 매우 부실한 장비를 가지고 전쟁터에 나갔다. 그래서 중세의 전장에서는 잘 무장한 소수의 기사들이 가난한 농부들로 이루어진 수많은 보병을 마구 짓밟으며 패주시키는 광경이 자주 나타났다.

그러나 15세기에 이르러 이러한 '기사들의 전성기'는 서서히 막을 내렸다. 르네상스 시대에 들어 유럽의 경제가 활기를 띠면서 생활수준이 전반적으로 향상되었다. 그에 따라 보병들도 예전의 가난한 상태에서 벗어나 무기와 장비를 충분히 갖출 수 있었다. 이들은 더 이상 기사들에게 쫓겨 다니지 않고 자기들끼리 훈련된 대열을 이루어 맞섰던 것이다. 특히 파이크pike라고 불리는 5미터 내외의 긴 창을 들고 밀집 대형을 형성한 보병들은 기사들의 돌격을 막아낼 수 있었다.

여기에 화약 무기인 총, 즉 아퀴버스와 머스킷이 16세기 들어 보편화하면서 기사의 위치는 더욱 위태로워졌다. 아무리 용맹

5미터가 넘는 긴 창 파이크를 들고 싸우는 창병을 현대에 재현한 사진. 파이크의 등장으로 인해 기사들은 예전처럼 보병들을 쉽게 제압하지 못했다.

머스킷 총탄을 막기 위해 만든 쓰리 쿼터 아머. 그러나
총탄과 포탄과의 경쟁에서 이길 수 없었다.

한 기사라 할지라도 보병이 쏜 총탄 한 방이면 즉사하기 일쑤였다. 그래서 16세기 말부터 유럽의 기사들은 총탄을 막기 위해 두꺼운 갑옷인 쓰리 쿼터 아머three quarter armour를 착용했으나, 이조차도 총탄과 포탄을 막지는 못했다.

물론 기관총이 등장하는 19세기 이전까지 총들은 장전 속도가 느려 1분에 두세 발 발사되는 게 고작이었다. 총탄을 장전하는 사이에 기병들이 들이닥치면 속수무책으로 당하기 십상이었다. 그래서 파이크를 든 창병이 함께 배치되어 총병이 탄환을 장전하는 동안, 적들이 돌격해오면 방어하는 역할을 맡았다.

총검의 등장으로 추풍낙엽처럼 쓰러지는 기병들

파이크와 총으로 인해 유럽의 기병 전술은 크게 바뀌었다. 예전에는 기수와 말도 갑옷을 입었다. 그러나 갑옷을 두텁게 입어도 총탄을 막을 수 없다는 사실을 깨닫고는 무겁고 거추장스러운 갑옷을 벗기 시작했다. 물론 19세기까지 유럽 군대에는 사람만 상체 보호용 갑옷을 입은 기병인 퀴레시어Cuirassier(흉갑 기병)가 존재했으나 이들은 인상적인 외관으로 적을 위압하는 것이 목적이었으며, 갑옷이 총탄을 막아내지는 못했다.

또한 기병들은 중세 시대처럼 보병들을 정면에서 돌파하기보다는 적의 대열을 기습하거나 도망가는 적들을 추격하는 역할을 맡았다. 적의 대열이 느슨해지거나 총탄을 장전하느라 혼란에 빠진 상황에서는 정면에서 적을 밀어붙이는 일도 가능했다. 한 예로 1637년 1월 3일 조선의 경기도 쌍령雙嶺에서 벌어진 전투에서 조선군 4만여 명은 청군 기병군 300여 명에 대패했다. 조선군이 조총을 장전하는 사이에 청 기병대가 돌격하자, 당황한 조선군은 겁을 먹고 달아났고, 전체 병력의 절반이 죽거나 행방불명되었다.

그러나 17세기 말, 총구 위에 칼을 장착한 무기인 총검銃劍(바요넷 Bayonet)이 프랑스에서 개발되자, 기병의 위상은 더욱 추락했다. 보병이 총탄을 장전하는 와중에도 적들이 돌격해오면 휘두르거나 찔러 그들을 막아낼 수 있었다. 총검의 발명으로 더 이상 창을 든 보병은 총병을 보호해줄 필요가 없어졌고, 창병은 전장에서 퇴출되었다. 또한 총검을 든 보병은 얼마든지 혼자서도 기병에 맞서 싸울 수 있었다.

1798년, 프랑스의 장군 나폴레옹은 3만 명의 군대를 이끌고 이집트로 향했다. 동서양을 잇는 거점인 이집트를 점령함으로써 경쟁국 영국을 궁지로 몰아넣겠다는 속셈이었다. 당시 이집트는 형식적으로 오스만(터키) 제국의 영토였으나, 실제로는 맘루크Mamluk라 불리는 전사 계급이 지배하고 있었다. 이들은 뛰어난 기마

19세기 초에 사용된 총검. 총구에 장착하는 이 간단한 무기가 세계 역사와 전쟁의 흐름을 크게 바꾸었다.

1798년 이집트의 임바바 전투. 그림에서 보이듯 총검이 장착된 머스킷으로 무장한 프랑스 보병 부대가 밀집 방진을 짜고 이집트의 맘루크 기병들을 격퇴시키고 있다.

전술로 유명했는데, 13세기에는 이집트를 침략하려던 십자군과 몽골군을 격파했을 정도로 용맹한 자들이었다.

그러나 맘루크들도 총검과 소총으로 무장하고 단단한 밀집 방진을 짠 프랑스 육군에게는 도저히 상대가 되지 못했다. 1798년, 피라미드가 보이는 이집트의 임바바 Imbaba에서 벌어진 전투에서 맘루크군 2만 명은 나폴레옹이 지휘하는 프랑스군에 참패했다.

당시 전투에 참전한 프랑스 군인 사바리는 그의 저서 《회고록》에서 임바바 전투의 광경을 이렇게 묘사했다.

"금은으로 치장된 호화로운 말 위에 올라탄 맘루크 병사들이 돌진하자, 우리는 순식간에 말발굽에 깔려 전멸할 것 같았다. 하지만 발포 명령이 떨어지자 우리는 정확성과 신속성을 보여주었다. 어떤 전투에서도 그런 장관은 없었다. 돌진하는 맘루크를 향해 발포했는데, 그 거리가 너무 가까워 총구에 맘루크의 옷이 들러붙었다. 우리 방진의 가장자리에는 (맘루크들의) 시체가 타면서 나온 기름 탓에 역겨운 냄새가 진동했다."

임바바 전투는 총검으로 무장하고 밀집 방진을 짠 보병이 얼마든지 기병을 격퇴할 수 있다는 사실을 증명한 사례였다. 그리고 그로부터 17년 뒤인 워털루 전투에서 아이러니하게도 프랑스군은 자신들이 거꾸로 보병 방진에 막혀 참패했다. 당시 프랑스 기병 부대를 지휘했던 미셸 네Michel Ney 장군은 적국인 영국 보병들이 잠시 대오를 정비하느라 뒤로 물러서는 모습을 보고, 후퇴한다고 잘못 판단하여 휘하 기병을 모두 이끌고 무모하게 돌격했다.

그러나 영국군을 지휘하던 웰링턴 장군은 침착하게 전열을 가다듬고 보병 부대에게 방진을 짠 상태에서 프랑스 기병대의 돌격을 막으라고 지시했다. 그리하여 프랑스 기병들은 영국 보병에 정면으로 달려들었다가, 거의 전멸에 가까운 재앙을 초래했다. 미셸 네 장군의 무모한 돌진 실패로 인해 워털루 전투는 프랑스군의 패배로 끝났다. 그리고 나폴레옹은 자신의 야망이 완전히 무너졌음을 받아들여야 했다. 세계를 뒤흔든 불세출의 영

1815년 워털루 전투의 모습이 담긴 그림. 프랑스 기병들은 보병과 포병의 엄호도 받지 않고 무작정 돌격했다가 영국군의 잘 짜인 보병 방진에 막혀 거의 전멸하고 말았다.

웅을 가로막은 장본인이 바로 영국군의 총검이었던 것이다.

총검의 등장은 전장의 주도권이 기병에서 보병으로 넘어왔음을 알리는 신호탄이었다. 그리고 1차세계대전에서 참호전과 기관총이 보편화됨에 따라 2000년 동안 전장을 지배해온 기병들은 시대에 뒤떨어진 퇴물로 전락했다.

아프리카를 정복한 기관총

전쟁의 양상을 완전히 뒤바꾼 무기

19세기, 산업혁명에 성공한 서구 열강은 광대한 아프리카 대륙을 침공하여 닥치는 대로 원주민들을 정복하고 식민지를 넓히려 했다. 용맹한 원주민들은 열강의 군대에 맞서 저항했으나, 서양인들이 개발한 기관총 앞에서는 도저히 이겨낼 수 없어 속수무책으로 죽어나갔다. 기관총 덕에 서양인들은 본격적으로 아프리카를 침공한 지 불과 20년도 안 되어 유럽보다 수십 배나 넓은 아프리카 대륙을 모조리 손에 넣었다.

총의 등장과 함께 시작된 기관총 연구와 도입

화약의 힘으로 발사되는 총은 1290년, 중국 원나라에서 최초로 개발되었다. 그러나 이때의 총은 방아쇠를 당겨 발사하는 현대의 총과는 달리, 둥그런 총탄을 총신 안에 넣고 불을 붙여 화약의 힘으로 발사되는 식이었다. 방아쇠는 1411년 서양에서 만든 아쿼버스에서 처음 등장했다.

하지만 아쿼버스와 그 뒤에 나온 머스킷은 장전을 하는 데 시간이 오래 걸렸고, 현대식 총기와는 달리 총 안에 강선이 없어 명중률이 매우 낮다는 단점도 있었다. 그래서 총기 개발자들은 일찍부터 한 번에 총탄 여러 발을 적에게 연속 발사할 수 있는 총을 꿈꿔 여러 가지로 총기를 개량했다.

현대 기관총의 원형은 1718년, 영국의 변호사이자 군사 무기 개발자였던 제임스 퍼클이 개발했다. 그는 이 발명품에 자신의 성을 붙여 '퍼클 건'이라 불렀다. 퍼클 건은 1718년 5월 15일, 영국 특허청에 의해 세계 최초의 기관총이라는 특허를 받았다. 그러나 퍼클 건은 연사 속도가 1분당 아홉 발에 불과했으며, 총탄을 장전하는 부싯돌 격발장치가 자주 고장이 나는 바람에 널리 쓰이지 못하고 묻혔다.

영국에서 개발된 퍼클 건. 초보적인 기관총인 탓에 성능이 좋지 않고 고장이 잘 나서 많이 쓰이지는 않았다.

그럼에도 불구하고 기관총의 개량은 계속 이어졌다. 1862년 미국의 의사 리처드 개틀링은 자신의 이름을 딴 개틀링 기관총을 개발했다. 1분당 최대 200발가량의 총탄을 발사하는 개틀링 기관총은 1866년 미군의 정식 무기로 채택되었다. 1870년 보불전쟁 당

시, 프랑스는 1분당 150발을 발사할
수 있는 라 미트라예즈La Mitrailleuse
를 실전에 배치해 사용했다.

맥심 기관총과 개발자인 하이럼 맥심.

그리고 1883년, 미국인 발명가 하
이럼 맥심은 자신의 이름을 딴 맥심
기관총을 발명했다. 이 기관총은 지
금까지의 기관총들보다 더욱 혁신적이고 위력적이었다. 방아쇠만
계속 당겨도 총탄이 그대로 발사되었을 뿐만 아니라 1분당 600발
이라는 가공할 만한 연속 사격 능력까지 지니고 있었다.

맥심 기관총은 비록 미국인의 손에 의해 개발되었으나, 주된 사
용처는 영국이었다. 하이럼 맥심은 영국 런던에서 자신이 만든 맥
심 기관총의 위력을 당시 영국군의 총사령관인 케임브리지 공작과
영국의 왕위 계승자인 웨일즈 왕자 등 영국을 이끌어가는 주요 인
사들이 참석한 가운데 직접 시범을 보였다. 맥심 기관총의 뛰어난
성능을 보고 큰 충격을 받은 영국군 수뇌부는 맥심으로부터 그가
제작한 기관총을 구입하여 영국군의 정식 장비로 사용했다.

전진하라, 맥심 기관총을 들고

1800년 이전까지 유럽 열강들은 아프리카의 해안 지대에 식민지
거점만 몇 군데 세웠을 뿐, 내륙으로는 잘 들어가지 못했다. 아프리
카의 무덥고 습한 날씨와 우글거리는 벌레들이 퍼뜨리는 말라리아

같은 전염병에 유럽인들은 견뎌내지 못했기 때문이었다. 그러자니 사막과 울창한 정글이 우거진 아프리카 깊숙이 들어가 물자를 수송할 보급로를 마련하기가 불가능했다. 아프리카 원주민들의 저항 또한 만만치 않았고, 그들의 거센 반격에 유럽 군대가 자주 패배하기도 했기 때문이었다.

그런데 1820년 프랑스에서 말라리아와 열병을 치료하는 약인 퀴닌quinine이 발명되고, 1829년 영국에서 사람과 물자를 빠른 속도로 운반하는 철도가 개발되면서 유럽인들이 아프리카 내륙으로 진격할 길이 열렸다. 물론 아프리카 내륙 지대의 원주민들은 여전히 유럽인들의 침략에 거세게 저항했던 탓에 유럽인들은 결코 손쉽게 아프리카를 점령하지 못했다. 그러나 19세기 말에 들어 유럽 군대가 맥심 기관총을 도입하면서 이제 아프리카 원주민 군대는 화력 면에서 유럽 군대와 너무 차이가 나 그들을 도저히 상대할 수 없었다.

19세기에 벌어졌던 유럽 열강의 아프리카 식민지 쟁탈전에 가장 열성적이었던 나라는 제국주의의 선두주자인 영국이었다. 특히 맥심 기관총으로 무장한 영국군은 아프리카 대륙을 정복하기 위해 군대를 보내기 시작했다. 제 아무리 용맹한 원주민 전사들이라고 해도, 쉬지 않고 총탄을 쏘아대는 맥심 기관총에는 도저히 당해낼 수 없었다. 1893년 11월 1일, 남아프리카에서 벌어진 마타벨레 전쟁에서 불과 50명에 불과했던 영국인 병사들은 맥심 기관총 네 정으로 마타벨레족 전사 10만 명 가운데 무려 5,000명을 일방적으로

옴두르만 전투를 묘사한 기록화. 영국군이 준비해 간 맥심 기관총의 총탄 세례에 마흐디 전사들은 그 야말로 일방적인 도살을 당했다.

학살했다.

1894년 1월, 일단 영국에 굴복한 마타벨레족은 2년 뒤인 1896년 에 다시 영국에 봉기를 일으켰지만, 이번에도 결과는 지난번보다 더욱 참담했다. 영국군은 고작 400명이 전사했을 뿐인데 반해, 마 타벨레족은 무려 5만 명이나 참혹하게 죽임을 당했다. 마타벨레족 전사들을 대량 학살한 주범은 역시 영국군의 맥심 기관총이었다. 마타벨레 전사들은 맥심 기관총으로 무장한 영국군을 도저히 이길 수 없었다.

1898년 9월 2일 오전 6시, 수단 북부의 옴두르만 전투에 영국군 은 맥심 기관총을 사용하여 아프리카 식민지 전쟁사에 길이 남을 대승리를 거둔다. 당시 수단은 이슬람 수도승 무하마드가 만든 마

마흐디 교단의 신도를 촬영한 사진. 이들은 신앙을 지키기 위해 죽음을 각오하고 전쟁터로 나갔지만 옴두르만 전투에서 끔찍하게 패배했다.

흐디 교단이 지배하고 있었다. 마흐디 교단은 신앙을 위해 목숨을 바친 열렬한 광신도들로 구성되어 있었으며, 1883년 11월 5일 엘 오베이드 전투와 1885년 1월 26일 하르툼 공방전에서 영국군을 두 번이나 무찔렀을 정도로 그 위세가 매우 강했다.

그러나 맥심 기관총으로 무장한 영국군 8,200명은 돌진해오는 마흐디군에 일제 사격을 퍼부었다. 옴두르만 전투에 투입된 마흐디군은 무려 5만 2,000명에 달했으나 맥심 기관총이 쏘아대는 무시무시한 총탄 폭풍은 그들을 쓸어버렸다. 마흐디군은 아무것도 못하고 순식간에 기관총에 맞아 죽어나갔다.

공격하는 영국군이나 공격당하는 마흐디군이나 자신들의 눈을 의심할 정도로 전황은 일방적이었다. 기관총에 맞아 쓰러지는 마흐디군 선두 대열 뒤로 다른 전사들이 몰려왔지만, 그들 역시 동료들과 똑같은 신세가 되었다. 맥심 기관총의 위력은 정말 무시무시했는데, 마흐디 전사 가운데 아무도 영국군이 파놓은 참호 50미터 이내로 접근한 자가 없었다. 마흐디 전사들은 영국군 근처에 가보지도 못하고 원거리에서 맥심 기관총에 맞아 짐승처럼 도륙되었던 것이다. 시간이 갈수록 늘어나는 사상자와 도저히 이길 것 같지 않은 암울한 전황에 낙담한 마흐무드는 결국 오전 11시 30분, 남은 병력들을 모두 이끌고 후퇴했다.

이로써 옴두르만 전투는 끝났다. 이날 전투에서 마흐디군이 입은 피해는 너무나 컸는데, 전사 1만 명이 죽고 1만 3,000명이 부상을 당했으며 5,000명이 포로로 잡혔다. 그에 반해 영국군은 전사자 47명, 부상자 382명의 손실을 입은 것이 전부였다. 마타벨레족과의 전투를 제외하면, 아프리카에서 영국군이 이보다 더 일방적인 승리를 거둔 적은 없었다. 훗날 2차세계대전에서 영국의 총리였던 처칠은 이 전투에 참가해 마흐디 전사들이 죽어간 광경을 본 소감을 이렇게 털어놓았다.

> "마흐디군은 근처에 올 수조차 없었다. 그리고 그들은 다시 싸울 수 없었다. 이것은 전투가 아닌 사형 집행이었다. 마흐디군의 시체는 평원에 신문지 조각처럼 널려 있었다. 그중 일부는 마치 기도라도 하듯 무릎 꿇고 있었고, 나머지는 팔과 다리가 모두 잘려나간 채 발견되었다."

옴두르만 전투에서 승리한 소식이 영국에 전해지자, 영국 국민과 정부는 열렬히 환호했다. 승전의 주인공인 키치너Kitchener는 남작 작위와 빅토리아 훈장을 받았으며, 영국 본국과 식민지 거리에는 이 승리를 기념하고자 '옴두르만'으로 이름이 바뀌었다.

1899년 11월 25일, 영국군을 피해 도망 다니던 압달리와 그 신도들은 움 디웨이카라트Umm Diwaykarat에서 영국군과 격렬한 전투를 벌이다 모두 전사했다. 이것으로 마흐디 교단은 완전히 붕괴되었으며, 수단 전역은 영국의 식민지로 전락했다.

마타벨레족과 마흐디 교단이라는 두 저항 세력은 모두 맥심 기관총에 의해 분쇄되었다. 영국의 아프리카 식민지 전쟁에서 맥심 기관총이 끼친 역할은 이보다 더 클 수 없었다. 이집트의 카이로에서 남아공의 케이프타운에 이르는 광대한 영역 대부분이 영국의 식민지가 된 것도 맥심 기관총의 위력에 힘입은 것이었다.

드레드노트 전함의 등장

영국과 독일의 해군력 경쟁이 만든 전쟁 위기

20세기 초, 해가 지지 않는 대영제국이라 불리던 영국은 전 세계에서 가장 강력한 해군 함대를 건설하는 것을 최고 목표로 삼았다. 그 결과 개발된 전함이 바로 드레드노트Dreadnought였다. 그러나 영국의 경쟁자인 독일도 이 드레드노트 개발에 뛰어들면서 전 세계적으로 본격적인 군비 경쟁이 시작되었고 이러한 시대적 흐름은 결국 1차세계대전을 촉발했다.

세계의 바다를 지배했던 대영제국

18세기부터 영국 정부는 섬나라인 자국이 안전하고 번영하기 위해서는 해상 무역을 보호하는 해군이 막강해야 한다고 여겼다. 이에 영국은 유럽 본토의 나라들보다 더욱 강력한 해군력을 유지하는 일을 군사 정책의 최우선으로 삼아 나폴레옹 전쟁 무렵인 1815년부터 프랑스, 러시아, 에스파냐, 네덜란드가 보유한 군함들을 모두 합친 것보다 더 많은 군함을 생산하고 보유했다. 20세기 초에도 해군력 세계 2위의 프랑스와 3위의 러시아의 군함 전부를 합쳐도 영국 해군보다 더 적었을 정도였다. 당시 전 세계를 통틀어 가장 강력한 함대를 가진 나라는 영국이었고, 당연히 세계 최강의 해군을 가진 나라 또한 영국이었다.

20세기 초, 영국에서 한창 인기를 끌던 〈지배하라, 영국이여Rule Britannia〉라는 노래에는 "지배하라, 영국이여! 영국은 파도들을 지배한다Rule, Britannia! Britannia rule the waves"라는 가사가 있을 정도였다. 오늘날 영국 해군의 후계자 격인 미국 해군이 전 세계의 제해권을 장악하고 있는 것처럼 그 당시 영국 해군은 세계의 바다를 지배한다 해도 과언이 아니었다.

이처럼 영국은 강력한 해군력에 힘입어 18세기부터 전 세계의 제해권을 장악했다. 바다로 진출하여 세계 각지의 영토를 정복하고 식민지를 만들어나갔다. 영국에서 멀리 떨어진 캐나다와 호주가 영국의 식민지가 되었던 것도, 19세기에 들어 영국이 청나라와 벌인 아편전쟁에서 승리하여 홍콩을 점령하고 막대한 배상금을 뜯어낼 수 있었던 것도 막강한 해군력 덕분이었다.

영국의 국력이 절정에 달했던 19세기, 영국은 프랑스, 러시아, 독일과 적대관계였다. 프랑스는 1815년 나폴레옹 전쟁에서 패배한 이후 영국에 완전히 추월당해 별다른 위협이 되지 못했으며, 러시

아는 1904년부터 1905년까지 벌어진 러일전쟁에서 영국이 대리인
으로 내세운 일본에 발목을 잡혀 영국과의 경쟁을 포기했다.

러일전쟁에서 영국이 일본을 얼마나 적극적으로 도와줬느냐 하
면, 먼저 러시아의 발틱 함대가 지나가는 길목에 있는 영국 식민지
들에서 일절 보급을 받지 못하도록 막았다. 그로 인해 발틱 함대는
식량과 물이 부족해 굶주림과 갈증에 시달렸다. 또 영국 해군은 함
대를 보내 발틱 함대의 주변에서 계속 따라붙었다. 발틱 함대 승무
원들은 언제 영국 함대가 공격할지 몰라 항상 전투 태세를 갖추고
항해하느라 제대로 쉴 수가 없었다. 결정적으로 발틱 함대의 전함
대부분은 낡고 수리가 되지 않아 전투력이 떨어진 구형 전함이었
다. 그에 반해, 일본 해군의 주력 전함인 아사히는 영국의 존브라운

H.M.S. HOOD

앤컴퍼니 조선소에서, 시키시마와 후지
는 영국의 템즈 철공소에서, IJN(일본 제국
해군Imperial Japanese Navy의 약어) 미카사는 기
관총으로 유명한 영국의 비커스 사에서
만든 막강한 화력을 갖춘 최신식 전함이
었다. 결과적으로 낙후한 발틱 함대는 쓰
시마 해전에서 당시 세계 최고의 해군국
인 영국의 전폭적인 지원을 받은 일본 해
군에 패배할 수밖에 없었던 것이다.

이처럼 러일전쟁은 영국이 일본을 대
리자로 내세워 적국인 러시아를 견제하

영국의 존브라운앤컴퍼니 사가 제작한 군함
H.M.S 후드.

려 한 것이었다. 좀 심하게 말하면 러일전쟁 당시 일본은 영국이 부리는 충실한 하수인에 가까웠다고 할 수 있다.

이제 영국의 남은 적수는 독일이었다. 독일은 1871년에야 통일되었을 정도로 뒤늦게 제국주의 열강에 끼어들었지만, 독일 국내총 생산량(GDP)이 영국과 대등했을 정도로 뛰어난 경제 성장을 보였다. 게다가 독일 황제 빌헬름 2세는 대외 팽창정책을 적극적으로 주장하며 영국 해군에 맞설 강력한 해군력 증강을 추진해 영국의 신경을 자극했다.

드레드노트 전함의 출현

그러자 영국은 독일의 도전에 맞서서 1906년 2월 10일, 기존의 전함보다 더욱 강력한 화력을 지닌 드레드노트를 선보였다.

드레드노트는 그 이전까지의 철갑선 같은 전함들에 비해 훨씬 혁신적이었다. 전함에 달린 모든 함포를 같은 구경으로 통일했으며 함포를 장착한 포탑이 360도로 선회하여 포탄의 재장전 속도가 빨라졌다. 이뿐만 아니라 배에 두꺼운 철판 장갑을 장착하여 상대편 전함의 공격에 대한 방어력을 높이고 증기 터빈을 설치하여 배의 속도를 보다 빠르게 했다. 아울러 여러 전함이 따로따로 포격하던 기존의 해전과는 달리 기함의 지시에 따라 일제히 포격하는 전술을 도입하여 전투력을 크게 높였다. 이런 이유로 드레드노트는 '두려움을 모르는 사람'이라는 별명을 얻었다.

1906년 등장한 영국의 HMS 드레드노트는 배수량 1만 8,000톤에 길이 160미터, 폭 25미터인 12인치 함포로 무장했다. 당시까지만 해도 드레드노트급 전함은 그 어떤 군함도 상대할 수 없는 무적의 배였고 이런 드레드노트를 세계에서 가장 처음 보유한 영국은 어떤 나라도 이길 수 없는 초강대국이 되었다.

그러나 이에 맞서 1909년 10월 1일 독일이 나사우급 전함을 진수함에 따라 영국이 누리던 압도적인 해군력의 우위는 타격받기 시작했다. 나사우급 전함 역시 드레드노트급에 속하는 전함이었다. 이 전함은 배수량 2만 1,000톤에 길이 146미터, 폭 26.9미터에 20노트의 속도와 최대 280밀리미터 구경의 주포 12문을 지녔다. 여기에 최대 300밀리미터의 강철 장갑판을 설치하여 배의 방어력을 크게 높여 영국의 드레드노트급 전함들에 비해 조금도 손색이 없었다.

해군력에서 뒤떨어졌던 독일이 드레드노트급 전함을 건조하자, 당황한 영국은 다음 해 배수량 2만 3,000톤의 세인트 빈센트급 전함을 선보였다. 하지만 독일도 그다음 해인 1911년, 배수량 2만 4,000톤의 헬골란트급 전함을 진수함으로써 두 나라 사이의 해군력 증강 경쟁은 치열한 양상을 벌였다. 영국과 독일뿐만 아니라 미국과 프랑스와 러시아도 앞다투어 드레드노트급 전

영국 해군이 보유한 최초의 드레드노트급 전함 HMS 드레드노트.

함 건조에 열을 올렸다. 당시 제국주의 열강들은 드레드노트급 전
함이 반드시 있어야 다른 나라 해군과의 경쟁에서 승리하고 제해
권을 장악할 수 있다고 믿었다. 이는 드레드노트급 전함의 화력이
다른 전투선들보다 훨씬 막강했기 때문이었다.

그러나 애써 만들어 놓은 드레드노트급 전함은 정작 실전에서
특별한 활약을 하지 못했다. 먼저 전함의 제작과 유지에 돈이 너무
많이 들어가다 보니 행여 적함과의 전투에서 침몰당하거나 파손되
기라도 하면 다시 만들거나 수리하는 데 비용이 어마어마하게 들
었다. 그러다 보니 정작 드레드노트급 전함은 실전용이라기보다는
적에게 겁을 주어 위세를 과시하는 용도로 더 많이 쓰였다.

그럼에도 영국과 독일은 드레드노트급 전함 건조 경쟁에 더욱
열을 올렸다. 영국은 기존에 누리던 해군력의 우위를 지켜야 해상
무역의 이점을 계속 누릴 수 있다고 생각했다. 독일은 해군력에서
영국을 앞질러야 영국의 압박에서 벗어날 수 있다는 강박 관념이
있었다. 이런 군비 경쟁은 더욱 전쟁 분위기를 고조시켰고 군부의
영향력이 커지면서 사회에 전쟁을 바라는 여론이 끓어올라 마침내
1914년, 전 세계가 1차세계대전
에 휩쓸렸다.

독일 해군이 내놓은 헬골란트급 전함.

1918년 1차세계대전이 끝나
자 패전국인 독일을 대신해 전쟁
에서 별다른 피해가 없었던 미국
과 일본이 드레드노트급 전함 건

조 경쟁에 뛰어들었다. 이 두 나라가 앞다투어 전함을 내놓는 바람에 군비는 급속히 증강되었다. 이러한 분위기가 또 다른 세계 대전을 초래할 수 있다는 목소리가 커지자 1922년 2월 6일 '워싱턴 해군 군축 조약'과 1930년 4월 22일 '런던 해군 조약'이 체결되었다. 이 조약들로 지나친 전함 건조 경쟁에 제동이 걸렸다. 그러나 군비 증강과 함께 세력 확장에 몰두하던 강대국들은 1934년 일본을 선두로 군축 조약을 어기기 시작하면서 다시 전함 건조에 돈을 쏟아 부었다. 각 나라마다 과도하게 팽창한 군부의 힘은 1939년 2차세계대전을 일으키는 원인이 되었다.

거함거포주의를 끝낸 항공모함

비행기와 배의 결합

2차세계대전 초기까지 전 세계의 해군은 보다 더 큰 배에 큰 대포를 장착해야만 적과 싸워 이길 수 있다고 믿는 거함거포주의에 빠져 있었다. 그러나 2차세계대전 무렵, 미국 해군이 사용한 항공모함은 이러한 거함거포주의를 한 번에 무너뜨렸다. 아무리 큰 대포를 장착한 대형 전함이라고 해도 전투기에서 떨어지는 폭탄에는 살아남지 못했던 것이다.

20세기에 들어 등장한 항공모함

오늘날 전 세계 국가의 해군력과 군사력을 측정하는 기준이 된 항공모함은 그 역사가 길지 않다. 배에서 비행기를 발진시키는 항공모함의 원리는 20세기에 들어와서야 비로소 처음 등장했다.

1910년 11월, 미국은 순양함인 버밍햄호 갑판에서 비행기를 이 륙시키는 작업에 성공했다. 1911년 1월 18일에는 역시 미국의 전 함 펜실베니아호에서 비행기 착륙이 성공적으로 이루어졌다. 비행 기를 배에 무사히 이착륙시켰다고 하여 이를 에어크래프트 캐리어 Aircraft Carrier라고 불렀다. 여기서 오늘날 항공모함航空母艦의 원리가 만들어진 것이다.

1차세계대전 중이던 1917년, 당시 세계 최강의 해군을 보유했던 영국군은 무역선으로 쓰던 배에 비행기가 이착륙할 수 있도록 비 행갑판을 설치한 아르고스호를 진수했다. 이것이 세계 최초의 항공 모함이었다. 아르고스호는 실전에 미처 투입되지 못했지만, 배에서 전투기가 이륙하여 적의 해군과 지상 시설물들을 보다 먼 거리에 서 공격할 수 있는 항공모함의 원리는 영국뿐 아니라 다른 나라의 군대에도 매우 매력적으로 비추어졌다.

전쟁에서 적과의 거리를 벌리는 일은 상당히 중요하다. 무릇 전 쟁에서 이기는 가장 좋은 방법은 아군 의 피해를 최소화하면서 적의 피해를 최대한 늘리는 것이다. 그러기 위해서 는 가급적 아군은 적에게 덜 맞으면서 적에게 피해를 입혀야 한다.

현대전에서도 마찬가지다. 1991년 미국이 이라크를 공격한 걸프 전쟁에서 이라크군은 미군에 일방적으로 참패했

1917년, 영국 해군이 진수한 아르구스호.

다. 미군의 스텔스 폭격기와 토마호크 순항 미사일과 패트리엇 미사일 등 최첨단 무기가 이라크군의 방공망을 파괴하면서 이라크군은 미군의 공격을 탐지하거나 막아낼 수단을 모두 잃었다. 그 결과 미군의 공세에 속수무책으로 당할 수밖에 없었다.

항공모함을 해전에 투입하면, 항공모함을 갖지 못한 적과의 전투에서 매우 유리한 위치를 차지할 수 있었다. 아무리 전함의 주포가 강력하다고 해도, 그 사정거리보다 훨씬 멀리 떨어진 곳에서 적에게 전투기를 날려 공격하면 아군은 최소한의 피해를 입으면서 적에게 최대의 피해를 입힐 수 있었다.

이러한 이유 때문에 영국 해군이 아르구스호를 진수하자 그로부터 4년 뒤 미국은 랭글리호를, 일본은 호쇼호를 앞다투어 진수하면서 항공모함 건조 경쟁에 돌입했다.

세계의 바다를 제패한 항공모함

항공모함은 2차세계대전이 시작된 1930년대 말엽에 이르러 본격적으로 각광받았다. 당시까지만 해도 세계 각국은 여전히 해군의 주력을 주포가 장착된 대형 전함으로 삼고 있었다. 이러한 거함거포주의는 항공모함의 출현으로 인해 삽시간에 무너졌다.

항공모함을 제대로 활용한 쪽은 일본이었다. 1941년 12월 7일, 일본 해군은 항공모함에 전투기를 탑재하여 진주만에 주둔하던 미군 함대에 큰 타격을 입혔다. 이것이 2차세계대전 중에 항공모함이 실전에서 큰 효과를 거둔 사례였다.

그러나 다른 나라 해군들도 일본에 맞서 곧바로 항공모함 건조에 열을 올렸다. 특히 초전에 진주만 기습으로 피해를 입은 미군은 일본에 대한 복수의 일념으로 2차세계대전 동안 무려 17척을 생산했을 정도로 항공모함 전력을 급속히 증강했다. 그리고 1942년 6월 4일 벌어진 미드웨이 해전에서 일본 해군은 미국 해군에 치명타를 입었으며, 이 해전에서 미국의 항공모함은 일본을 압도하여 전황에 큰 영향을 주었다.

역설적이지만 일본 해군은 항공모함 전술을 유용하게 쓰고도 막상 미국과의 전투에서 연전연패하자 다시 야마토나 무사시 같은 대형 전함을 주력으로 내세웠다. 그러나 일본 해군이 세계 최대의 전함이라고 열렬히 자랑하던 야마토는 1945년 4월 7일 미군 측 폭격기 250대에 격침되었고, 무사시는 그보다 이른 1944년 10월 24일 벌어진 레이테만 전투에서 같은 운명을 맞았다. 세계의 해군 연구가들은 이 사건이 해전사에서 거함거포주의로 대표되던 전함이 퇴장하고 항공모함의 시대가 열렸다고 평가하기도 한다.

1945년 8월 15일, 2차세계대전이 일본의 패망으로 끝나고 승전국인 미국은 명실공히 세계 최강대국의 자리에 올라섰다. 여기에는 태평양 전쟁에서 일본을 상대로 맹활약했던 항공모함의 역할이 매우

미국 해군의 항공모함과 이를 호위하는 항모전단.

컸다. 그래서 미국은 태평양에 주둔한 해군의 전력을 크게 강화했는데, 항공모함과 이를 호위하는 함대인 이른바 '항모전단'을 대폭 늘렸다. 오늘날 미국 해군이 세계 최강의 전력을 자랑하고 그중에서도 태평양의 미국 제7함대가 중심에 있는 것도 2차세계대전의 승리에서 비롯된 일이라고 할 수 있다.

아울러 1960년 9월 24일, 미국 해군은 세계 최초의 핵 항공모함을 진수하여 본격적인 핵 항모 시대를 열었다. 이렇게 강대한 미국 해군을 상대하기 위해 냉전 기간 동안 소련은 여러 방안을 모색했다. 그 일환으로 항공모함의 천적이라고 할 수 있는 대함 탄도 미사일이나 핵잠수함을 늘렸다. 그러나 이조차도 미국 해군을 상대하기에는 역부족이었다.

냉전이 끝나고 소련이 붕괴되면서 세계는 한동안 미국이 독주했다. 21세기 들어 중국이 미국의 새로운 경쟁자로 떠오르면서, 항공모함 건조에 열을 올리고 있으나 아직까지 미국 해군을 상대하기에는 부족하다는 평가를 받고 있다.

역사상 가장 강력한 무기 핵폭탄

죽음과 파멸을 일으키는 찬란한 태양

인류가 개발한 군사 무기 가운데 가장 강력하면서도 파격적인 무기는 바로 핵폭탄이다. 아무리 용맹한 군대나 강력한 보호 시설도 핵폭탄이 떨어지면 모조리 잿더미가 되었다. 미국이 2차세계대전에서 일본을 굴복시키고 승리한 가장 큰 이유도 바로 일본에 두 발의 핵폭탄을 투하했기 때문이었다. 핵폭탄의 무시무시한 파괴력은 일본인들을 엄청난 공황 상태에 빠뜨렸고 더 이상 싸울 의지를 잃게 했던 것이다.

2차세계대전 말기에 발명된 핵무기

2차세계대전 중이던 1942년 당시 미국은 태평양에서 일본과 전쟁을 벌이고 있었다. 이때 미국은 일본에 필리핀을 빼앗길 만큼 전황이 나빠 무슨 수를 써서라도 반드시 일본을 제압할 필요가 있었다. 그 일환으로 이제까지 볼 수 없었던 강한 파괴력을 지닌 새로운 군사 무기 개발이 절실했다. 그리하여 같은 해, 미국 육군 공병단에 소속된 과학자들은 맨해튼 콜롬비아 대학에서 원자핵이 분열할 때 생기는 막대한 양의 에너지를 군사 무기로 사용할 방법을 연구하기 시작했다. 이 프로젝트가 핵무기 개발의 시초가 된 '맨해튼 계획'이었다.

맨해튼 계획에 참여한 과학자들은 아인슈타인을 비롯하여 로버트 오펜하이머Julius Robert Oppenheimer, 엔리코 페르미Enrico Fermi, 헤럴드 유리Harold C. Urey 등 당시 최고의 명성을 날리던 인재들이었다. 이 계획에는 미국의 동맹국이던 영국과 캐나다도 참여하여, 우수한 과학자들이 미국으로 모여 맨해튼 계획을 도왔다.

핵무기를 만들려면 핵분열을 일으키는 우라늄 235와 플루토늄 239가 반드시 필요한데, 맨해튼 계획에 참가한 과학자들은 실패를 거듭한 끝에 두 물질을 추출하는 데 성공했다. 1942년 12월, 엔리코 페르미는 세계 최초의 원자로인 '시카고 파일 1호'를 완성해 핵분열 연쇄반응 제어에 성공한다. 미국 정부는 원자로 개발에 20억 달러가량의 거액을 지원한 것으로 추정된다.

미국이 만든 원자폭탄 뚱보. 나가사키에 투하되었다.

그리고 1945년 7월 16일, 미국 뉴멕시코의 앨라모고도 공군 기지에서 역사상 최초로 원자폭탄 실험이 이루어졌다. 원자폭탄이 터지자 엄청난 초고열 폭풍과 굉음, 섬광이 발생했다. 이 폭발의 결과물로 생긴 버섯구름은 고도 12킬로미터까지 올라갔다. 폭탄이 터진 반경 700미터 이내의 모래는 완전히 녹아 유리 결정체로 변했다. 나중에 폭탄의 위력을 조사한 과학자들은 원자폭탄 하나가 다이너마이트 2만 톤의 파괴력과 맞먹는다는 결론을 내렸다.

폭발 당시 과학자들은 9킬로미터 정도 떨어진 벙커 안에서 그 장면을 지켜보고 있었는데, 이러한 결과에 모두 큰 충격을 받았다. 핵무기 개발에 적극 참가했던 오펜하이머는 고대 인도의 서사시 마하바라타의 "천 개의 태양보다 더 찬란했다"라는 구절을 인용하여, 자신들이 만들어낸 무기의 위력을 두려워했다.

실험이 성공적으로 끝난 지 한 달 뒤인 1945년 8월 6일, '리틀보이'라는 이름의 원자폭탄이 일본 히로시마에 떨어졌다. 짧은 순간 무시무시한 방사능 폭풍이 일어났고, 도시 인구 34만 명 가운데 6만 6,000명이 죽고 7만 명이 방사능에 피폭되었다. 폭발 지점에서 반경 10제곱킬로미터까지 완전히 초토화되어, 도시 전체의 70퍼센트가 파괴되었다. 사흘 뒤인 8월 9일, 일본의 나가사키에 두 번째 원자폭탄이 떨어졌다. 이때 4만 명이 죽고 2만 6,000명이 부상당했으며 도시

미군이 일본 나가사키에 투하한 원자폭탄이 폭발하면서 생긴 버섯구름.

절반이 초토화되었다.

미국이 만들어낸 신무기의 위력을 실감한 일본은 더 이상 저항할 의지를 잃었다. 그리고 6일 뒤인 8월 15일 미국을 비롯한 연합국에 항복을 선언했다. 결과적으로 미국의 핵무기가 2차세계대전을 끝내는 데 결정적인 역할을 했던 것이다.

후발 주자 소련의 핵무기 개발 경쟁

2차세계대전이 끝났을 당시 세계에서 핵무기를 가진 나라는 미국뿐이었다. 그리고 미국 정부는 자신들에게만 핵무기가 있으니, 앞으로 전 세계 어느 나라도 미국의 패권에 감히 도전할 수 없을 것이라 여겼다.

그러나 미국의 핵무기 독점은 얼마 가지 못했다. 2차세계대전이 끝난 뒤 미국의 가장 강력한 경쟁자였던 소련도 혼신의 힘을 기울여 마침내 핵무기를 개발하는 데 성공했다.

소련이 핵무기 개발 경쟁에 뛰어든 데에는 나름대로 절박한 이유가 있었다. 1944년, 소련은 이란 서북부인 쿠르디스탄Kurdistan 지역에 군대를 보내 점령하고 1946년 1월 22일 쿠르드족이 자유 공화국인 마하바드공화국을 세우도록 도왔다. 그 대가로 소련은 쿠르드족과 마하바드 지역의 석유를 가져갈 수 있는 협정을 맺었고, 마하바드 공화국에 소련군을 주둔시키면서 이란 본토에까지 세력을 확장하고 있었다.

하지만 소련의 영향력이 점점 강력해지자 이란은 무척 불안해졌다. 이란 내에서 석유 등 이권을 차지하고 있던 미국과 영국 또한 소련의 남하가 자신들의 입지에 위협된다고 판단했다.

서로의 이해관계가 맞아 떨어진 이란과 미국, 영국은 소련의 쿠르디스탄 점령에 항의하는 건의를 유엔안전보장이사회에 올렸다. 그리고 미국은 비공식 외교 루트를 통해 소련을 압박했다. 특히 트루먼 미국 대통령은 미국 주재 소련 대사인 안드레이 그로미코Andrei Gromyko를 백악관으로 불러 "이틀 안에 모든 소련군은 이란에서 철수하라. 그렇지 않으면 세계에서 유일하게 미국만이 가진 원자폭탄을 당신들의 머리에 떨어뜨리겠다"라고 경고했다.

미국의 으름장에 스탈린은 어쩔 수 없이 물러날 수밖에 없었다. 1949년까지만 해도 아직 원자폭탄이 없었던 소련은 미국이 정말로 원자폭탄을 사용할 경우, 도저히 막아낼 방법이 없었던 것이다. 자칫하면 일본처럼 소련도 미국의 원자탄에 온 국토가 초토화되는 참극을 당할지도 모르는 일이었다.

결국 1946년 3월 26일, 그로미코는 24시간 안으로 소련군은 모두 이란 영토인 쿠르디스탄에서 완전히 철수하겠다고 발표했다. 그리고 소련군이 쿠르디스탄에서 철수하자, 소련의 힘을 빌어 세워진 마하바드공화국은 이란의 위협에 비틀대다가 12월 13일 이란군에 점령되어 완전히 소멸됐다.

소련의 독재자 스탈린이 핵무기 개발에 혼신의 힘을 기울인 것도 바로 이런 역사적 배경 때문이었다. 핵무기가 없으면 미국의 압력에 맞설 수 없다고 판단했던 것이다. 비단 이란 문제뿐 아니라 다른 문제에 관해서도 미국이 핵무기로 협박해온다면, 소련은 영락없이 미국이 시키는 대로 끌려 다니는 신세를 면할 수 없기 때문이었다.

그래서 스탈린은 소련의 뛰어난 첩보망을 이용해 미국으로부터 정보를 빼내어 핵무기를 만들도록 했다. 참고로 냉전 기간 동안 소련의 첩보 기관인 KGB는 첩보전에서 미국의 첩보 기관인 CIA보다 더 우수하다는 평가를 받았다.

물론 KGB 첩자들이 빼온 정보 이외에도 핵무기 개발에 참여한 과학자들이 자발적으로 소련 측에 정보를 넘겨준 것도 큰 도움이 되었다. 다소 이상하게 여길 수도 있으나, 핵무기를 만든 과학자들 가운데 "전 세계에서 미국만 핵무기를 가진다면 미국의 폭주를 견제할 나라가 없다. 따라서 다른 나라도 핵무기를 가져야 미국이 함부로 이 위험한 핵무기를 사용하지 못할 것이다"라는 신념을 가진 인물들도 있었다. 그래서 스스로의 의지로 소련에 핵무기 개발 정보를 넘겨주었던 것이다.

아울러 안드레이 사하로프Andrei Sakharov, 빅토르 아담스키Victor Adamsky, 유리 바바예프Yuri Babayev, 유리 스미르노프Yuri Smirnov, 그리고 유리 트루트네프Yuri Trutnev 등 소련의 뛰어난 물리학자들도 핵무기 개발에 많은 도움을 주었다. 그리하여 1949년 8월 29일, 당시 소련 영토이던 카자흐스탄의 세미팔라틴스크에서 소련 최초의 원자폭탄 실험은 성공리에 이루어졌다.

소련의 핵실험은 미국에 큰 충격을 주었다. 지구상에서 더 이상 미국 혼자 핵무기를 가진 것이 아니었다. 만약 소련의 핵무기가 먼저 선수를 쳐 미국을 공격한다면, 꼼짝없이 미국은 멸망할 수도 있었다. 특히 자국의 과학자들이 자발적으로 소련에 핵무기 개발 정보를 넘겨주었다는 점에서 더욱 충격이었다. 그래서 미국에서는 소련과 내통하는 공산주의자들을 색출하여 처벌한다는 광적인 반공주의 운동인 매카시즘이 선풍적으로 일어났다. 하지만 실제로 매카시즘이 거둔 성과는 미미했고 오히려 많은 사람이 반공주의 횡포에 치를 떨며 환멸을 느끼는 역효과만 불러 일으켰다.

한편으로 상대국보다 더 강력한 핵무기를 만들어 감히 핵 전쟁을 일으킬 엄두도 못 내게 해야 한다는 일념하에 냉전 기간 동안 핵무기 개발 경쟁에 두 나라가 열을 올렸다. 그중에서 가장 강력한 무기는 1961년, 소련에서 만든 차르 폭탄Tsar Bomba이었다.

차르 폭탄을 설계하는 데 참여한 사하로프 박사와 빅토르 아담스키 등 과학자들은 기존의 원자폭탄처럼 핵분열이 아니라 핵융합의 원리를 응용한 수소폭탄을 만들기로 결심했다. 그리고 미군이 사용한 최초의 원자폭탄보다 훨씬 강력한 폭발력을 낼 수 있도록 방사능 양을 대폭 늘렸다. 초기의 계획은 신형 폭탄을 100메가톤의 파괴력을 낼 수 있도록 설계한다는 것이었다.

러시아 차르 폭탄의 실물 모형 사진.

하지만 그만한 폭발력을 지닌 폭탄을 만들려면 부피와 무게가 늘어난다. 문제는 무거운 폭탄을 운반할 도구가 없다는 것과 자칫 방사능 낙진이 지나치게 많아질 우려가 있다는 점이었다. 그래서 사하로프 박사는 할 수 없이 당초 계획했던 규모의 절반인 50메가톤으로 폭탄의 위력을 줄였다. 그러나 이것만으로도 어떤 핵폭탄보다 더욱 강력해졌다. 이 핵폭탄을 차르 폭탄, 즉 '황제의 폭탄'이라 불렀다.

사하로프 박사를 비롯한 연구진들은 핵실험 장소를 북극해에 떠 있는 소련의 최북단 노바야 제믈랴 섬으로 골랐다. 소련의 공군 안드레이 두르노프트세프 소령이 차르 폭탄을 투폴레프 95(TU-95) 폭격기에 탑재해 노바야 제믈랴 섬에 투하하기로 결정했다. 물론 안전을 위해 섬에 살던 주민들은 모두 다른 지역으로 강제 이주되었다.

마침내 1961년 10월 30일 오전 11시 32분, 차르 폭탄을 실은 투폴레프 폭격기가 노바야 제믈랴 섬 북쪽 미티우시카 만의 10.5킬로미터 고도에서 폭탄을 투하했다. 그리고 차르 폭탄은 해발 4.2킬로미터에서 폭발했다. 폭탄 때 생긴 버섯구름은 순식간에 폭격기 고도만큼 높이 도달하고도 투하한 지점으로부터 1,000킬로미터가량 솟아올랐다. 이후 버섯구름은 성층권 위로 64킬로미터나 도달했는데, 그 높이가 무려 에베레스트 산의 일곱 배나 되었다.

폭발의 위력 또한 상상을 초월했다. 버섯구름이 생성된 범위는 40킬로미터나 되었고, 폭발한 지점으로부터 반경 55킬로미터 안

에 위치한 노바야 제믈랴 섬의 모든 벽
돌 건물과 목조 가옥이 완전히 파괴되
었다.

핵실험 장소에서 270킬로미터나 떨
어진 콜라 반도의 지휘 본부에서 망원
경을 통해 실험 과정을 관찰하던 과학
자 한 사람은 이 장면을 "수평선 너머

차르 폭탄이 폭발하는 장면을 촬영한 사진.

에서 하얀 구름이 나타났다. 강력하고 무거운 일격에 마치 지구가
살해된 듯한 느낌이었다"라고 표현했다. 더욱 놀라운 점은 콜라 반
도의 지휘 본부의 과학자들이 수소폭탄의 열기를 느꼈다는 사실이
다. 나중에 소련 물리학자들이 조사한 결과에 의하면 폭발 지점에
서 100킬로미터나 떨어진 곳에서도 열기로 인해 3도 화상을 입을
수 있었다고 한다.

그러나 가장 무서운 점은 차르 폭탄의 충격파가 투하 지점으로
부터 900킬로미터나 떨어진 노르웨이와 핀란드에까지 미쳤으며,
집의 창문을 깨뜨리기까지 했다는 것이다. 그리고 엄청난 충격파
로 인해 노바야 제믈랴 섬에서는 강도 5.25의 지진까지 일어났다.
하지만 폭발할 경우 발생할 에너지 생산량은 리히터 규모 7.1 정도
로 예상했는데, 에너지의 대부분이 지진 파동으로 변환이 되지는
않았다고 한다.

차르 폭탄은 미국이 보유한 25메가톤의 위력을 내는 수소폭탄
캐슬 브라보Castle Bravo보다 두 배나 더 강력했다. 그리고 이 기록

은 아직까지도 깨지지 않고 있다.

그러나 차르 폭탄은 두 번 다시 핵실험에 쓰이거나 실전에 사용되지 않았다. 물론 그 위력 자체는 정말 무시무시했지만 너무나 크고 무거워 전장에 투입하기 불편했기 때문이었다.

실제로 터질 뻔했던 쿠바 핵 전쟁

검객이 날카로운 칼을 갈고 나면 한번쯤 사용해보고 싶은 유혹을 느낀다. 미국과 소련 역시 마찬가지였다. 핵무기라는 막강한 무기가 있으면 사용하고 싶은 충동이 들기 마련이다. 인류에게는 정말 위험한 일이지만, 미국과 소련이 대립하던 냉전 시기에는 핵 전쟁이 여러 차례 발생할 뻔했다. 대표적인 사례가 바로 1961년의 쿠바 사태였다.

쿠바 혁명의 주역인 피델 카스트로. 미국 CIA가 그를 600번이나 암살하려고 했지만 모두 피하고 살아남은 억세게 운이 좋은 사나이었다.

쿠바 사태를 이해하려면 쿠바의 역사를 간략하게 알아야 한다. 1958년 12월 30일, 쿠바를 지배하던 바티스타 정권은 카스트로와 체게바라가 일으킨 공산주의 혁명에 무너졌다.

하지만 자국 턱 밑이었던 쿠바에 공산주의 정권이 들어선 것을 못마땅하게 여긴 미국은 1961년 4월 17일, CIA가 훈련시킨 게릴라 부대원 1,500명을 피그 만으로 침공시켜 궁극적으로 쿠바를 공산주의 혁명 이전의 친미 국가로 돌려놓는다는 계획을 실행에 옮겼다.

하지만 미국의 무력 개입을 예상했던 카스트로는 쿠바 해안 전역에 수비 병력을 보내 엄중한 방어를 하고 있었다. 그리하여 CIA가 야심차게 추진한 반 카스트로 게릴라 부대는 쿠바군의 강력한 저항에 부딪쳐 제대로 싸워보지도 못하고 결국 사흘 만인 4월 20일 쿠바군에 항복했다. 이때 반 카스트로 게릴라 부대가 입은 피해는 사망자 110명에 포로 1,100명이었다.

미국의 존 F 케네디 대통령. 쿠바 사태 때 그는 자칫 세계가 핵 전쟁으로 멸망할 위기를 직접 겪은 뒤 소련과의 냉전을 끝내고 평화적으로 공존해야 한다는 입장으로 돌아섰다.

피그 만 사태 이후 미국이 쿠바에 무력 침공을 시도하지 않았던 것은 아니었다. 1962년 3월 9일, 라이먼 렘니처Lyman Lemnitzer 미국 합참의장은 쿠바군이 미국에 상륙해 미국 시민을 상대로 테러를 저지르고 관타나모에 주둔한 미군 기지를 공격했다는 자작극을 꾸몄다. 쿠바와 전면전을 치르겠다는 이른바 '노스우즈 작전'의 일환에서였다. 다행히 이 안은 케네디 대통령이 거절하여 실행되지는 않았으나, 만약 실행되었다면 쿠바는 꼼짝없이 미군에게 점령되고 말았을 것이다.

이렇게 미국의 위협이 계속되자 카스트로는 1962년 7월 7일, 미국의 적국인 소련을 끌어와 쿠바에 소련의 핵미사일 기지를 건설하겠다고 발표했다. 당시 쿠바에는 실제로 소련의 핵미사일 190기가 배치되었고 워싱턴과 뉴욕 및 샌프란시스코 등 거의 모든 미국의 주요 도시들이 사정권에 들었다. 만약 소련이 미국의 대도시를 향해 미사일을 발사한다면 미국은 그야말로 멸망할 위기였다.

그러자 케네디 대통령은 소련의 서기장 흐루시초프와 협상을 벌였다. 앞으로 미국은 결코 쿠바를 군사적으로 공격하지 않겠으며, 미국을 위협하고 있는 미사일을 철거한다면 터키에 배치하여 소련을 겨냥한 미국의 핵미사일도 철거하겠다, 이 제안을 거절한다면 미국은 소련과의 핵 전쟁도 불사하겠다고 입장을 전달했다. 고심 끝에 흐루시초프는 미국의 제안을 받아들였다. 고작 쿠바 때문에 미국과 핵 전쟁까지 벌여 나라가 망하는 일은 피하고 싶었던 것이다.

하지만 흐루시초프의 결정에 소련의 강경파들은 서기장이 미국의 위협에 비굴하게 물러났다고 분노하여 그를 쫓아내고 후임자로 레오니트 브레즈네프Leonid Brezhnev를 내세웠다. 브레즈네프는 소련이 미국의 압력에 맞서려면 미국보다 더 강력한 핵무기를 많이 만들어야 한다고 주장하며 핵 개발에 한층 열을 올렸다.

냉전의 막바지로 치닫던 1980년대 말, 소련이 보유한 핵무기는 3만 7,000개로 2만 9,000개를 보유한 미국보다 핵 전력에서 우위를 차지할 수 있었다.

그러나 아이러니하게도 소련의 붕괴를 일으킨 원인은 다름 아닌 핵무기였다. 냉전이 끝날 때까지 소련의 경제 규모는 미국의 3분의 1밖에 안 되는 수준에 머물렀다. 그런데 경제력이 낮은데도 오히려 더 많은 핵무기를 만들고 보유하자니 당연히 소련 경제에 막대한 부담을 가중할 수밖에 없었다. 1970년대에는 오일쇼크로 세계의 유가가 올랐기에 소련은 석유를 팔아 번 돈으로 경제를 그럭저럭 잘 이끌어 갈 수 있었다. 그러나 1980년대로 접어들자 소련 경제는 치명타를 입었다. 국제적으로 저유가 현상이 일어나면서 재정의 대부분을 석유 수출로 충당하던 소련은 재정 수익이 줄면서 국가 경제에 먹구름이 끼었다. 또한 1986년에 터진 체르노빌 원자력 발전소 사고의 뒷수습과 1979년부터 1988년까지 아프간 전쟁을 치르면서 소련은 막대한 돈을 써야 했다. 이런 와중에서도 핵전력의 우위를 지키자니 소련 경제는 4중 부담을 안았고, 결국 1991년에 가서 소련은 더 이상 체제를 지킬 수 없다고 여겨 스스로 국가 해체를 선언하고야 말았다.

아이러니한 점은 소련이 그토록 많은 핵무기를 만들면서도 정작 실전에는 단 한 번도 사용하지 못했다는 것이다. 실제로 1979년부터 1988년까지 아프간 전쟁에서 소련은 끝내 핵무기를 사용하지 않았다. 결국 수만 개의 핵무기도 나라를 지켜주지는 못했다.

강철로 몸을 감싼 기병, 탱크

20세기에 부활한 전차

현대 모든 나라의 육군이 주력 장비로 운용하고 있는 탱크Tank는 1차세계대전 무렵인 1916년 9월 15일, 솜 전투에서 최초로 등장했다. 탱크를 고안한 사람은 영국 육군의 소장을 지낸 어네스트 둔롭 스윈튼Ernest Dunlop Swinton이었다. 그는 1차세계대전이 지루한 참호전이 되풀이되는 모습을 보고 적의 기관총에 뚫리지 않는 강철판을 단 고속 기동 무기를 만들어 적진으로 보내자는 발상을 내놓았다. 이에 따라 만들어진 무기가 바로 탱크였다.

참호전을 끝내기 위해 등장한 탱크

영국군은 마크 I Mark I 탱크를 만들어 솜 전투에 투입했다. 당시 마크 I 탱크는 길이가 9.91미터에 넓이는 4.19미터, 무게는 28톤이었다. 무장은 양쪽 측면과 전방에 기관총을 각각 1정씩 배치했다. 마크 I은 지금의 탱크에 비하면 화력이나 기동성이 무척 떨어졌으나, 강철로 만들어져 적의 기관총 공격에도 끄떡 없이 적진을 향해 돌진했기에 독일군에게 큰 충격을 주었다.

현대식 탱크의 발명자인 어네스트 둔롭 스윈튼.

솜 전투는 비록 영국군의 패배로 끝났으나, 영국의 동맹군인 프랑스군과 적국 독일군은 앞다투어 탱크 개발에 매달렸다. 그들도 지루한 참호전을 단숨에 끝낼 병기로 탱크를 생각했던 것이다. 솜 전투 이후 프랑스군은 르노FT를, 독일군은 A7V 등을 개발하여 육상전의 새로운 무기로 사용했다.

하지만 1차세계대전의 승리는 끝내 영국과 프랑스 등 연합국에게 돌아갔다. 전쟁 말기로 접어들자, 독일은 영국 해군의 해상 봉쇄로 인해 대외 무역이 차단되어 경제적 궁핍에 시달렸던 탓에 탱크를 만들 물자도 부족했다. 반면 영국과 프랑스는 당시 세계 최대 경제대국인 미국의 지원을 받아 형편이 훨씬 좋았다. 이런 상황은 2차세계대전에서도 반복되었다. 아무리 우수한 무기라고 해도 만드는 데에는 많은 비용이 들어가기 마련이고, 그러면 자연히 경제력 싸움으로 승부가 나기 마련이었다.

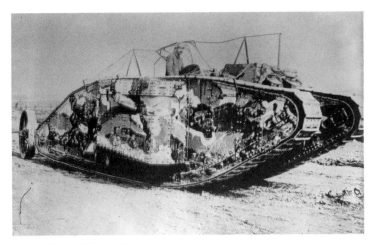

영국군이 최초로 사용한 마크 I 탱크.

지상전의 제왕이 된 탱크

1918년 1차세계대전이 끝났으나 전쟁의 구름은 걷히지 않았다. 전쟁에서 패하여 식민지를 모두 빼앗기고 막대한 배상금까지 물게 된 독일인들은 울분을 삼키며 연합국에 반드시 복수하겠다는 생각을 품고 있었다. 영국과 프랑스도 독일의 속내를 알고 있었기에, 겉으로는 평화를 원한다는 입장을 표명하면서도 사실은 몰래 군비를 늘리며 머지않아 닥칠 전쟁에 대비하고 있었다.

그러던 1933년 3월 독일에서 나치당의 히틀러가 국민 선거를 통해 집권하자, 세계를 불안하게 하던 전쟁의 기운은 더욱 짙어졌다. 히틀러는 전쟁의 패배와 경제대공황으로 인해 실의에 빠진 독일 국민들에게 "나는 패배의 치욕을 씻고, 독일을 더욱 위대하게 만

168

들 것이다! 동유럽을 정복하여 독일 민족이 살 드넓은 영토를 확보하겠다!"라고 외쳤다. 1939년 9월 1일 마침내 그는 폴란드를 침공함으로써 2차세계대전을 일으켰다. 그리고 스칸디나비아와 프랑스 등을 정복하며 세력을 확장하다가, 1941년 6월 22일 소련마저 공격하여 2차세계대전의 결정적 전쟁인 독소전쟁을 벌이기에 이른다.

독소전쟁에서 탱크는 지상전의 주역으로 활약했다. 이 전쟁에서 독일군과 소련군은 모두 탱크를 육군의 주요 병기로 사용했으며, 독소전쟁 중인 쿠르스크전투Battle of Kursk에서는 독일군의 티거 I Tiger I 탱크와 소련군의 T-34 탱크가 전장의 승패를 좌우했다. 특히 이 전투에서 독일군은 탱크 2,928대를, 소련군은 5,128를 투입하여 쿠르스크전투가 역사상 가장 많은 탱크를 동원한 전투라고 평가되었다.

티거 I은 평균적으로 무게 60톤에 길이 6.3미터, 폭 3.5미터, 높이 3미터의 크기를 자랑했다. 장갑판은 120밀리미터에 8.8센티미터의 주포 또한 갖추었다. 이는 동시대 다른 나라들의 주력 탱크들과 비교해도 훨씬 우수한 성능이었다. 그래서 2차세계대전 연구자들은 티거 I를 화력과 방어력과 내구도 등의 모든 면에서 가장 훌륭한 성능을 지닌 탱크라고 칭송했다. 그러나 티거 I은 구조가 복

독일군의 티거 I. 2차세계대전에서 사용된 탱크 가운데 가장 훌륭한 성능을 갖추었으나. 대량생산에 실패하여 독일의 패망을 막지 못했다.

잡한 데다 대량생산을 하지 못해, 소련의 T-34와 미국의 셔먼 탱크에 밀렸다.

반면 소련의 T-34는 무게 26.5톤에 길이 6.68미터, 의 폭 3미터, 높이 2.45미터의 크기였으며, 45밀리미터의 장갑판과 7.62센티미터의 주포를 갖추었다. 성능만으로 본다면 독일의 티거 I 보다 훨씬 떨어졌다. 하지만 T-34는 값싸고 구조가 단순하여 대량생산이 가능하다는 장점이 있었다. 그런 이유로 T-34 탱크는 많은 수로 티거 I를 누르고, 소련군이 독소전쟁에서 나치 독일을 패망시키는 데 큰 공헌을 했다. 역사에는 이처럼 평범한 다수가 우수한 소수를 이기는 경우도 많다.

한국전쟁 때 들이닥친 북한군의 탱크

1950년 6월 25일부터 벌어진 한국전쟁에서 소련이 북한에 지원한 T-34 탱크는 깊은 인상을 남겼다. 당시 북한군은 T-34 탱크로 이루어진 뛰어난 기갑부대를 거느렸는 데 반해, 남한군은 탱크는커녕 탱크를 잡는 대전차포조차 턱없이 부족했다. 남한군 병사 대부

소련군의 T-34 탱크.

분은 탱크라는 무기가 어떤 것인지도 몰랐고, 북한군이 운용하는 T-34 탱크를 난생 처음 보는 경우도 많았다. 아무리 권총이나 소총으로 쏘아도 탱크는 끄떡없으니, 남한군은 모두 겁을 먹고 도망치기 일

쑤였다. 이런 이유로 북한군은 전쟁을 일으킨 지 불과 3개월 만에 남한 영토의 80퍼센트를 순식간에 휩쓸어버리고 남한을 거의 멸망 위기로 몰아넣을 수 있었다.

그러자 남한 병사들은 '육탄 10용사'라고 하여 T-34 탱크에 보병들이 직접 달려들어 탱크의 해치를 열고 그 안에 수류탄을 넣는, 자살에 가까운 공격을 할 정도였다. 정상적인 군대라면 권장하지 않는 방식으로 공격해야 할 만큼, 남한군은 T-34 탱크의 공세 앞에 절망했다. 그나마 미군이 한국전쟁에 본격적으로 개입하면서 막강한 화력으로 T-34의 공세를 막아내는 데 성공할 수 있었다.

하지만 파도처럼 밀어닥친 북한군의 T-34 탱크 부대의 공포는 한국전쟁 이후에도 한국인들의 마음속에 깊은 인상을 남겼다.

미국과 소련 탱크의 대결

1990년 8월 2일, 걸프 전쟁이 일어나면서 탱크 수백 대로 이루어진 기갑부대들의 전투가 벌어졌다. 이라크군이 점령한 쿠웨이트 땅에서 미군이 주축이 된 다국적군과 이라크군의 기갑부대가 충돌한 것이다.

당시 이라크군은 소련의 T-72 탱크로 이루어진 기갑부대를 보유하고 있었다. 미국과 서유럽은 이라크의 T-72 탱크의 위력을 두려워했다. 그래서 이들은 T-72 등 소련 탱크와 미국 탱크가 정면으로 대결을 벌인다면, 자신들이 크게 불리할 것이라 예상했다. 그

걸프 전쟁에 투입된 미군의 M1 에이브람스 탱크. 치명적인 위력을 지닌 열화우라늄탄을 사용하여 이라크 탱크들을 손쉽게 격파했다.

러나 막상 전투가 벌어지자, 미국 육군의 주력 탱크인 M1 에이브람스M1 Abrams는 T-72를 일방적으로 격파했다. 승리의 요인은 바로 M1 탱크가 사용한 열화우라늄탄이었다. 열화우라늄탄이 T-72 장갑판을 손쉽게 뚫고 들어가 탱크 안에서 폭발을 일으켜 T-72를 철저하게 파괴했던 것이다. 전투 결과는 미군조차 눈을 의심할 정도로 이라크군의 기갑부대는 처참하게 패배했으며, 다국적군의 일방적인 승리로 끝이 났다.

여기에 미국의 막강한 공군이 퍼붓는 폭격과 미사일까지 더해지며, 서남아시아 최강으로 정평이 나 있던 이라크의 기갑부대는 전멸에 가까운 상황으로까지 몰렸다. 다국적군의 탱크는 고작 28대가 부서지거나 고장이 난 데 반해, 이라크군의 탱크는 무려 4,000대가 파괴되었다.

당초 후세인을 비롯한 이라크의 권력자들이 가장 믿었던 것이

걸프 전쟁 당시 미군의 공격을 받고 파괴된 이라크의 T-72 탱크.

T-72 등으로 이루어진 막강한 기갑부대였다. 그런데 이 기갑부대
가 전투에서 와해되자, 더 이상 이라크는 전쟁을 계속할 수가 없었
다. 결국 1991년 3월 3일, 후세인을 대신하여 이라크군의 술탄 하
심 아마드 장군이 미군의 총사령관인 슈와르츠코프 장군에게 항복
을 선언하며 전쟁은 막을 내렸다.

　걸프 전쟁에서 미군의 M1 에이브람스 탱크는 소련의 T-72 탱
크와의 대결에서 압도적인 우위를 증명했다. 이로 인하여 T-72는
크나큰 혹평을 받았고, 반대로 M1 에이브람스는 세계 각국으로부
터 뜨거운 선망을 받았다. 우연인지 모르겠지만 걸프 전쟁이 끝난
1991년, 소련 체제가 붕괴되었고, 반면 미국은 2001년 9.11테러가
일어나기 전까지 10년 동안 눈부신 번영을 누리며 유일한 초강대
국으로 세계를 주도했다. 걸프 전쟁이 두 나라의 운명을 좌우한 것
은 아니었을까?

병원균과 독가스, 생화학무기

가장 사악한 금단의 무기

2015년 5월 28일, 한국 사회는 충격에 휩싸였다. 주한미군이 용산의 부대에 살아 있는 탄저균을 국제화물로 보내왔다는 소식이 전해졌다. 하마터면 서울 한복판에 탄저균이 퍼질지도 모르는 위험천만한 사건이 벌어진 것이다.

주한미군이 동맹국의 수도 한복판에 치명적인 전염병을 일으키는 탄저균을 산 채로 들여왔다는 사실 자체가 충격적인 일이었다. 일각에서는 주한미군이 비밀리에 세균전 실험을 했다가, 그만 실수로 이 사실이 외부로 드러난 것이라는 의혹을 제기하기도 했다.

고대부터 시작된 생화학무기 전쟁

생화학무기는 생물무기와 생화학무기를 합쳐서 부르는 말이다. 생물, 즉 탄저균처럼 전염병을 일으키는 병원균을 이용해 독가스 같은 무기로 만든 것을 모두 생화학무기라고 한다.

기록에 남아 있는 가장 오래된 생화학무기는 기원전 428년 스파르타군이 사용한 유황과 송진이었다. 그들은 유황과 송진을 불태워 그 연기를 아테네군의 요새 안으로 날려 보냈다. 이 유해 가스로 아테네군의 눈과 호흡기에 피해를 입히려 한 것이다.

그 뒤 생화학무기는 한동안 역사에서 사라졌다가, 중세로 접어든 14세기에 다시 흔적을 드러낸다. 1346년 현재 러시아 크림반도에 있던 항구 도시 카파를 포위한 몽골군이 시체들을 투석기에 담아 성벽 안으로 날려 보냈다. 그런데 그 시체들은 하필 흑사병(페스트)에 감염되어 죽은 자들이었다. 이 시체들이 성벽 안으로 들어오자, 성 안에 흑사병이 퍼져나갔다. 때마침 카파에 들른 제노바(이탈리아의 도시 국가 가운데 하나)의 무역선이 있었다. 그 배에 탔던 사람들이 흑사병에 걸려 본국인 제노바로 돌아오는 바람에 흑사병이 유럽에 퍼져나갔다. 그리하여 14세기부터 유럽에서는 어마어마한 사람들이 흑사병에 걸려 죽었는데, 로마 교황청의 추산에 따르면 그 수가 약 4,000만 명이나 되었다고 한다. 몽골군이 날려 보냈던 시체들은 참으로 무시무시한 생화학무기였던 셈이다.

다만 지금처럼 첨단 의학이 발달하지 않았던 중세 시대에, 더구나 유목민이던 몽골인들이 시체를 이용해 일부러 흑사병을 일으키려 했으리라고 보기에는 미심쩍은 부분이 있다. 그 시대에 몽골인들이 세균전의 개념을 알고 있었을까? 어쩌면 그저 적을 겁주기 위

흑사병이 창궐하자 유럽인들은 신이 분노해 천벌을 내렸다고 여겨 자신의 죄를 뉘우치는 행진을 했다.

해 시체들을 투석기로 던져 넣었는데, 우연히 흑사병에 감염된 시체에 병이 전염된 것은 아니었을까?

여하튼 몽골군이 일으킨 흑사병은 중세 유럽 사회에 엄청난 변화를 가져왔다. 먼저 인구의 수가 급격히 줄어드는 바람에 중세의 장원 제도가 흔들렸다. 노동자들의 수가 적으니, 그들에게 주어지는 임금은 예전보다 더 높아질 수밖에 없었다. 그리고 왕족이나 귀족 같은 지배 계층도 흑사병에 감염되어 죽는 것을 본 농민 등 피지배 계층들은 상류층들을 두려워하지 않고, 그들에 맞서 반란을 일으키며 싸웠다. 아울러 신을 섬긴다는 성직자들조차 흑사병에 걸려 무수히 죽자, 유럽인들은 가톨릭 교회가 부패하여 신이 천벌을 내렸다고 여겨 로마 교황청의 지배에서 벗어나고자 종교개혁을 외쳤다. 흑사병은 중세 유럽의 종말을 알리는 신호탄이 되었다.

에스파냐의 신대륙 정복과 전염병

전쟁 중에 퍼진 전염병이 생물 무기 역할을 해서 역사가 바뀐 사례는 중세 유럽의 흑사병 이외에도 더 있다. 16세기 에스파냐의 신대륙 정복에서도 비슷한 일이 있었다. 에스파냐인들이 아즈텍과 잉카제국에 전염병을 퍼뜨려 엄청난 피해를 입혔다. 신대륙 원주민들은 오랫동안 외부 세계와 고립된 환경에서 깨끗하게 살아왔기 때문에 전염병에 대한 면역력이 전혀 없었다. 그러나 각종 병원균에 노출되었던 에스파냐인들이 신대륙에 들어오자, 순식간에 전염병이 퍼지면서 수많은 원주민이 죽었던 것이다.

코르테스가 이끌던 에스파냐 군대는 아즈텍 황제인 몬테수마의 초청을 받아, 아즈텍의 수도 테노치티틀란에 들어왔다. 그 무렵, 테노치티틀란에서는 에스파냐인들이 천연두를 옮겨 아즈텍의 수많은 사망자와 환자들이 속출하고 있었다. 아즈텍인들이 남긴 기록을 수집한 문헌《피렌체 코디세》에서는 당시의 상황을 이렇게 표현했다.

"에스파냐인들이 도망친 뒤에, 끔찍한 역병이 우리를 공격했다. 얼굴과 가슴에 염증이 생기지 않은 사람이 없었다. 고통이 너무 커, 몸을 움직일 수도 없었다. 수많은 사람이 죽고, 또 먹지 못해 굶어 죽었다. 간신히 살아남은 사람들도 장님이 되는 경우가 많았다. 이렇게 두 달 동안 역병으로 고생하던 중 에스파냐인들이 다시 쳐들어왔다."

또한 익명의 에스파냐 가톨릭 수도사는 "아즈텍 인구의 반이 전염병으로 인해 마치 빈대가 불에 타 죽듯 몰살당했다"라고 말했다. 이처럼 아즈텍은 에스파냐인들에게 옮은 천연두로 사회 조직이 거의 무너진 상태였다. 그때 다시 침입해온 에스파냐의 공세를 견디지 못하고 끝내 멸망했다.

아즈텍처럼 잉카 제국도 전염병으로 인해, 사회 구조가 심각하게 파괴된 상태였다. 최초의 천연두는 1527년에 있었다. 잉카 인구의 약 절반이 병으로 죽었다. 황제인 와이나 카팍과 그의 아들도 천연두에 걸려 죽었다. 16세기 말, 잉카의 귀족이었던 파차쿠티 얌키는 "얼굴에 붉은 딱지가 생기는 천연두가 퍼지자 수많은 사람이 죽었다"라고 기록했다. 또한 에스파냐인 정복자이자 역사가인 시에사 데 레온은 "천연두가 잉카 제국을 휩쓸었고, 농장에서 일할 원주민 일꾼들이 다 죽어 경작지가 황무지로 변해버렸다고 한다. 잉카의 원주민들은 그만큼 크게 줄어들었다"라고 적었다.

또한 천연두에 감염되어 황제가 죽자, 두 아들인 와스카르와 아타우알파가 서로 황제가 되기 위해 내전을 벌였다. 그로 인해 잉카는 인구가 줄어들고 사회 제도가 붕괴 일보 직전에서 내전까지 겪는 바람에 때마침 나타난 에스파냐의 침략을 도저히 이겨내지 못하고 무너졌던 것이다.

이렇듯 아즈텍과 잉카라는 신대륙의 거대하고 강력한 두 제국을 무너뜨린 것은 바로 에스파냐인들에게서 감염된 전염병이었다.

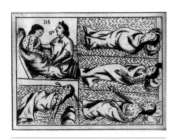

천연두에 감염되어 죽어가는 아즈텍인을 그린 그림.

물론 앞서 말한 대로, 에스파냐의 강철 검과 갑옷 같은 무기들도 원주민들과의 전쟁에서 많은 도움이 되기도 했다. 그러나 아무리 많아봤자 고작 수천 명 내외의 에스파냐 군사들이 무려 1,000만 명이나 되는 원주민을 모두 강철 검으로 베어죽일

수는 없었다. 결정적인 한 방은 바로 전염병이었다. 전염병으로 수많은 원주민이 죽고, 그들의 사회 제도가 붕괴되었기 때문에 소수의 에스파냐군이 손쉽게 아즈텍과 잉카를 정복할 수 있었다. 에스파냐 문인들도 이 사실을 알고 "전염병이 퍼질 때마다, 에스파냐 제국의 영토가 넓어졌다. 원주민들이 전염병으로 죽어간 것은 신이 베푼 기적이었다"라고 기록하기도 했다.

그렇다면 코르테스와 피사로를 비롯한 에스파냐 군대 지휘관들은 원주민들을 죽이기 위해 일부러 천연두를 세균 무기로 사용했던 걸까? 그런 것 같지는 않다. 지금과는 달리, 16세기의 유럽인들이 세균이나 바이러스의 존재를 알 리는 없었을 것이다. 다만 그들은 자신들에게 옮은 천연두 때문에 원주민들이 대규모로 죽었다는 점 하나만은 분명히 알고 있었다. 그리고 이는 2세기 후, 영국인들이 북미 원주민을 무력으로 정복할 무렵 본격적으로 쓰였다.

영국군의 세균전

신대륙의 중남미 지역은 에스파냐와 포르투갈의 지배를 받았다면, 캐나다와 미국 등 북미 지역은 영국과 프랑스의 각축전 끝에 영국으로 편입되었다. 그러나 북미 지역은 빈 땅이 아니었다. 북미에도 체로키와 이로쿼이족 등 수많은 원주민 부족이 살고 있었다.

16세기부터 영국과 프랑스는 북미 원주민들과 교류를 하면서, 점차 북미 지역에 발을 들여놓게 된다. 그 과정에서 원주민들은 전혀 예상치 못한 재앙을 마주했다. 바로 백인들에게서 옮은 전염병이었다. 15세기 말까지 북미 지역에는 700~1800만 명가량의 원주민들이 살았는데, 이들 대부분은 불과 150년 만에 백인들로부터 퍼진 천연두 같은 전염병으로 죽었다. 1650년, 어느 북미 원주민은 한 네덜란드인에게 "당신네 백인들이 와서 천연두가 퍼지기 전까지 우리들은 지금보다 10배나 인구가 많았소"라고 말하기도 했다. 또한 1738년, 찰스턴 항구를 방문한 노예선에서 유출된 천연두가 퍼지는 바람에 체로키족 절반이 죽는 일이 벌어지기도 했다. 그러자 체로키족 주술사들은 천연두를 치료하지 못한 것에 절망하여 신성하게 모셔온 제기들을 파괴했다. 천연두에 감염되었다가 운이 좋아 살아남은 체로키족도 휴유증으로 자살과 자해를 일삼았다.

천연두 이외에도 북미 원주민들을 위협하는 적이 있었으니, 바로 영국과 프랑스 등 백인들의 침략이었다. 두 나라는 북미 대륙을 지배하기 위해 1세기 동안 치열한 쟁탈전을 벌였다. 국력이 좀 더 튼실한 영국이 프랑스를 압도하면서 마침내 북미 대륙의 주도권을 장악하게 되었다. 그러자 영국은 이제까지 프랑스를 공격하기 위해 동맹을 맺었던 원주민 부족이 더는 필요 없다고 여기게 되었다. 아울러 그들의 땅을 탐내어 빼앗기 위해 전쟁을 벌였다.

이에 1763년 5월, 오타와족 추장인 폰티악Pontiac은 다른 북미 원주민 부족들과 손을 잡고 영국군에 맞서 대규모 봉기를 일으켜 싸웠다. 그런데 바로 이때 영국군 사령관인 제프리 애머스트Jeffery Amherst는 영국군의 피를 흘리지 않고 원주민들을 제압할 방법을 찾다가 한 가지 계략을 떠올렸다. 그는 부하 장교들에게 "천연두 환자들의 콧물과 침이 묻은 담요를 원주민들에게 보내라. 모든 수단과 방법을 동원해 저 망할 야만인 놈들을 없애버려야 한다"라고 지시했다. 그렇게 해서 천연두 병균에 오염된 담요는 원주민들에게 선물로 보내졌으며, 이윽고 수많은 원주민이 천연두에 감염되어 죽었다.

영국군에 맞선 항쟁을 이끈 폰티악 추장의 초상화. 그는 애머스트가 준 담요를 선물로 받았다. 그러나 그것은 수많은 원주민들을 죽음으로 몰고 간 사악한 속임수였다.

이 18세기에 벌어진 세균전을 세계사에서는 '폰티악 전쟁'이라고 부른다. 아직 현미경으로 천연두 병균의 존재가 알려지기 전이었으나, 애머스트는 천연두 환자의 분비물과 체액이 묻은 담요가 다른 사람의 몸에 닿으면 똑같이 천연두에 감염된다는 사실을 알고 세균전을 일으킨 것이다. 폰티악 전쟁은 그로부터 3세기 뒤인 20세기부터 본격화한 세균전의 시초였다.

20세기에 부활한 생화학무기 독가스

고대 그리스 이후, 한동안 사라졌던 생화학무기는 1차세계대전에서 다시 등장했다. 당시 전황은 길고 깊은 참호 속에 병사들을 숨겨 두었다가, 적이 오면 기관총과 대포를 퍼부어 막고 다시 참호 속에서 적을 기다리는 참호전의 양상으로 흘러가고 있었다. 그러

방독면을 쓴 채로 영국제 빅커스 기관총을 다루는 1차세계대전 당시의 병사들.

자니 전쟁은 한없이 길어지고 병사들의 사기는 떨어질 수밖에 없었다.

이런 전쟁의 양상을 한순간에 바꾸기 위해 발명된 무기가 있었으니, 바로 독가스였다. 인공 비료를 만든 독일의 과학자 프리츠 하버Fritz Haber는 독가스를 사용하면 순식간에 전쟁에서 승리할 수 있다고 주장했다. 지지부진한 전쟁을 치르느라 지쳐있던 독일 정부는 그의 주장을 받아들여, 1915년 4월 이프르전투에서 최초로 염소 성분이 든 독가스를 연합군의 참호에 투하했다.

그러나 얼마 못 가 영국과 프랑스도 자국의 화학자들을 동원하여 똑같이 독가스를 개발해 이를 독일군 참호에 퍼부었다. 그리하여 1차세계대전 동안, 연합군과 독일군은 서로를 향해 독가스를 살포하는 화학전을 벌였다. 독일군 병사였던 히틀러가 영국군이 쏜 독가스에 맞아 잠시 눈을 다쳐 병원에 실려 갔던 때도 바로 1차세계대전이 막바지로 치닫던 1918년 10월 13일의 일이었다.

비록 독가스의 개발과 투입에도 독일은 패배했으나, 전쟁 중에 생화학무기의 유용성을 본 세계 여러 나라는 1차세계대전이 끝나고도 지속적으로 생화학무기를 연구했다. 1920년 6월 말엽, 영국의 식민지였던 이라크에서 쿠르드족들이 반란을 일으키자, 당시 영국의 식민 장관Colonial Secretary 처칠은 쿠르드족을 제압하기 위해 독가스를 살포하라고 명했다. 이로 인해 처칠은 주위로부터 '잔인한

제국주의자'라는 비판에 시달렸고, 이 사
건은 훗날 1988년 이라크의 독재자인 사
담 후세인이 이라크 북부에서 독립 투쟁
을 벌이던 쿠르드족에게 독가스를 살포해
수만 명을 죽게 한 일로 되풀이되었다.

유럽 열강 가운데 약체로 알려진 이탈
리아군도 독가스를 전쟁에서 사용했다.

상하이 전투에서 방독면을 쓴 채 전투를 하
는 일본군. 일본군은 중일전쟁에서 전황이
불리하면 자주 독가스를 사용했다.

이들은 1935년 10월 3일에서 1936년 5월 5일까지 벌어진 에티오피
아 침공에서 전황이 불리하다 싶으면 서슴없이 에티오피아군에 독
가스를 살포했다.

또한 1937년부터 1945년까지 중국을 침략한 일본군도 중국군을
상대로 자주 독가스를 퍼부었다. 당시 일본군은 수적으로 훨씬 우
세한 중국군을 효과적으로 제압할 수 있는 방법이 독가스를 비롯
한 화학전을 벌이는 것이라 믿었다. 그로 인해 독가스를 살포하는
데 아무런 거리낌이 없었다. 이뿐만 아니라 일본군은 731부대처럼
생화학전에 관련된 연구를 전문으로 하는 부대까지 만들어 운용했
다. 1945년 8월 15일 일본 제국이 패망하자 이 731부대 연구원들은
자신들이 모은 생화학전 관련 자료들을 미군에 넘기고, 그 대가로
단 한 사람도 처벌받지 않았다.

그러나 정작 2차세계대전 중 가장 치열한 전선이었던 독소전쟁
에서 독일군은 소련군을 상대로 어떠한 생화학무기도 사용하지 않
았다. 물론 독일군이 인도적이어서 그랬던 것은 결코 아니었다. 실

제로 독일군은 소련인들을 인간 이하의 미개한 족속으로 보아 절멸하려 했다. 독일군의 물자를 수송하던 말들이 독가스에 맞아 죽을까봐, 일부러 생화학무기를 쓰지 않았던 것이었다.

미군의 세균전 의혹

그런가 하면, 한국전쟁 중에 미군이 한반도에서 은밀하게 생화학무기를 살포했다는 의혹도 있다. 1952년 6월, 영국의 과학자인 조지프 니덤Josep Needham 등 과학자 일곱 명이 참여한 국제과학조사단은 중국과 북한의 요청을 받고 1952년 8월까지 북한과 만주 지역을 직접 방문하여 조사했다. 그 뒤 이들은 "미군이 세균전을 벌였다는 확신은 97퍼센트다"라고 발표했다.

조사단은 그 증거로 북한과 만주에서 볼 수 없었던 새로운 거미와 모기, 벼룩 종이 갑자기 나타나 주민과 가축에게 전염병을 옮겼다는 점을 들었다. 실제로 1952년 2월 25일부터 3월 11일까지 북한의 안주에서는 흑사병이 퍼져 환자 50명이 발생하고 그 가운데 36명이 사망했다. 놀라운 점은 흑사병이 1912년 이후 한반도에서는 나타나지 않았는데, 한국전쟁 중에 갑자기 퍼졌다는 것이다. 아울러 조사단은 북한군과 중공군에 포로로 잡힌 미군 장교와 병사들을 상대로 인터뷰를 했는데, 그들 모두 미군이 세균전을 벌였다고 인정했다.

또 다른 증거로 최근 국내 한 영화감독이 공개한 니덤 보고서 원본을 들 수 있다. 보고서에는 한국전쟁 당시 미군은 일본의 731부대 연구원들로부터 세균전 기술을 전수받아 한반도와 만주에 직접 실험을 했다는 기록이 있었다. 이뿐만 아니라 731부대장이었던 이시이 시로는 1952년 한국을 직접 방문했다고 한다. 이유는 두말할 나위 없이, 미군이 벌이는 한반도에서의 세균전 실험에 동참하기 위해서였을 것이다.

731부대장이었던 이시이 시로의 사진. 그는 731부대에서 인간을 상대로 잔혹한 생물학전 실험을 벌였으나, 자신이 모은 자료를 미군에게 넘기고 처벌을 받지 않았다.

이뿐만 아니라 브라이언 윌슨은 "한국전쟁을 수행하던 1951년 10월, 유엔군 총사령관이자 미군 장군이었던 매튜 리지웨이는 미 합동참모본부장으로부터 한반도에서 세균전을 실시하라는 명을 받았다. (중략) 1951년 9월부터 10월까지 미군 비행기가 한국의 광주 무등산에 T-2 진균독Mycotoxin T-2이 들어있는 하얀 가루를 뿌렸고, 그로 인해 300~400명의 주민들이 열병에 걸려 피부가 검게 변하며 죽었다"라고 밝혔다.

아울러 미국 해군은 1950년, 자국의 도시인 샌프란시스코에 박테리아를 살포하여 도시에 세균이 확산되는 모습을 관찰하기도 했다. 이들이 박테리아를 살포하자, 많은 시민이 폐렴 증세를 보였다. 1955년 플로리다 탬파에서도 미군은 백일해 바이러스를 살포했고 그로 인해 12명이 목숨을 잃었다.

더욱 충격적인 사실은 미국 공법 95-79조 50편 32장 1520절에 "미국 국방부는 생화학 약품을 실험할 때, 인간을 대상으로 할 수 있다"라는 내용이 있었다는 것이다. 이 조항은 1997년에야 비로소 개정되었다. 미국은 아직까지도 사람들의 눈을 피해 세균전을 포함한 생화학전 실험을 비밀리에 하고 있는 것은 아닐까?

2부 보급

먹지 못하면 싸울 수 없다!

그리스 정복에 실패한 페르시아

보급이 끊기면 대군이라도 힘을 못 쓴다

기원전 5세기, 세계 최강국이었던 페르시아는 그리스를 정복하기 위해 수십만 대군을 육지와 바다로 진격시켰다. 하지만 그리스보다 훨씬 많은 군사와 물자를 동원했음에도 페르시아는 그리스 정복에 실패하고 말았다. 그리스의 함대가 보급품을 실은 페르시아 함대를 모조리 격침시키는 바람에, 더 이상 보급품을 받지 못하게 된 페르시아가 군대를 철수했기 때문이었다.

역사상 미증유의 대군

고대 그리스의 학자인 헤로도토스는 자신의 저서 《역사》에서 페르시아 황제 크세르크세스가 그리스를 공격하기 위해 제국 각지에서 동원한 대군의 규모를 매우 장황하게 기록했다. 그리스 원정에 동

크세르크세스는 유럽과 아시아를 잇는 헬레스폰토스 해협에 많은 배를 연결하고 그 위에 다리를 놓아 병사들로 하여금 건너가게 했다. 페르시아군의 병력이 너무나 많아 한꺼번에 배로 실어 나를 수가 없었기에 부득이하게 고안해낸 방법이었다. 그러나 때마침 폭풍이 불어 해협에 놓은 배다리가 무너졌고, 분노한 크세르크세스는 바다에 채찍질을 가하도록 명령했다.

참한 민족들은 페르시아인을 비롯하여 메디아인과 키시아족과 히르카니아인과 아시리아인과 박트리아인과 인도인 등 47개 족이 넘었다. 그렇게 해서 모은 원정군의 총병력 수는 264만 1,600명이었고, 군대를 따라 참전한 비전투원 수까지 더하면 페르시아군의 총병력은 무려 528만 3,200명에 달했다고 한다.

물론 이 수치는 누가 보아도 지나치게 부풀려졌다. 지금보다 통신과 연락망이 더 뒤떨어졌던 2500년 전에 500만 명이나 되는 대군을 동원하고 관리하는 일은 도저히 불가능했기 때문이다. 그래서 페르시아 전쟁을 연구하는 많은 학자가 페르시아 군대의 실제 인원은 500만 명에서 10분의 1정도였거나 100분의 1 정도였을 것이라 추측하기도 한다.

그러나 인원이 부풀려졌다고 해도 헤로도토스가 자신의 책에 이토록 대서특필하고 실제 페르시아 전쟁 과정에서 마케도니아와 테베와 플라타이아 등 많은 도시 국가가 페르시아를 두려워하여 항복했다는 점을 본다면, 당시 그리스인들에게 크세르크세스가 동원한 페르시아군은 엄청난 대군으로 인식되었을 것이다. 실제로《역사》에는 크세르크세스가 이끄는 페르시아군이 헬레스폰토스 해협에 다리를 놓고 건너오던 모습을 지켜본 주민 한 사람이 "오 제우스신이시여, 그리스를 멸망시키실 작정이라면 어째서 페르시아인의 모습을 하시고 이름도 크세르크세스라고 바꾸신 채 온 세상의 모든 인간을 이끌고 오셨습니까? 당신이라면 그런 수고를 하지 않고도 얼마든지 바라는 대로 하실 수 있을 텐데 말입니다"라 하며 두려움에 떨었다는 기록이 있다.

헤로도토스의 《역사》에는 이와 관련하여 다른 일화들도 기록되어 있다. 크세르크세스가 이끄는 페르시아군은 그리스 본토에 상륙하여 아테네와 스파르타를 향해 진격하다가 주변에 강물이 있으면 모조리 마셔버린 탓에 강줄기가 죄다 말라버렸다고 한다. 또한 들르는 그리스 도시들마다 페르시아군을 위한 식량을 바치라고 요구했는데 그 양이 어찌나 많았는지 페르시아군에 식량을 한 번 바치면 아무리 부자라도 그 비용을 감당하지 못해 재산에 막대한 손실이 발생했다고 한다. 그나마 크세르크세스가 저녁 식사를 하루에 두 번 하지 않는 것을 감사하라는 구절도 있었는데, 그랬다가는 페르시아 군대에 식사를 제공하는 그리스인들은 죄다 파산하고 말았을 것이라는 우스갯소리를 한 것이었다.

《역사》에 언급된 이런 일화들은 읽는 사람의 흥미를 끌기 위해 잘 꾸며진 것이나, 달리 본다면 그만큼 페르시아 제국이 얼마나 많은 병력을 동원했는지 짐작할 수 있다.

대군으로 인해 몰락한 페르시아

하지만 고대의 역사서에 대서특필된 페르시아 원정군은 정작 원래의 목표인 그리스 정복에 실패하고, 참담한 패배를 겪으며 철수해야 했다. 그 이유는 아이러니하게도 페르시아 제국이 동원한 거대한 병력 그 자체 때문이었다. 군대의 수가 워낙 많으니 그만큼 식량과 물자 등 보급품을 많이 들었는데, 육로로 보급품을 수송하자니 도로 사정상 매우 어려웠다. 대부분은 배에 실어 바다를 통해 날랐다. 동서고금을 막론하고 대부분의 물자 수송은 육로보다는 강이나 바다 같은 수로에 의존해왔다. 육로 수송은 도로의 포장 상태나 사람과 가축에 의존해야 하기 때문에 속도가 느린 데 반해, 수로 수송은 바람의 흐름만 잘 타면 육로보다 훨씬 빨리 목적지까지 도착할 수 있기 때문이었다.

후일담이지만 페르시아 전쟁으로부터 무려 2000년 뒤인 임진왜란 때, 일본군도 조선 수군을 피해 육로로 보급품을 운송하려다 실패했다. 쌀 같은 식량을 육로로 나르다 운반하는 사람들이 다 먹어버려 정작 목적지에 도착하니 거의 남는 게 없었다는 것이다.

다리우스 1세의 동생이자 크세르크세스의 삼촌인 원로대신 아르타바노스는 그리스 원정에 대해 "이 세상에서 가장 강력한 두 가지 요소인 육지와 바다가 우리에게 위협적입니다"라고 우려를 나타내기도 했다. 크세르크세스가 계속 진군하여 그리스 땅 깊숙이 들어가면 들어갈수록, 식량난에 처하게 될 것이라는 우려에서였다. 진군하는 거리가 길어질수록 그만큼 보급로가 길어지기 때문이었다. 또한 바다에서 폭풍이 불 경우 페르시아군 함대를 수용하여 안전하게 지켜줄 큰 항구가 없다는 이유도 있었다.

아르타바노스의 우려는 현실로 드러났는데, 페르시아군의 육로 수송은 역시나 순탄치 못했다. 이들은 그리스 현지에서 물과 식량을 조달했지만 그리스 본토가 워낙 척박한 땅이었던 탓에 대군을 먹여 살릴 수 없었다. 페르시아로 망명한 스파르타 왕 데마라토스가 크세르크세스에게 본래부터 그리스는 가난을 타고난 지역이라고 설명했을 만큼, 전반적으로 고대 그리스인들은 페르시아 제국에 비하면 매우 가난한 삶을 살았다. 해로 수송도 어려움에 부딪쳤는데, 페르시아의 해군 함대가 살라미스와 미칼레에서 그리스 연합 해군에 궤멸되는 바람에 지중해의 제해권이 페르시아에서 그리스로 넘어갔다. 이 때문에 해로로 페르시아군에 보급품을 수송해주는 일마저 사실상 불가능하게 되었다.

헤로도토스의 《역사》에 의하면 크세르크세스는 살라미스 해전에서 페르시아군이 패하자, 혹시나 그리스인들이 헬레스폰토스 해협으로 가 그가 놓은 배 다리를 파괴하지나 않을까 염려했다고 한다. 만약 그런 사태가 벌어진다면 크세르크세스는 꼼짝없이 그리스에 갇혀 페르시아 본토와 단절되어 보급을 받지 못한 채, 파멸할 위험성이 컸기 때문이었다. 그래서 크세르크세스는 살라미스 해전 이후, 퇴각을 고려했다는 것이다. 페르시아 제국은 황제가 모든 국가 정책의 결정권을 쥔 전제 국가이기 때문에 황제가 철수하겠다

살라미스 해전을 그린 그림. 이 해전의 승리로 그리스 문명은 보존되었고 페르시아 제국은 치명타를 입었다고 평가된다.

고 마음을 먹은 이상 누구도 철수를 반대할 수 없었다.

그런데 공교롭게도 그리스인들도 그와 같은 생각을 하고 있었다. 살라미스 해전에서 아테네 해군을 지휘하여 승리를 이끈 테미스토클레스는 페르시아군의 함대를 끝까지 추격하고, 헬레스폰토스 해협으로 곧바로 함대를 보내서 크세르크세스가 만든 배 다리를 파괴하자고 주장했다. 크세르크세스를 고립시켜 완전히 격멸하자는 것이었다.

하지만 다른 해군 지휘관 에우리비아데스는 반대 의견을 내놓았다. 만약 헬레스폰토스 해협에 놓인 배 다리를 파괴해 페르시아군의 보급로가 끊긴다면, 그들은 극심한 굶주림에 시달리다 고통을 해결하기 위해 그리스의 도시들을 잔인하게 파괴하고 약탈할 것이라 주장했다. 크세르크세스가 도망치도록 내버려 두면 그는 서둘러 페르시아로 돌아갈 것이니, 결과적으로 전쟁을 빨리 끝낼 수 있다는 것이었다. 그의 의견에 많은 사람이 찬성했고, 결국 그리스군은 헬레스폰토스에 놓인 배 다리를 그대로 두었다.

그러는 와중에 테미스토클레스는 크세르크세스에 사절단을 보내 자신이 헬레스폰토스에 놓인 배 다리를 파괴하자는 다른 그리스인들의 의견을 말렸으니 걱정하지 말고 페르시아로 귀국하라고 알렸다. 물론 거짓말이었지만, 그 말은 크세르크세스로 하여금 철수할 결심을 굳히게 만들었다.

크세르크세스는 뛰어난 장군인 마르도니오스에게 정예 부대를 주고 그리스 중부인 테살리아 지역에 남아 페르시아에 적대적인 아테네와 스파르타를 제압하도록 했다. 자신을 따르는 나머지 부대 대부분은 서둘러 페르시아 본국으로 철수하기로 했다. 이는 현명한 판단이었는데 그 상황에서 계속 그리스에 남아 있겠다고 고집을 부렸다가는 보급품이 끊겨 자멸할 위기였다.

《역사》에 따르면 그때 크세르크세스의 부대에 전염병이 휩쓸어 많은 병사가 죽고 비정규군 소수만 남아 있었다고 한다. 이들은 행군하는 도중에 주변의 주민들로부터 닥치는 대로 식량을 빼앗아 배를 채웠다. 곡식이 보이지 않으면 풀이나 나무껍질을 뜯어 먹었다. 그래서 그들이 지나간 자리에는 아무것도 남지 않았고 한다. 살라미스 해전에서 패배한 뒤 그들은 제대로 된 보급품을 받지 못해 무척 굶주렸던 모양이다.

크세르크세스가 남은 군대를 거느리고 헬레스폰토스 해협에 도착한 때는 이미 얼마 전에 폭풍이 불어 닥쳐 배 다리가 파괴된 이후였다. 그래서 서둘러 배를 타고 해협을 건너갔다고 기록되어 있다. 아마 철수하던 크세르크세스를 따라 오던 페르시아 함대였던 듯하다. 식량은 있었겠지만, 많은 병사가 굶주렸다는 기록을 보면 양이 넉넉지 않아 황제인 크세르크세스나 그 측근들에게 식량이 분배되고, 일반 병사들은 매우 적은 양만 나눠받거나 아예 받지 못하는 식이었을 것이다.

배 다리가 부서지자 배를 타고 건넜다는 일화를 본다면, 크세르크세스는 설령 그리스인들이 배 다리를 파괴했어도 어떻게 해서든 배를 타고 페르시아로 달아났을 것이다. 《역사》에서는 해협을 건너고 소아시아에 상륙한 페르시아 병사들이 오랫동안 굶주렸다가 음식을 마구 먹어대는 바람에, 오히려 위장에 탈이 나 많은 사망자가 나왔다는 기록도 있다.

한편 마르도니오스가 지휘하던 페르시아 정예 부대는 플라타이아 전투에서 그리스 연합 육군에 궤멸되고, 마르도니오스 또한 전사했다. 이 결과를 보고받았을 때, 크세르크세스는 이미 페르시아 본토로 철수한 뒤였다. 잇따른 전투에서 패배한 크세르크세스는 무력으로 그리스를 굴복시킬 수 없다는 사실을 깨닫고 다시는 그리스를 공격하지 않았다.

굶주림에 충성심을 버린 병사들

배신당한 에우메네스

알렉산드로스 3세의 부하 장군이었던 에우메네스는 자비심과 지혜를 갖춘 훌륭한 인물이었다. 그러나 그가 마케도니아인이 아니라 외국인이었던 탓에 병사들이 그를 업신여겨 에우메네스는 항상 불안하게 지냈다. 여기에 경쟁자인 안티고노스와의 전투에서 에우메네스의 보급 부대가 적에게 넘어가자, 에우메네스의 부하 병사들은 자신들의 굶주림을 채우기 위해 상관을 배신하고 말았다.

치열한 동족상잔의 현장, 디아도코이

기원전 323년, 마케도니아의 알렉산드로스 3세는 원정을 시작한 지 10년 만에 세계 최강대국이었던 페르시아 제국을 무너뜨렸다. 그 여세를 몰아 중앙아시아와 인도까지 진격했다. 그리고 바빌론으로 돌아왔을 때, 그는 전 세계에서 가장 넓은 영토를 지배하는 세계의 제왕이었다.

하지만 그는 33세라는 너무나 젊은 나이에 바빌론에서 생을 마쳤다. 그러자 알렉산드로스 3세를 따라 원정에 동참했던 부하 프톨레마이오스Ptolemaios와 셀레우코스Seleucus, 페르디카스Perdiccas, 리시마코스Lysimachus, 그리고 본국인 마케도니아에 남아 있던 신하 안티고노스Antigonus와 안티파트로스Antipater 등은 알렉산드로스 3세의 빈자리를 차지하기 위해 각자 군대를 대동하여 동료들을 상대로 치열한 전쟁을 벌였다. 이들 가운데 훗날 프톨레마이오스는 이집트를, 셀레우코스는 시리아를, 리시마코스는 트라키아를, 안티고노스는 소아시아를, 리안티파트로스의 아들인 카산드로스Cassander는 마케도니아를 다스리게 되었다. 이들을 가리켜 그리스어로 후계자라는 뜻인 '디아도코이'라고 부른다.

이때, 마케도니아군에 다소 특이한 사람이 있었으니, 알렉산드

로스 3세의 비서 에우메네스Eumenes였다. 그는 마케도니아인이 아니라, 트라키아 영토인 케르소네소스(지금의 터키 갈리폴리 반도)에서 태어난 외국인이었다. 에우메네스는 주로 알렉산드로스 3세의 원정군이 벌인 여러 일들을 기록하는 임무를

알렉산드로스 3세가 죽은 이후 안티고노스는 소아시아를, 셀레우코스는 페르시아를, 프톨레마이오스는 이집트를, 카산드로스는 마케도니아를, 리시마코스는 트라키아(현재 불가리아와 터키 이스탄불 지역)를 각각 차지했다. 이 가운데 셀레우코스가 세운 왕조가 가장 강력하여 안티고노스 왕조로부터 시리아를 빼앗았다.

맡았지만, 인도 원정 때는 장군의 직위를 받고 군대를 지휘하기도
했다.

알렉산드로스 3세의 장군들 사이에 처음 내분이 일어나자 에우
메네스는 자신이 마케도니아인이 아닌 외국인이기 때문에 내전
에 참여하지 않겠다고 말했다. 알렉산드로스 3세를 따라다니며 오
랫동안 함께 먹고 자고 했던 동료들 사이에 싸움이 일어났는데, 왜
다툼을 중재하거나 말리지 않고 빠져나가려 했던 것일까? 에우메
네스는 마케도니아인들의 외국인을 배척하는 감정이 매우 강했다
는 사실을 잘 알았기 때문이었다.

인도 원정을 마치고 바빌론으로 돌아온 알렉산드로스 3세는 자
신을 따르던 부하 장군과 병사들에게 "이제 세계는 나의 지배를 받
는 통일된 국가가 되었소. 마케도니아인과 페르시아인도 다 같은
나의 백성이오. 그러니 자네들은 페르시아 여인들과 결혼하여 한
가정을 이루고 페르시아인들과 화목하게 지내야 하오"라고 말하
며 페르시아 여인 1만 명과 집단으로 혼인시켰다. 하지만 알렉산
드로스 3세가 죽자마자 휘하 장군과 병사들은 자신들이 데리고 있
던 페르시아인 아내들과 모두 강제로 이혼하고 내쫓았다. 유일하
게 페르시아인 아내를 계속 데리고 살았던 사람은 셀레우코스뿐이
었다.

알렉산드로스 3세의 후계자 지위를 놓고 마케도니아 장군들 사
이에서 격론이 벌어졌던 적도 있었다. 이때 마케도니아의 해군 사
령관인 네아르코스가 대왕과 페르시아 여인인 바르시네 사이에서

셀레우코스의 흉상. 그는 다른 동료들과는 달리, 알렉산드로스 3세가 짝을 지어준 페르시아 여인 아파마Apama와 끝까지 함께 살며 그녀의 이름을 딴 도시인 아파메아Apamea를 각지에 건설했다. 또한 아파마와의 사이에서 태어난 아들인 안티오코스를 후계자로 삼았다.

태어난 아들 헤라클레스를 왕으로 삼자는 의견을 제시하자, 프톨레마이오스는 "헤라클레스가 왕이 된다면, 우리가 정복한 페르시아인의 후손에게 복종해야 하는 것이다. 우리가 페르시아인의 후손을 섬기는 노예가 되기 위해서 여태까지 싸웠던 말인가?"라고 반박했다. 그리고 다른 마케도니아 장수들도 프톨레마이오스에 동의함으로써 네아르코스의 의견은 완전히 묵살됐다. 여담이지만 헤라클레스는 마케도니아 장군들끼리의 내전이 격화되었을 무렵, 얼마 못 가 마케도니아의 왕이 된 카산드로스에게 살해되었다.

이렇듯 마케도니아인들은 자신들이 세계 정복을 한 것에 자부심이 무척 높았으며, 그런 이유로 외국인을 업신여겼다. 알렉산드로스 3세는 인종에 구애받지 않는 이념인 코스모폴리탄(세계 시민)을 부르짖었으나, 정작 그가 외친 구호는 고향 사람들에게조차 외면당했다. 자신들이 섬기던 왕의 아들에게도 외국인의 피가 섞여 있다며 거부 반응을 보일 정도였으니, 하물며 완전한 외국인인 에우메네스를 마케도니아인들이 어떻게 보았을지는 더 이상 설명하지 않아도 짐작할 수 있으리라. 그만큼 마케도니아인들은 외국인을 배척하는 풍조가 강했던 것이다.

여기서 페르시아인들은 마케도니아군에게 정복되었던 자들이고 에우메네스는 마케도니아인들과 함께 원정에 참여한 동료였으니, 마케도니아 장군들이 그를 외국인이라고 해서 나쁘게 보지 않았을 것이라고 반박할 사람도 있을 것이다. 하지만 알렉산드로스 3세가 죽은 이후, 에우메네스는 마케도니아의 장군인 크라테로스와 네오프톨레모가 거느린 군대와 싸워 승리했지만 《플루타르코스 영웅전》에서는 오히려 그 승리가 에우메네스에게 부정적인 영향을 끼쳤다고 기록하고 있다.

"이 승리로 그는 자신의 군대와 적(다른 마케도니아 장군과 병사들)들에게 미움받았다. 외국인(에우메네스)이 마케도니아 최고의 장군과 싸워 이겼기 때문이었다. 마케도니아군은 매우 분노하여 에우메네스에 대한 복수를 맹세했으며, 안티고노스와 안티파트로스는 즉시 그를 공격했다."

이렇듯 마케도니아인들의 강렬한 외국인 배척과 혐오 감정은 에우메네스가 몸을 사리게 하는 데 충분했을 것이다. 하지만 난세에 중립을 지킨다고 폭풍이 저절로 비켜가지 않는다. 마케도니아 장군들 사이의 내전이 격화되면서, 에우메네스는 자신의 뜻과는 상관없이 전쟁에 휘말렸다. 마케도니아의 장군, 페르디카스는 에우메네스를 자기 편으로 끌어들이고자 그에게 카파도키아와 트라브존, 파플라고니아 등 소아시아 중부와 북부 지역을 나눠주었다. 그런데 페르디카스가 알렉산드로스 3세의 누이인 클레오파트라와 결혼하고 마케도니아 왕가를 대신해 섭정하게 되었다. 이에 불만을 품은 안티고노스와 안티파트로스가 페르디카스에 맞서 반란을 일으키자, 에우메네스는 자연히 안티고노스와 안티파트로스의 적이 되었다. "적의 친구는 내 적이며, 적의 적은 내 친구다"라는 격언이 그대로 현실로 나타난 셈이라고나 할까.

조심스러운 에우메네스의 행보

본의 아니게 마케도니아의 내전에 참여하게 된 에우메네스는 외국인인 자신이 마케도니아에서 입지가 불안하다는 점을 감안하여, 가급적 인심을 사려고 노력했다. 카파도키아에서는 주민들에게 자신이 지휘하는 기병 부대에 입대하면 세금을 면제해주겠다고 약속했다. 안티고노스의 보급 부대를 습격했을 때에는 가족을 생포할수 있었는데도 그들을 무사히 보내주었다. 또한 안티고노스에게 쫓겨 다니자 군대를 해산하고 많은 병사를 집으로 돌려보냈으며, 카파도키아와 리카오니아의 국경 근처 노라성에서 안티고노스에게 포위되었을 때는 병사들을 한 사람씩 식탁에 초대해 함께 음식을 먹고 대화를 나누기도 했다.

에우메네스는 사람의 마음을 사로잡는 데는 충성심이나 우정이 아닌, 물질적인 보상이 가장 크다는 점도 잘 알고 있었다. 그래서 자신을 따르는 병사들에게 지금까지 밀린 월급을 사흘 안에 전부 주겠다고 약속한 뒤 약탈한 전리품을 팔아 모든 병사에게 약속대로 월급을 지불했다. 이에 감동한 마케도니아 병사들은 1,000명의 호위대를 조직해 에우메네스를 지켜주었다.

하지만 에우메네스는 자신이 외국인이라는 점 때문에 미워하는 사람들이 있다는 사실을 잊지 않았다. 그래서 묘한 보신책을 생각했는데, 자신을 증오하는 사람들에게 일부러 많은 돈을 빌렸다. 에우메네스가 죽으면, 돈을 빌려준 자들은 그에게 빌려준 돈을 받을 수 없으므로 어떻게 해서든 그를 살리려 할 것이기 때문이었다. 실제로 이 방법 덕에 에우메네스는 코끼리부대 지휘관인 에우다무스와 파이디무스로부터 안티게네스와 테우타무스가 자신을 안티고노스에게 팔아넘기려 한다는 음모에 대해 들을 수 있었다. 적의 돈으로 자신의 목숨을 지키는 방법은 인간의 심리를 꿰뚫은 기발한 묘책이었지만, 달리 본다면 에우메네스 본인이 처한 '다수의 미움을 받는 위태로운 지도자'라는 근본적인 한계를 나타낸 것이었다. 에우메네스가 안티고노스와의 결전을 앞두고 자신의 친구들에게 "나는 짐승들 속에 갇혀 있다"라는 불안한 심정을 토로한 것을 보면 더욱 그렇다. 언제 자신을 배신하거나 죽일지도 모르는 자들과 함께 살아야 한다면, 누구나 공포와 불안에 시달릴 것이다.

굶주림 탓에 다 이긴 전투에서 패하다

기원전 316년, 현재 이란의 중부인 가비에네Gabiene에서 에우메네스는 안티고노스와 격전을 벌였다. 이때 에우메네스가 지휘하던 군대에는 '은銀방패'라는 뜻의 아르기라스피데스Argyraspides라고 불린 부대도 포함되어 있었다. 이 은방패 부대의 병사들은 알렉산드로스 3세의 아버지인 필리포스 왕 시절부터 군대에 들어가 전쟁터를 누비던 베테랑들이었다. 그들 가운데 누구도 60세 미만인 사람이 없었고 전투를 운동 경기쯤으로 여겼으며 단 한 번도 패배한 적이 없다고 할 만큼, 전쟁에 익숙한 최정예 병사들이었다.

은방패 부대 병사들은 전투가 시작되기 전, 에우메네스를 보며 "우리가 돌격하면 적은 단숨에 무너져버리니 걱정 마십시오"라고 호언장담했다. 그만큼 그들은 용맹스럽기 이를 데 없는 최정예 병사들이었다. 전투가 벌어지자 은방패 부대의 병사들은 안티고노스 군대의 보병들을 향해 "아버지들에게 덤벼드는 이 못된 놈들아!" 하고 외치며 돌격하여 적들을 모두 달아나게 만들었다.

하지만 안티고노스는 결코 호락호락하지 않았다. 그는 은방패 부대를 포함하여 에우메네스 군대의 보병들은 막강하지만 기병들은 그렇지 않다는 점을 노렸다. 그리고 자신의 휘하 기병대에게 에우메네스 군대 후방의 보급 부대를 공격하도록 지시했다. 에우메네스의 보병들이 안티고노스의 보병들과 싸우는 동안, 안티고노스의 기병들은 에우메네스의 보급 부대를 기습하여 보급품을 모조리 빼앗았다. 에우메네스의 보병들은 나중에야 이 사실을 알았는데, 전투가 벌어진 곳이 고운 모래가 깔린 평원이라 먼지가 심하게 일어 돌아가는 상황이 잘 보이지 않았기 때문이었다.

전투가 끝나고 나서 보급품을 모두 몽땅 적에게 빼앗겼다는 것을 안 은방패 부대 병사들은 마음이 크게 흔들렸다. 자신들의 의복과 식량 및 월급이 모두 보급 부대에 실려 있는데, 당장 그것들이 적의 손으로 넘어갔으니 꼼짝없이 황야에서 굶게 될 판국이었다.

은방패 부대의 지휘관인 테우타무스는 안티고노스에게 전령을 보내 보급 부대를 돌려달라고 제안했다. 그러자 안티고노스는 에우메네스를 붙잡아 자신에게 넘겨준다면, 보급 부대를 모두 돌려주겠다고 회유했다. 테우타무스는 안티고노스의 제안을 은방패 부대 병사들에게 전하고 의견을 물었다. 그러자 병사들은 안티고노스가 제안한 대로 에우메네스를 붙잡아 넘겨주라고 입을 모았다. 에우메네스가 아무리 관대하고 자비로운 지휘관이라고 해도 자신들이 배를 곯을 처지에 더는 그런 것이 중요하지 않았다.

에우메네스의 막사로 달려간 은방패 부대 병사들은 그를 묶어 가두었고, 이 사실을 안티고노스에게 알렸다. 안티고노스는 부하인 니카노르를 파견해 에우메네스의 신병을 인도받았다. 에우메네스는 니카노르에게 자기를 따르던 병사들에게 한 마디만 하게 해 달라고 간곡히 부탁해 그들에게 매서운 질타를 퍼부었다.

"이 비열한 마케도니아인들아! 너희들은 전투를 다 이겨 놓고도 (보급 부대에 실린) 배낭 때문에 사령관을 적에게 팔아넘기려 하느냐? 스스로를 패배자로 만드는 비겁한 자들아! 나를 안티고노스에게 넘기지 말고, 차라리 너희들의 손으로 지금 이 자리에서 나를 죽여라! 나는 비겁한 부하들에게 배신당해, 내가 굴복시켰던 적에게 붙잡히지 않겠다! 내가 적의 군영에서 죽는다면 세상 사람들이 너희를 욕하지 않겠느냐?"

거칠고 사나운 마케도니아 병사들도 일말의 양심은 있던지, 에우메네스의 호소에 슬픈 마음이 들어 눈물을 흘리기까지 했다. 하지만 얼마 뒤 은방패 부대의 어느 늙은 병사가 에우메네스의 말에 이렇게 반박했다.

"저 자의 말은 들을 필요도 없소! 저 케르소네소스 출신의 외국인이 죽든지 살든지 우리와 무슨 상관이란 말이오? 대체 저자 때문에 얼마나 많은 마케도니아인이 죽었소? 그보다 우리 꼴을 좀 보시오. 우리들은 필리포스와 알렉산드로스 3세를 섬기며 오랫동안 전쟁터에서 많은 공을 세웠지만, 지금은 배를 곯으며 구걸해야 하는 비참한 처지로 전락하고 말았소. 더 이상 무슨 말이 필요하겠소? 저 자를 어서 안티고노스에게 넘겨줍시다!"

이렇게 해서 에우메네스는 한때 자신을 존경하며 따르던 병사들에게 배신당해, 안티고노스에게 넘겨져 사흘 뒤 처형됐다. 그들이 에우메네스에게 외쳤던 신뢰와 우정은 고작 배낭에 든 군량만큼의 가치도 없었던 것일까. 그러나 달리 생각한다면, 부하들을 굶기는 장군은 지휘관으로서의 자격을 잃은 것이다. 아무리 훌륭한 작전을 세우고 인품이 좋아도 자기 사람들의 배를 곯게 한다면 그게 무슨 소용일까? 백성을 굶기는 지도자는 통치할 자격이 없다는 말처럼, 장군이 병사들을 굶긴다면 지휘할 자격도 없는 것이다.

원정군이 세운 인도-그리스 왕국

잠시나마 인도의 절반을 지배했던 그리스

페르시아 제국을 무너뜨리고 동방으로 향한 알렉산드로스 3세의 원정군은 인도에서 발걸음을 멈추었다. 병사들이 더 이상 진격하기를 거부했기 때문이었다. 아무리 위대한 영웅도 민심을 얻지 못하면 홀로 설 수 없는 법이라, 세계를 정복하겠다 야심을 품은 알렉산드로스 3세도 결국 인도 변방에서 발걸음을 돌려야 했다.

하지만 그로부터 140년 뒤, 그리스와 마케도니아의 병사들은 알렉산드로스 3세조차 가지 못했던 인도의 북동부와 중부 지역을 깊숙이 진격하는 데 성공했다. 어떻게 이런 일이 가능했을까?

인도에 고립된 군대

앞서 말했듯이, 기원전 323년 알렉산드로스 3세가 죽자 그의 부

그리스-박트리아 왕국

홍해

박트리아 왕국의 영토.

하 장군들은 각자 왕이 되어 알렉산더가 정복한 거대한 영토를 나누어 차지하며 치열한 내전을 벌였다. 이 동족상잔 중에 태어난 나라 하나가 지금의 아프간 지역인 박트리아에 들어선 박트리아 왕국Bactrian Kingdom(기원전 256~125년)이다. 이 나라는 셀레우코스 제국이 박트리아를 다스리기 위해 임명한 총독인 디오도토스 1세Diodotus I가 제국에 반기를 들고 자립하여 왕이 되면서, 비로소 역사에 등장했다.

박트리아 왕국은 '디아도코이'라 불리는 다른 계승자 왕국들처럼, 기본적으로 그리스 문화(헬레니즘)를 받아들인 나라였다. 도시들 안에는 하늘의 신인 제우스와 바다와 지진과 말의 신인 포세이돈, 곡식의 여신인 데메테르 같은 그리스 신들을 섬기는 신전들과, 남자들이 옷을 벗고 운동하는 김나지움, 그리고 목욕탕 같은 그리스식 건물들이 들어섰다. 이런 도시들이 박트리아 왕국에 약 1,000여 개가 있었다고 전한다. 그렇게 많은 도시가 제대로 돌아가려면 사람 또한 많이 필요한데, 어떻게 인력을 해결할 수 있었을까? 먼저 그리스와 마케도니아 본토에서 이주해온 사람들이 인구를 채워주었다. 그리스에서 아프간은 꽤나 먼 곳인데, 무엇 때문에 고향을 버리고 이주했을까? 아마 이들은 고향에서보다 더 나은 삶을 살 것이라 기대했기 때문일 것이다.

기원전 330년 알렉산드로스 3세가 페르시아 제국을 정복하자,

수많은 그리스인과 마케도니아인이 고향을 떠나 아시아로 이주했다. 스파르타 왕 데마라토스가 페르시아 황제 크세르크세스 1세에게 말했듯이, 그리스는 본래 가난한 지역이었다. 그래서 그리스인들은 페르시아 전쟁에서 승리한 이후

디오도토스 1세의 초상이 새겨진 금화.

부터 늘 풍요로운 지역이었던 아시아를 정복하겠다고 호시탐탐 기회를 노리고 있었다. 그래서 그리스의 역사가인 헤로도토스는《역사》에 "만약 페르시아의 수도인 수사를 점령한다면, 얻을 수 있는 부는 감히 제우스와도 견줄 수 있을 것이다. 페르시아에는 금, 은, 구리, 곱고 아름다운 직물, 노예와 곡물과 가축 등이 매우 풍부하기 때문이다"라고 기록했다.

실제로 페르시아 제국이 가진 부는 그리스인들의 상상을 뛰어넘었다. 알렉산드로스 3세가 수사를 점령했을 때는 5만 탈렌트가량의 은괴를, 페르시아 제국의 종교적 수도인 페르세폴리스(페르시아는 수도가 여러 곳이었다)를 점령하고 나서는 12만 탈렌트가량의 금화를 차지했다. 12만 탈렌트는 기원전 5세기 무렵 그리스의 도시 국가인 아테네의 1년 재정보다 무려 300배나 많은 금액이었다. 아테네가 고대 그리스 도시 국가들 가운데 가장 부유했다는 사실을 감안한다면, 페르시아 제국이 지녔던 경제력은 그리스 전체를 합친 규모보다 훨씬 컸던 것이다.

1탈렌트의 가치가 얼마 정도인가 하면, 기원전 431~404년까지

페르시아 제국이 발행했던 다릭daric 금화. 고대 세계에서 이 화폐의 위상은 오늘날 세계 최강대국인 미국이 발행하는 달러화와 같았다. 이처럼 다릭 금화는 그리스인들에게 선망의 대상이었고, 그리스인들은 다릭 금화를 갖기 위해 페르시아 제국을 약탈하거나 페르시아 제국 군대에 복무하는 용병으로 활동하기도 했다.

그리스인들끼리 싸운 펠로폰네소스Peloponnesian 전쟁 무렵에 금화 1탈렌트는 200명이 탑승하는 군함인 3단 노선 1척을 한 달 동안 유지할 수 있는 금액이었다. 알렉산드로스 3세가 페르시아 제국을 무너뜨린 시기가 이때보다 약 70년 뒤라는 사실을 감안한다면 물가의 가치가 달라졌다고 해도 12만 탈렌트라면 실로 어마어마한 액수가 아닐 수 없다.

그러니 당시 그리스인들에게 아시아로의 이주는 젖과 꿀이 흐르는 풍요로운 낙원으로 떠나는 여행으로 받아들여졌으리라. 쉽게 비유한다면 16세기 에스파냐인들이 황금과 은이 넘쳐나는 중남미를 정복한 뒤 집단으로 이주한 것이나, 17세기부터 지금의 미국 땅으로 유럽인들이 고향보다 더 풍족한 삶을 누리기 위해 대규모로 이민을 떠난 것과 같다.

당시 페르시아 제국은 인도의 일부인 힌두쿠시 지역도 지배하고 있었는데, 이곳에서 1년에 최대 4,680탈렌트의 세금을 거둬들이고 있었다. 헤로도토스는 《역사》에서 페르시아 제국의 모든 식민지 가운데 인도가 인구와 세수입이 가장 많았으며, 세상의 끝에 있는 인도가 풍요로운 자연의 혜택을 누리고 있다고 기록했다. 여기서 유념해야 할 점은 페르시아 제국의 지배를 받는 인도의 영토는 지금의 인더스 강 서쪽과 북쪽의 펀자브 지역 등 전체 인도 대륙 가운데 지극히 일부에 불과했다는 사실이다. 그러니 만약 인도 전체를 지배하게 된다면, 거기서 얻을 수 있는 부는 페르세폴리스에서 노획한 금화 12만 탈렌트에 못지않거나 어쩌면 그 이상일지도 모르는 일이었다. 알렉산드로스 3세와 그 후계자들이 인도를 공격했던 이유도 바로 인도의 풍성한 부를 차지하기 위해서였을 것이다.

간다라 양식을 알려주는 대표적인 조각품. 석가모니의 곁에 벌거벗은 남자가 서 있는데, 몽둥이를 든 것으로 보아 그리스인들이 숭배했던 영웅신 헤라클레스인 듯하다. 일설에 의하면 불교의 수호신인 금강역사는 헤라클레스의 영향을 받아 유래했다고 한다.

이미 언급한 대로 박트리아 왕국에 그리스 본토의 이주민들이 첫 번째로 중요한 인력이었다면, 두 번째는 아마 현지의 원주민들이었을 것이다. 그들은 원주민들을 데려다가 그리스 문화를 가르쳐서 시민으로 삼지 않았을까? 인도에서 간다라 양식(또는 헬레니즘 양식)이라 하여, 알렉산드로스 3세의 인도 원정 이후부터 전해진 그리스의 휴머니즘 문화의 영향을 받아 비로소 불교의 창시자인 석가모니를 인간의 모습으로 묘사하기 시작했다는 점을 감안한다면, 현지인들에게도 그리스 문화는 어느 정도 전파되었으리라.

인도-그리스 왕국의 탄생

기원전 180년, 박트리아 왕국은 인도 원정을 감행했다. 알렉산드로스 3세조차 실패한 인도 정복의 야망을 이루기 위해서였다. 원정을 지휘한 총사령관은 국왕인 데메트리오스 1세Demetrius I였다.

그런데 인도 서북부로 원정을 떠난 도중, 국왕 대신 박트리아 왕국을 다스리던 신하 에우크라티데스 1세Eucratides I가 반란을 일으키는 사건이 발생했다. 졸지에 외국 땅 한복판에 고립된 신세가 되자 데메트리오스 1세는 기발한 발상으로 위기를 극복했다. 여전히 자신을 따르는 군사들을 이끌고 아예 인도에 새로운 나라를 세웠던 것이다. 그것이 바로 인도-그리스 왕국이었다.

그런데 앞서 크세르크세스 1세는 그리스에 고립될까봐 서둘러 본국으로 돌아갔는데, 왜 데메트리오스 1세는 본국으로 돌아가지 않고 오히려 외지에 계속 남았을까? 이미 세계에서 가장 풍요로운 나라를 다스리던 크세르크세스 1세는 자기 나라를 버리고 그리스에 남겠다고 생각할 수가 없었을 것이다. 반면 데메트리오스 1세는 자기가 다스리던 나라보다 훨씬 넓고 비옥하며 풍요로운 인도 땅을 눈앞에 두고 있었으니 상대적으로 척박한 박트리아보다 인도를 다스리는 편이 더 낫다고 여겼을 것이다. 그렇지 않고서야 반란군에게 점령당해 보급이 끊긴 절체절명의 상황에서

데메트리오스 1세의 초상이 새겨진 동전. 알렉산드로스 3세도 인도 원정을 마치고 돌아온 후에 자신이 인도를 정복했다는 표시로 코끼리 가죽을 투구처럼 쓴 모습을 담은 동전을 발행했다.

본국으로 돌아가지 않고 낯선 땅 인도에 남아 새 나라를 세웠다는 것을 설명할 방법이 없다.

이렇게 등장한 인도-그리스 왕국은 기원전 180년에서 기원후 10년까지 190년 동안 30명이 넘는 왕들이 나라를 다스리며 존속했다.

고대 인도에 남았던 그리스인들의 흔적

오늘날 인도-그리스 왕국의 역사를 찾는 일은 그리 쉽지 않다. 전쟁으로 인해 대부분 파괴된 건지 아니면 애초에 기록을 남기지 않았는지, 역사에 남은 기록이 별로 없다. 그래서 인도-그리스 왕국의 역사를 알려면 그리스나 로마 및 인도 쪽 기록이나 인도에서 출토되는 유물의 흔적들을 모아 추측하는 수밖에 없다.

먼저 그리스와 로마인들이 남긴 기록을 보면, 인도에서 활동했던 그리스인에 관한 내용들을 찾을 수 있다. 그리스의 지리학자 스트라본Strabon에 의하면, 알렉산드로스 3세 이후 그리스인들은 갠지스 강 동쪽 숭가 제국의 수도인 파탈리푸트라Pataliputra(오늘날 인도의 파트나)까지 진격했으며, 일시적이나마 인도 동부를 점령했다고 한다. 또한 스트라본은 그리스인들이 인도 동쪽뿐 아니라 남쪽으로도 진격했다고 주장했다. 그는 "그리스인들이 소유한 지역은 파탈리푸트라 하나뿐이 아니었다. 그들은 사라오스투스Saraostus와 시겔디스Sigerdis라 불리는 해안가 왕국들을 점령했다. 그곳은 남쪽 바닷가에 위치한 면화가 생산되는 지역이었다"라고 기록했다. 여기서 스트라본이 언급한 사라오스투스와 시겔디스는 오늘날 인도 서부의 해안 도시 뭄바이를 가리킨다. 아울러 스트라본은 그리스인들은 인도 중부인 바르후트bharhut와 비디샤vidisa까지 차지했다고 주장했다. 이 두 지역은 현재 인도 중부의 도시인 보팔 근처를 의미한다.

또한 기원전 1세기 그리스의 역사가 아폴로도로스Apollodoros는 "그리스인들이 인도의 주인이 되었으며, 많은 종족이 그들에게 제압되었다. 박트리아 왕국의 왕 데메트리오스 1세와 그의 후계자인 메난데르 1세Menander I가 인도를 정복했다. 높은 산맥 부근의 영토를 차지하여 알렉산드로스 3세보다 더 큰 영역을 지배했다"라고 기술했다.

그리스뿐 아니라 로마의 기록에서도 그리스인들이 인도에서 활동한 이야기들을 찾을 수 있다. 1세기 로마 시대에 인도양의 해상 무역로를 묘사한 《에리스라이안 바다의 안내서Periplus of the Erythraean Sea》에는 인도 서부의 해안가에는 많은 그리스식 건물과 요새가 세워져 있으며, 인더스 강에서 갠지스 강에 이르는 넓은 지역을 그리스인들이 지배한다고 기록되어 있다.

3세기 로마 역사가 마르쿠스 유니아니우스 유스티누스Marcus Junianius Justinus는 인도에 세워진 인도-그리스 왕국을 언급하며 데메트리오스 1세와 메난데르 1세가 인도인들의 왕이라고 칭했다.

인도인들도 그리스에 관련된 기록들을 남겼다. 고대 인도의 기록을 보면, 인도인들이 자신들의 땅에 서 활동했던 그리스인들에 관해 분명하게 알고 있었던 것으로 확인된다. 인도인들은 그리스인을 가리켜 야바나 Yavana라고 불렀다. 이는 페르시아인들이 그리스인들을 야우나Yauna(소아시아 서남부의 이오니아Ionian에서 유래되었음)라 부르던 것이 인도인들에게 전해져 그대로 굳어진 것이다.

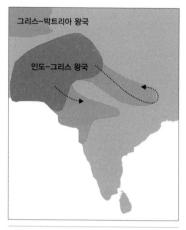

인도-그리스 왕국의 최대 영토.

인도의 고전 문학인 '마하바라타Mahabarata'에는 크리슈나(힌두교의 최고신인 비슈누와 동일시되는 신)의 탄생지로 알려진 인도 북부의 성스러운 도시 마투라Mathura가 82년 동안 7명의 야바나, 즉 그리스 출신 왕들의 지배를 받았다는 내용이 나온다.

또한 서기 250년 무렵에 작성된 인도의 문헌인《요가 푸라나 Yuga Purana》에 보면, 570개의 탑과 64개의 문이 달린 웅장한 도시인 파탈리푸트라가 야바나인들의 공격을 받았으며, 끝내 도시의 벽이 파괴되었다고 서술되어 있다.《요가 푸라나》에는 "야바나인들은 도시 가까이로 다가와서 용감하게 싸웠다. 그러나 진흙탕에 허우적거려 혼란에 빠졌다"라는 기록도 있다. 아마 야바나인들이 성채를 공격하다가 성의 둘레에 파놓은 해자(방어를 위해 설치한 인공 수로)의 진흙탕에 빠져 혼란스러워 했던 모습을 묘사한 듯하다.

《요가 푸라나》에는 야바나인들이 사회를 지배하면 브라만과 수

드라의 신분 질서를 어지럽힌다는 기록도 있다. 브라만은 인도의 신분제 카스트에서 최고 지배 계급인 사제를 뜻하고, 수드라는 피지배 계급인 천민을 말한다. 고전 서사시를 쓰는 사람들은 학식을 쌓은 브라만 같은 지배 계급이었으니 아마 사회의 하층민인 수드라들이 그리스인들에게 빌붙어 권력을 누리려 한다는 염려를 완곡하게 표현한 듯하다.

그리고 《요가 푸라나》의 55, 56항에는 "수드라들이 자유롭게 발언을 하고, 노인들은 사람들을 착취할 것이다. 도시의 군주들인 야바나인들은 전쟁에 빠져 분별을 잃고 마드야데사Madhyadesa에 남지 않으리라"라는 구절도 나온다. 마드야데사는 마하바라타에 등장하는 나라인데, 주인공인 판다바에 대항하는 사악한 나라이다. 마드야데사는 브라만교의 성지 중 한곳인 판차라Pancala의 다른 이름이기도 하다.

다른 고대 인도의 서사시인 말라비칸니미트람Malavikagnimitram 에서는 숭가 제국Sunga Empire의 왕 바수미트라Vasumitra가 그리스군과 만나서 전투를 벌였다는 기록이 있다. 기원전 2세기 초 무렵까지 그리스인들은 인도의 군주들에게 싸워야만 하는 위협적인 존재로 비추어졌던 모양이다.

문헌 기록뿐 아니라, 지금도 인도에 남아 있는 각종 유적에서도 그리스인들의 흔적을 쉽게 찾을 수 있다. 인도 중부의 도시이자 불교의 성지인 산치Sanchi의 스투파stupa에는 짧은 곱슬머리와 끈으로 머리를 묶고, 바지 대신 튜닉을 입고 샌들을 신은 그리스군의 모습이 새겨져 있다. 참고로 그리스인들은 바지를 입지 않았는데, 그들이 살던 고향 땅은 따뜻한 지역이어서 바지가 필요 없었고, 무엇보다 바지는 켈트족 같은 북방의 야만인들이나 입는 옷이라고 업신여겼다(그리스 문명의 계승자라 할 수 있는 로마인들도 바지를 입지 않았다).

인도를 최초로 통일한 마우리아 제국Maurya Empire(기원전 322~185년)의 왕 아소카 대왕의 기념비에도 그리스를 뜻하는 '야바나'가 언급된다. 이로 말미암아 인도 내 그리스인들은 아소카 왕의 시대까지도 존재하며 활동했던 것으로 보인다.

인도-그리스 왕국의 종말

마우리아 제국은 내분에 휩싸여 기원전 185년 멸망했다. 그 뒤 브라만 계급 출신의 장군 푸시야미트라 숭가Pushyamitra Sunga가 자신의 이름을 따 세운 숭가 제국이 그 빈자리를 차지했다.

그러나 숭가 제국의 위세는 마우리아 제국보다 미약했으며, 많은 지방 영주가 숭가 제국에 반하여 인도는 한동안 혼란에 빠졌다. 여기에 숭가 제국을 세운 푸시야미트라는 불교와 적대하던 브라만 사제 출신이었기에 사찰을 파괴하고 불경을 태우는 등 불교를 탄압했기 때문에 불교 교단은 그에게 불만을 품었다. 이들은 오히려 이방인인 그리스인들에게 더 친근감을 느끼기도 했다.

한편 숭가 제국의 세력이 미치지 못하는 인도 남부에서는 데칸 고원을 기반으로 일어난 사타바하나 왕국Satavahana(기원전 230~기원후 220년)이 강성하게 활동하고 있었다. 여기서 사타바하나 왕국의 성립 연대를 보고, 마우리아 제국이 인도 전역을 통일했다는 내용과 모순되지 않느냐고 의문을 제기할 사람도 있을 것이다. 그러나 이는 인도와 동남아 등 남아시아 지역의 역사적 특징에서 비롯된다. 근대 이전까지 남아시아의 왕조들은 전쟁을 벌여 승리하더라도 대부분 상대방으로부터 조공을 받고 형식적인 종주권을 인정받는 선에서 그쳤다. 그렇게 해서 굴복시킨 상대방의 영토를 자신의 영토에 더해 세력권으로 늘려 선전했던 것이다. 마우리아 제국이 전성기를 누리던 시절에 사타바하나 왕국은 제국의 종주권을 인정받고 신하임을 자처하다가 마우리아 제국이 무너지자, 다시 활발하게 주변을 상대로 전쟁을 벌였다.

숭가 제국과 사타바하나 왕국 등 여러 세력의 난립으로 인도가 혼란해지자, 이런 분위기를 타고 인도-그리스 왕국은 본격적인 영토 확장에 나섰다. 메난데르 1세 시절에 인도-그리스 왕국은 최대 전성기를 누린 것으로 보인다. 그는 갠지스 강을 따라 동방 원정에 나서 오늘날 인도 북부의 도시인 마투라Mathura를 함락시키고, 그 여세를 몰아 코살라Kosala 왕국의 수도이자 석가모니가 설법을 했던 유서 깊은 도시 사케타Saketa와 힌두교의 성지 바라나시Varanasi를 점령했다. 나아가 한때 숭가 제국의 수도였던 파탈리푸트라Pātaliputra(파트나)까지 진격할 정도로 승승장구했다. 그리고 파탈리푸트라의 남쪽, 부처가 보리수 나무 아래에서 깨달음을 얻은 성지 가야Gaya 지역의 고라타기리Gorathagiri에 있는 바라바르Barabar 언덕도 인도-그리스 왕국의 군대가 점령하여 현지인들과 전투를 벌였던 것으로 추정된다. 이렇게 활발한 정복 전쟁을 벌인 메난데르 1세는 주위로부터 "알렉산드로스 3세보다 더 위대하다!"라는 칭송을 들었다.

인도-그리스 왕국의 왕 메난데르 1세의 초상이 새겨진 동전.

인도-그리스 왕국의 힘이 절정에 달했을 때, 그 세력권은 오늘날 인도 서부의 뭄바이에서 중부의 보팔과 동부의 파트나를 잇는 곳까지 닿았다. 여기에 이미 인도-그리스 왕국이 차지한 파키스탄 지역까지 합친다면, 거의 인도의 절반가량을 지배했을 듯싶다. 이 시기에 인도-그리스 왕국은 동쪽으로는 숭가 제국과, 남쪽으로는 사타바하나 왕국과 치열하게 싸웠을 것이다.

이 밖에도 메난데르 1세는 인도-그리스 왕국의 역사에 한 획을 그었다. 그는 평소에 불교 승려들과 대화를 즐겼다. 그들과 오랫동안 만나 이야기를 나누다 보니 불교의 심오한 진리에 마음이 끌렸다. 그리하여 메난데르 1세는 제우스와 포세이돈 같은 그리스 신들을 섬기는 올림포스 신앙을 버리고 불교로 개종했다. 물론 여기에는 숭가 제국으로부터 탄압을 받고 불만을 품은 불교 세력들과 손을 잡고, 그들의 도움을 얻기 위한 정치적인 행보도 포함되어 있었으리라.

메난데르 1세의 불교 개종에 관한 사실을 기반으로 쓰인 고대 불교 경전이 바로 《밀린다왕문경》이다. 인도의 언어 가운데 하나인 필리어로 메난데르는 '밀린다'였다. 지배하는 인구의 대다수가 인도인이다 보니, 그리스인들도 인도인들과 함께 살며 인도의 문화에 영향을 받았기에 가능한 일이었다.

그렇게 해서 얼마 동안 인도 아대륙의 세력 균형은 서쪽의 인도-그리스 왕국과 북쪽의 숭가 제국, 남쪽의 사타바하나 왕국 등 세 나라가 서로 패권을 다투는 방식으로 전개되었다. 중국 삼국 시대에 위, 오, 촉 세 나라가 중국의 통일을 위해 서로 치열한 쟁패전을 벌인 것처럼, 인도판 삼국시대였다고 하면 알기 쉬울 것이다.

그러던 기원전 125년, 인도-그리스 왕국의 뿌리인 박트리아 왕국이 동방에서 쳐들어온 월지족의 침략으로 멸망했다. 이 사건은 인도-그리스 왕국에 있어서 매우 불길한 징조였다. 박트리아 왕국은 인도-그리스 왕국의 북쪽에서 사나운 유목민들의 공격을 막아주던 방파제 역할을 해왔는데, 돌연 소멸해버리니 이제는 인도-그리스 왕국이 유목민들의 공세를 직접 온몸으로 받아내야 했다.

박트리아 왕국이 멸망한 지 45년 뒤인 기원전 80년에는 스키타이족이, 10년 뒤인 기원전 70년에는 월지족이 각각 인도-그리스 왕국을 침략하여 큰 피해를 입혔다. 자세한 정황은 자료가 부족하여 알기 어려우나, 두 번에 걸친 유목민들의 공세가 인도-그리스 왕국에 치명적인 타격을 주었음은 확실하다.

스트라토 2세Strato II를 끝으로 인도-그리스 왕국에 대한 왕들의 기록은 끝났다. 많은 연구자가 그의 치세에 인도-그리스 왕국이 멸망했다고 추측한다. 다만 서기 1세기 무렵, 사타바하나 왕국의 가우타미푸트라 샤타카르니Gautamiputra Satakarni 왕이 국경을 침범하는 그리스인들을 물리쳤다는 기록이 있다. 이로 보건대 서기 1세기 말엽까지도 인도-그리스 왕국의 잔존세력이나 그리스인 집단이 인도 내부에 남아 있었고, 사타바하나 왕국의 왕이 직접 나서서 싸워야 할 정도로 상당한 세력을 유지했다고 볼 수 있다.

그 뒤 월지족이 인도에 세운 쿠샨 왕조Kushan Dynasty의 카니슈카왕Kanishka은 인도의 많은 지역을 정복했는데, 이때 인도에서 활동하던 그리스인들은 쿠샨 제국에 흡수되었으리라고 추정된다.

본국에서 3,000킬로미터나 멀리 떨어진 외지에 고립된 상태에서 그리스인들은 200년 동안 버티면서 인도인과 유목민들을 상대로 싸워왔다. 보급이 끊기자 외지에서 새로운 나라를 세우고 200년 넘게 존속했다는 점은 역사상 매우 특이한 사례일 것이다.

북벌에 실패한 관우

천고의 영웅이 야망을 접다

오늘날까지 중국인들이 가장 존경하는 역사적 영웅을 꼽으라면 단연 관우가 빠질 수 없다. 관우는 중국과 주변 지역인 한국과 일본 등 동아시아 지역에서 열렬한 인기를 얻고 있는 소설《삼국지연의》의 주요 등장인물이자 실제로 삼국시대에 활동했던 촉나라의 장군이었다. 그는 중국인들에게 관성대제關聖大帝라는 신으로 불릴 만큼 큰 추앙을 받고 있다.

관우의 초상. 오늘날도 그는 남송 초기의 명장인 악비와 더불어 중국인들의 최고 영웅으로 추앙받고 있다.

하지만 살아생전에 관우는 그리 큰 성공을 거두지 못했다. 중국 역사상 중원을 통일한 황제와 장군은 많았지만, 관우가 섬기던 주군 유비는 그렇게 하지 못했으니 말이다.

일생에서 가장 큰 기회였던 형주 전쟁

방랑으로 가득 찼던 관우의 삶에서 가장 빛났던 때는 일생의 마지막을 장식했던 형주 전쟁이었다. 원래 형주는 한나라 황실의 인척인 유표가 다스리고 있었다. 유표가 죽자 조조가 쳐들어와 그 땅을 차지했다가, 손권의 도움을 받아 적벽대전에서 승리한 유비가 군대를 이끌고 쳐들어와 빼앗았다. 이 소식을 들은 오나라의 손권은 "우리가 적벽대전 때, 당신을 도와주었으니 이제 우리에게 형주를 넘겨주어서 그 빚을 갚으라"라고 유비에게 계속 요구했다. 유비는 이 요구를 거부하여 두 사람의 사이가 점점 나빠지고 있었다.

이런 와중에 유비는 형주를 발판으로 촉과 한중 두 지방을 점령하고 한중왕이라 자처할 만큼 힘을 키웠다. 그리고 숙적인 조조를 타도하고 중원을 차지하기 위해 자신의 휘하에서 최고의 명장인 관우에게 대군을 주어 조조를 공격하도록 명했다. 그리하여 관우는 지키고 있던 형주에서 북쪽으로 올라가 조조의 세력과 전쟁을 벌였는데, 이것이 바로 형주 전쟁이다.

전쟁의 초기에는 관우가 우세했다. 관우는 조조가 보낸 정예군인 칠지군을 쳐부수고 조조의 명장이었던 우금마저 사로잡을

번성 공방전을 묘사한 17세기 중국의 삽화. 연일 쏟아지는 비로 인해 갑자기 물이 넘치자 관우는 미리 만들어둔 배에 군사들을 태워 수재로 허우적거리는 조조의 칠지군七枝軍을 모조리 쳐부수는 대승을 거두었다.

정도로 연전연승을 거두고 있었다. 이때 관우의 기세가 어찌나 대단했던지, 소설이 아닌 정사 《삼국지》에서조차 "관우의 위엄이 온 화하華夏(중국)를 뒤덮었다"라고 표현했으며, 조조도 승세를 탄 관우를 두려워하여 도읍을 허창에서 다른 곳으로 옮길 것을 심각하게 고려할 정도였다. 설상가상으로 조조가 지배하던 영토 내에서도 관우에 동조하려는 반란이 잇달아 터지기도 했다. 그대로라면 정말로 관우가 허창까지 쳐들어가 조조를 사로잡고 한나라 황실을 되살려 그의 주군인 유비가 천하를 지배하는 대망을 실현할 것만 같았다.

하지만 하늘을 찌를 듯한 관우의 기세는 어느새 소리 없이 수그러들었다. 우선 관우의 북진을 조조가 보낸 명장 서황이 막아내고 있었다. 거기에 지금까지 불안하게나마 동맹 관계였던 오나라가 갑자기 관우의 후방을 기습하여 보급 기지를 점령해 관우는 보급로가 끊길 위기에 몰렸다. 전방에서 조조의 수비를 뚫지 못하고 후방에서 오나라가 보급로를 위협하자 관우는 이대로 계속 있다가는 조조와 손권에 포위되어 패하고 만다는 위기의식에 사로잡혔다. 결국 고심하던 관우는 북벌을 포기하고 본거지인 형주를 지키기 위해 철수했다.

영웅의 목을 자른 오나라

그렇다면 조조가 수도를 옮길 결심을 할 정도로 무섭게 뻗어나가던 관우를 한순간에 위축시킨 사람은 누구였을까? 그는 오나라의 장군 여몽이었다. 여몽은 본래 용감하지만 단순하고 거친 사람이었다. 그는 학식이 없어 사람들에게 '오나라의 어리석은 여몽'이라는 뜻인 오하아몽吳下阿蒙이라 불리며 멸시 받았다. 그러나 주군인 손권의 권유로 학문을 갈고 닦아 놀랄 정도로 현명한 인물이 되었다. 그래서 여몽을 깔보던 사람들은 그의 학문이 높이 발전했음을 놀라워하며, "선비가 헤어지고 사흘이 지나면 눈을 비비고 다시 보아야 할 만큼 공부를 해야 한다"라는 뜻의 괄목상대刮目相待라는 고사성어를 만들기도 했다.

관우가 군대를 이끌고 북쪽으로 올라가 조조 세력과 싸우는 사이 여몽은 오나라 군대의 사령관이 되어 관우의 후방을 노리는 임무를 맡았다. 여몽은 관우가 용감하지만 지나치게 자존심이 강하여 상대방을 깔보는 약점이 있다는 점을 알아내어 이를 집중적으로 노렸다.

먼저 여몽은 자신이 병을 얻었다는 거짓 소문을 내고 아직 이름이 알려지지 않은 육손을 후임으로 임명했다. 육손은 관우에게 사신을 보내 명마와 비단, 술과 안주 같은 귀한 선물을 바쳤다. 아울러 관우가 최근 우금과의 싸움에서 크게 이긴 것을 축하함과 동시에 유비와 손권 진영의 우호를 영원히 다지자는 편지를 함께 보냈다. 값비싼 선물과 자신을 열렬히 찬양하는 편지를 받은 관우는 기분이 좋아져 육손을 깔보며 후방의 대비를 소홀히 했다. 육손 같은 한심한 겁쟁이가 지휘하는 오나라의 허수아비 군대 따위는 전혀 두려워할 필요가 없다는 자만심에서 내린 판단이었다.

그러나 육손의 편지는 여몽과 함께 짠 교활한 책략의 일부였다. 그는 일부러 관우 앞에서 자신을 철저히 낮춤으로써 그의 경계심을 누그러뜨렸고, 관우가 방심하고 북벌에 몰두한 사이, 여몽이 정예군을 편성하여 재빨리 관우의 후방 기지를 점령하고 보급품을 차단함으로써 관우의 군대가 더 이상 나아갈 수 없도록 만들었던 것이다. 결과적으로 여몽은 관우와 직접 싸우지 않고도 그를 궁지로 몰아 사실상 승리로 가는 길을 닦은 셈이었다.

보급로가 막혀 식량과 물자를 받을 수 없게 된 관우는 북벌을 포기하고 허겁지겁 형주로 돌아왔다. 하지만 여기서도 여몽의 책략은 날카롭게 작용했다. 여몽은 관우 군대를 이루는 병사들 대부분이 형주 사람인 점을 간파하고, 부하 병사들에게 절대로 형주 백성들의 재산을 약탈하거나 그들을 괴롭히지 말도록 엄중하게 지시했다. 한 번은 여몽의 병사 하나가 비가 오자 형주 백성들의 삿갓을 빼앗아 막다가 여몽에게 걸려 처형당한 적도 있었다. 그렇게까지 여몽은 형주 백성들에게 민폐를 끼치는 일을 삼가고, 그들을 괴롭히지 않았다. 이런 여몽의 배려에 감동한 형주 백성들은 관우의 군대가 돌아오자, 형주 사람들은 고향으로 돌아오라고 외치며 전쟁을 중단할 것을 권유했다.

자신들의 가족들이 아무런 피해도 없이 편히 사는 것을 본 관우 쪽 병사들은 대부분 이탈하여 집으로 돌아갔다. 그로 인해 관우의 군대는 수가 크게 줄어 도저히 오나라 군대에 정면으로 맞서 싸울 형편이 못 되었다. 관우는 소수 병사만을 이끌고 이리저리 달아나다가, 결국 오나라 장수 마충에게 사로잡혀 참수되었다. 보급을 끊은 여몽의 전술에 심리전까지 겹친 관우군은 형편없이 무너졌던 것이다.

패배한 영웅의 한

관우의 북벌 실패는 유비 진영의 패배를 상징하는 신호탄이었다. 중국의 중심지인 중원을 차지한 조조나 넓은 강을 끼고 있는 손권에 비해 세력이 약했던 유비로서는 반드시 외부로 뻗어나가 영토를 점령해야 경쟁에서 밀리지 않을 수 있었다.

그런데 유비의 진영에서 가장 용맹한 장수이자 유망주라고 할 수 있는 관우가 원정에 실패하고 전사했으니, 유비로써는 위신에 큰 타격을 입은 셈이었다. 이후 유비는 흔들리는 위신을 회복하고자 대군을 동원해 오나라를 공격했으나 이릉 전투에서 참패하여 그 자신도 얼마 못 가 죽었다. 관우의 실패로부터 시작된 패배가 유비의 몰락으로까지 이어졌던 것이다.

중심인물을 모두 잃은 촉나라 진영은 그 이후, 제갈량이 필사적인 북벌을 시도하며 세력 확장에 몰두했다. 그러나 그때는 이미 조조가 기틀을 다진 위나라와의 국력 차이가 너무 벌어져 도저히 승리할 수 없던 상황이었다. 설상가상으로 제갈량마저 북벌에 모두 실패하고 실의에 빠진 채 죽자 촉나라는 사실상 살아남기에 급급

중국 명나라 시대에 그려진 관우금장도關羽擒將圖. 이미 신격화된 관우를 묘사하고 있다. 오른쪽 끝에 눈을 부릅뜬 장수는 관우에게 잡혔으나 끝까지 항복하지 않고 버티다 참수된 방덕인 듯하다.

한 약소국가로 전락했다. 그 뒤 촉나라는 위나라가 감행한 단 한 번의 공격에 완전히 멸망했다.

돌이켜 보면 오나라가 보급로를 차단하여 벌어진 관우의 패배가 장기적으로 촉나라의 몰락을 예고했다고 해도 과언이 아니다.

소설《삼국지연의》에서는 죽은 관우의 혼령이 여몽에게 씌워 손권에게 "이 쥐새끼 같은 놈!"이라고 호통치자 놀란 손권이 문무대신들을 이끌고 엎드려 절을 했다고 한다. 그 모습을 본 여몽이 귀와 코와 입에서 피를 쏟으며 죽었으며, 관우의 혼령이 백성들 앞에 나타나 기적을 일으켰다는 후일담이 적혀 있다. 물론 어디까지나 소설가의 상상력으로 만들어낸 허구이니, 사실이라고 볼 수는 없다. 그러나 이런 이야기가 남아 있을 만큼, 관우가 북벌에 실패한 것을 중국 민중이 안타까워했던 듯싶다.

원정에 실패한 율리아누스

강한 것만으로는 승리할 수 없다

로마 황제 율리아누스는 7만 명의 병사를 이끌고 페르시아 제국 원정에 나섰다. 전황 초기는 로마군이 일방적으로 우세했다. 하지만 끝내 율리아누스 황제는 원하던 목표를 이루지 못했다. 그는 로마군의 행군 속도를 빨리 하기 위해 보급품을 모두 불태우고 쳐들어 갔으나, 페르시아군의 방어를 뚫지 못하고 시간만 낭비하다 결국 철수했다.

배교자 율리아누스

서기 3세기, 로마 제국은 안으로는 잦은 내전과 밖으로는 야만족의 침입과 전염병의 창궐 등 내우외환에 시달렸다. 그러던 313년, 새로 황제가 된 콘스탄티누스 1세는 밀라노 칙령을 발표하여 오랫동안 로마 제국이 탄압하던 기독교를 정식 종교로 승인했다. 덕분에 기독교는 사회 혼란에 지친 사람들에게 마음의 안식처를 제공하며 점차 교세를 늘려나갔다. 그러나 기독교도들은 유일신을 믿는 교리의 본질로 인해, 여러 신을 믿는 로마의 전통 신앙 숭배자들과 마찰을 빚을 수밖에 없었다. 하지만 살아생전의 가치관과 사후세계의 확실한 믿음을 갖춘 기독교가 로마 전통 신앙을 점차 압도하면서 로마에 굳은 뿌리를 내렸다.

이런 대세를 홀로 맞서려 했던 인물이 있었으니, 361년 제위에 오른 율리아누스Flavius Claudius Iulianus 황제였다. 그는 어릴 적에 기독교를 믿는 집안에서 성장했으나, 플라톤의 그리스 철학을 연구하면서 기독교 신앙을 버리고 유피테르(제우스)를 섬기는 로마 전통 신앙을 다시 되살리겠다는 사명감에 불타 있었다.

황제가 된 율리아누스는 자신이 기독교가 아닌 로마 신들을 섬긴다고 공식 선언했다. 그리고 기독교를 억압하고 로마 전통 신앙을 지원해주었는데 그 결과 그는 기독교도들로부터 미움을 받았다. 후일담이지만 율리아누스는 페르시아 원정 중에 누군가가 던진 창에 찔려 죽었는데, 로마에서는 그 일을 두고 율리아누스를 증오하던 기독교도의 소행이라는 소문이 떠돌기도 했다.

하지만 율리아누스의 로마 전통 신앙 복원 계획은 그다지 성과를 거두지 못했다. 이미 기독교는

율리아누스 황제의 초상을 새긴 로마의 솔리두스 금화.

로마 사회에 단단히 뿌리를 내린 지 오래라서, 많은 로마 시민이 율리아누스가 외친 전통 신앙으로의 복귀에 시큰둥한 반응을 보였다.

로마 전통 신앙의 복원 이외에도 율리아누스가 심혈을 기울인 사업이 있었다. 로마를 위협하는 외적인 게르만족과 페르시아 제국을 격파하는 것이었다. 프랑크족과 알레만니족 등 게르만계 부족들은 이미 율리아누스가 황제로 즉위하기 전에 쳐부순 상태였다. 남은 상대는 페르시아 제국 하나였다. 평소 율리아누스는 그리스 철학과 역사에 심취하여 알렉산드로스 3세를 존경했으며, 그가 남긴 업적인 페르시아 정복을 자신의 손으로 다시 이룩하고 싶어 했다. 아울러 자신을 이교도라며 곱지 않은 눈으로 보는 기독교도들을 의식해서라도 그는 페르시아 정복이라는 업적을 이룩하여 기독교도들의 부정적인 시선을 극복해야 할 필요가 있었다.

페르시아 원정의 시작

363년 3월, 율리아누스 황제는 갈리아와 스키타이 등 여러 지방에서 동원한 6만 5,000명의 정예 부대를 이끌고 페르시아 원정에 나섰다. 병사들은 하나같이 오랜 전쟁에서 경험을 쌓은 노련한 고참병들이었다. 이들은 엄격한 훈련과 군율로 무장하여 그 전투력은 페르시아군을 능가했다.

여기에 페르시아 내분에 휩싸여 로마로 망명해온 호르미스다스 왕자는 로마군의 힘을 빌어 페르시아의 왕좌에 앉기 위해 율리아누스의 원정에 동참해 로마군에 길을 안내했다. 그러니 율리아누스로서는 호르미스다스를 통해 페르시아 내부의 정보를 얻고, 잘하면 그를 이용하여 페르시아 내부에서 친로마적인 여론이나 반란을 일으킬 수 있다고 여겼다.

율리아누스의 판단이 완전히 잘못된 것은 아니었다. 실제로 공성전에서도 야전에서도 로마군은 시종일관 페르시아군을 압도했다. 페르시아군의 주력 병과인 중무장 기병이나 전투코끼리 부대도 서전에 앞서 창을 소나기처럼 던지고 방패로 몸을 가린 채 칼을 빼들고 돌진하는 로마군 보병대의 앞에서는 속수무책이었다.

그러나 전투가 길어질수록 율리아누스는 자신이 애초에 꿈꾸던 야망이 점점 멀어지는 것을 느꼈다. 먼저 페르시아군과의 전투에서 로마군은 계속 승리했지만 페르시아군은 도무지 전의를 잃지 않고 계속 덤벼들었다. 페르시아인들의 내분을 일으키기 위해 호르미스다스 왕자를 내세웠지만, 페르시아인 가운데 누구도 호르미스다스 왕자를 페르시아의 황제로 추대하겠다고 나서는 사람이 없었다. 심지어 페르시아의 국교인 조로아스터 교단으로부터 오랫동안 박해를 받았던 페르시아 기독교도들조차 그들과 같은 종교를 믿는 로마군을 전혀 돕지 않았다.

어째서 페르시아 내부로부터의 내응이 없었을까? 그 이유는 아이러니하게도 로마군 자체에 있었다. 확실히 로마군은 전투에서 페르시아군을 계속 격파했지만, 그때마다 로마 병사들이 벌이는 잔인한 만행은 페르시아인들의 분노를 자극했다. 그들이 로마군에 등을 돌리게끔 만들었던 것이다.

페르시아의 수도 크테시폰Ctesiphon에서 50마일 떨어진 도시 페리사보르를 함락시킬 때는 로마군 병사들이 성벽 안으로 쳐들어가 실컷 약탈한 다음, 도시 전체를 불태웠다. 크테시폰으로부터 11마일 떨어진 도시 마오가말카는 로마군에 무자비한 학살과 약탈을 당했으며, 심지어 항복한 마오가말카의 시장도 율리아누스의 명에 따라 산 채로 화형되었다. 항복한 사람마저 끔찍하게 죽임을 당했으니, 누가 항복을 했겠는가? 오히려 로마군에 대한 증오심과 복수심만 더욱 커져 페르시아인들의 투지만 돋울 뿐이었다.

《플루타르코스 영웅전》과 카이사르가 쓴 《갈리아 전기》와 요세푸스가 쓴 《유대 전쟁사》를 보면 로마군이 저지른 끔찍한 민간인 학살과 약탈에 관련된 기록이 무수히 많다. 한 예로 유대 전쟁사에서는 로마군 총사령관인 베스파시아누스가 유대의 가다라에 입성하자 나이에 관계없이 모든 젊은이를 한 명도 남겨 놓지 않고 닥치는 대로 모조리 학살했다는 기록이 있다. 로마군은 어린아이들을 성벽 아래로 내던져 죽였으며, 심지어 그들은 단 하룻밤 사이에 무려 2,000명의 유대인 포로들의 배를 갈라 금화를 찾으려는 만행을 벌이기도 했다고 한다.

로마가 패한 또 다른 결정적인 이유는 율리아누스가 로마군의 진군 속도를 올리기 위해 병참 부대를 줄이거나 없앤 것에 있었다. 그는 원정 초기부터 많은 낙타를 군대 뒤에 끌고 가지 못하도록 지시했으며, 티그리스 강에 띄웠던 1,100여 척의 보급 함대를 모조리 불태웠다. 율리아누스를 이교도라 하여 미워하던 그레고리우스 주교는 황제가 보급 함대들을 스스로 태워 없앤 일을 가리켜 "그 멍청한 배교자가 제 손으로 무덤을 팠구나!"하고 비웃었다.《로마제국 쇠망사》를 쓴 에드워드 기번은 율리아누스의 행동을 다음과 같이 변호했다.

"티그리스 강을 따라가면 오피스까지밖에 못 가는데, 그곳은 로마군 막사와 가까운 거리였다. 게다가 강의 물살이 빠르고 폭포가 길을 막고 있어 거슬러 올라가기 힘들었다. 이걸 병사들이 끌고 가자면 지칠 것이 뻔했다. 따라서 율리아누스는 병참 부대를 없애 병사들을 해방시켜주려 했다. 만약 율리아누스가 페르시아 원정에 성공했다면 오히려 보급 선단 소각이라는 과감한 결단으로 칭송받았으리라."

실제로 율리아누스처럼 보급 선단을 태우고 신속하게 진격하여 승리한 경우가 있었다. 바로 초한지에 나오는 항우인데, 그는 일부러 군량을 실은 선단을 가라앉히고 병사들에게 사흘 치의 군량만 휴대하게 한 다음, 서둘러 돌격하여 진나라 군대를 쳐부수었다. 이항우의 일화에서 솥을 부수고 배를 가라앉힌다는 고사성어 '파부침주破釜沈舟'가 유래되었다.

그러나 항우는 성공하고 율리아누스는 실패했다. 항우가 싸운 진나라는 당시 중국인들의 원성을 사던 압제자였던 데 반해, 율리

아누스가 싸운 페르시아는 전혀
그렇지 않았기 때문이다. 어떤 페
르시아 백성도 자신들의 황제를
배신하거나 율리아누스를 돕지 않
았다. 오히려 황제를 중심으로 철
저하게 단결하여 율리아누스에 맞

율리아누스 황제의 페르시아 원정로.

서 싸웠다. 페르시아의 내부 결속을 무너뜨리지 못했기에 율리아
누스는 끝내 패배하고 만 것이다.

　율리아누스는 병사들에게 20일 치의 군량만 주고 크테시폰을
향해 신속히 진격시켰는데, 여기에는 중대한 결점이 있었다. 20일
안에 크테시폰을 함락시키지 못하면 로마군은 군량을 다 소모하고
더 이상 싸울 수 없게 된다는 점이었다. 이 불길한 예상은 맞아 떨
어졌다. 크테시폰 외곽에 도착한 로마군은 도시의 굳건한 수비를
도저히 뚫지 못했다. 쉽게 함락되리라고 여겼던 크테시폰에서 이
렇게 막히자, 율리아누스의 야망은 무너질 조짐이 보였다.

　당혹한 율리아누스는 크테시폰 주변 지역 민가에서 식량을 약
탈하려 했다. 그러나 그곳 주민들은 이미 로마군이 도착하기 전에
곡식 밭을 모조리 불태우고 가축들을 끌고서 피난을 떠난 뒤였다.
덕분에 로마군이 목격한 것은 시꺼멓게 타버린 황야뿐이었다. 더
이상 식량을 구할 수 없게 되자, 아무리 용맹한 로마군이라도 버틸
재간이 없었다.

철수 도중 전사한 율리아누스

결국 율리아누스는 원정을 떠난 지 70여 일 만인 363년 6월 16일, 페르시아 원정 계획을 모두 취소하고 철수하기로 했다. 그러나 몸을 빼는 일도 쉽지 않았다. 로마군이 퇴각하자, 페르시아군이 모든 병력을 동원하여 로마군의 배후를 끈질기게 추격하며 공격해왔다. 특히 페르시아의 기병이 위협적이었다. 이들은 로마군의 후방 대열로 멀리서 화살을 쏘고 창을 던지면서 교란시키다 로마군이 반격하려 하면 재빨리 달아나는 전술을 사용했다. 페르시아군의 기습에 대비해 천천히 후퇴하는 사이 로마군의 식량은 바닥나고 있었다. 그러자 로마 병사들은 국경에 가기도 전에 굶어 죽거나 페르시아인들에게 붙잡혀 몰살될 것이라는 공포감에 사로잡혔다.

불안하게 퇴각하던 363년 6월 26일, 오늘날 이라크 중부의 사마라Samarra에서 로마군은 페르시아군에게 대규모 공격을 당했다. 단순히 로마군을 교란시키려는 척후대가 아니라 페르시아군의 주력 병과인 중무장 기병과 전투코끼리 부대가 대거 동원된 대부대가 로마군을 공격해왔다. 또한 페르시아 황제 샤푸르 2세가 부대를 직접 지휘하고 있었다. 샤푸르 2세는 굶주림에 지친 로마군을 완전히 짓밟기 위해 주력 부대를 이끌고 나선 것이었다.

율리아누스는 자신이 직접 말에 올라 혼란에 빠진 군대를 독려하며 진정시키려 했다. 그러나 갑자기 어디선가에 날아든 창에 갈비뼈와 옆구리를 맞아 졸도했다. 주위에 있던 병사들이 그를 황급히 막사로 옮겼지만 그는 피를 너무 많이 흘려 체력이 급속히 쇠약해졌다. 결국 율리아누스는 그날 밤을 넘기지 못하고 숨을 거두었다.

원정군의 최고사령관인 황제가 갑자기 전사하자, 로마군 수뇌부들은 임시 황제로 친위대 부대장인 요비아누스를 추대했다. 요비아누스는 이대로 가만히 있다가는 사막 한복판에서 페르시아군의 포위망에 갇혀 굶어 죽고 말 것이라는 위기감에 사로잡혔다. 그는 로마 국경의 요새 다섯

사산 왕조의 중무장 기병을 묘사한 조각상. 페르시아의 중무장 기병대는 고대 그리스 시절부터 서방인들에게 두려움의 대상이었다.

개를 페르시아에 무조건 넘겨준다는 조건으로 샤푸르 2세와 평화 협상을 하고 간신히 죽을 고비에서 벗어나 탈출할 수 있었다.

결국 율리아누스의 페르시아 원정은 아무런 성과도 거두지 못하고 오히려 페르시아의 기세만 올려준 꼴이 되었다. 철학자의 뛰어난 지혜와 병사들의 용맹도 배고픔은 이기지 못했다.

자멸한 수나라의 100만 대군

오늘도 살수의 강물은 그들을 비웃는다

서기 612년, 중국 수나라의 양제는 무려 100만 명이 넘는 대군을 이끌고 고구려를 공격했다. 세계 역사상 유례 없는 어마어마한 대군이었다. 고구려는 물론이고 백제와 신라 등 삼국의 모든 군대를 합친 것보다 더 많았다. 이 미증유의 대군 앞에 동방의 작은 나라인 고구려는 한순간에 허물어질 것처럼 보였다. 그러나 수나라는 대군을 동원하고도 끝내 고구려에 참패했다.

300만 대군을 동원했던 수나라

역사에는 100만 대군이라는 기록이 자주 나온다. 페르시아 제국의 그리스 원정이나 로마군과 맞서 싸운 폰토스의 미트라다테스 왕, 인도 무굴 제국과 중국의 역대 왕조들이 100만 대군을 동원했다는 기록을 쉽게 찾아볼 수 있다.

 그러나 이런 이야기가 모두 100퍼센트 사실이라고 믿어서는 안 된다. 지금보다 인구가 적고 공중위생이 나쁘며 편리한 통신 수단도 없었던 근대 이전에 100만 명이나 되는 엄청난 수의 병사를 모으고 관리하는 일은 거의 불가능했기 때문이다. 특히나 근대 이전 유럽과 서아시아 지역에서의 100만 대군에 관련된 이야기들은 오늘날 많은 역사학자에게 거짓으로 간주된다. 유럽은 인구 부양력이 쌀보다 떨어지는 밀을 주식으로 삼았기 때문에 구황작물인 감자와 옥수수가 도입된 18세기 이전까지 인구가 많지 않았다. 서아시아의 경우는 사막과 황무지가 많고 땅이 척박해서 인구밀도가 낮은 편이었다.

 한 예로 16세기 서아시아를 지배하던 오스만 제국과 사파비 페르시아 왕조의 인구는 각각 2,000만 명 내외였는데, 그들보다 더 적은 영토를 가진 프랑스의 인구와 거의 비슷했다. 그만큼 서아시아의 인구 밀도가 낮았던 것이다. 하물며 그보다 훨씬 오래 전에 서아시아에서 100만 명이나 동원할 수 있었을까? 이는 지나친 과장이라고 보면 된다. 서양에서 진짜로 100만에 가까운 대군이 있었던 사례는 1812년 나폴레옹이 러시아를 공격하기 위해 프로

3세기에 걸친 혼란을 끝내고 중국을 통일한 수나라의 두 번째 황제인 양제. 그러나 그는 100만 대군을 동원해 고구려를 공격했다 참패하고 역사에 오명만 남겼다.

수나라의 영토. 양제가 고구려 원정을 시도했을 당시 수나라는 최전성기였다.

이센과 오스트리아와 에스파냐 등 다른 동맹국에서 60~70만 명의 연합군을 모집한 일이었다.

다만 100만 대군 이야기가 전부 허풍은 아니다. 중국의 역대 왕조들이 100만 대군을 동원했다는 내용들은 어느 정도 신빙성이 있다. 중국은 고대로부터 농업 생산성이 매우 높았고, 따뜻하고 풍요로운 5호 16국 시대부터 양쯔강 남부(강남)가 본격적으로 개발되어 인구가 폭발적으로 증가했기 때문이다.

근대 이전의 중국 역사에서 가장 많은 병력을 동원했던 전쟁은 서기 7세기 초, 수나라가 고구려를 공격했을 때였다. 이때 수나라 황제인 양제는 전투병 113만에 보급병 200만, 도합 313만이라는 거대한 병력을 동원하여 고구려 원정에 나섰다.

이 원정의 실패로 양제를 낮게 평가하는 경향이 있지만 그는 결코 어리석거나 무능한 인물이 아니었다. 왕자 시절에는 자신이 직접 50만 대군을 이끌고 강남의 진나라를 공격해 멸망시키기도 했다. 또한 수나라가 고구려를 칠 당시 돌궐과 토욕혼과 거란 등 수나라 주변국이 모두 수나라에 복속된 상태였다. 따라서 수양제는 나라를 비우고 원정을 떠나도 안보에 위협되는 것이 없었다.

보급의 어려움으로 붕괴된 100만 대군

그러나 중국 역사상 미증유의 대군을 이끌고 단숨에 고구려를 정복하겠다는 수양제의 야심은 무참히 수포로 돌아갔다. 무려 300년 동안 혼란했던 5호 16국 시대를 통일하고, 주변 나라들을 굴복시킨 막강한 수나라군이 그들보다 훨씬 수적으로 열세한 고구려군과 싸워 끝내 이기지 못했던 것이다. 이유는 무엇이었을까?

이는 수나라의 100만 대군 그 자체에 있었다. 예나 지금이나 군대는 생산을 하지 않고, 끝없이 소비만 하는 집단이다. 따라서 병력이 늘수록 군인들을 먹이고 입히고 재우고 치료하는 데에만 엄청난 물자와 비용이 들어간다. 그런 군대가 동원되면 전쟁이 길어질수록 국가 재정이 바닥나고 나라마저 망하고 만다.

그래서 중국의 춘추전국시대를 살았던 전략가 오기는 "전쟁에서 한 번을 이기면 왕이 되지만 다섯 번을 이기면 나라가 망한다"라는 말을 남기기도 했다. 또한 백전노장이었던 명나라의 영락제는 "군대의 힘은 수가 많은 것이 아니라, 정예함에 달려 있다. 군대의 수가 지나치게 많으면, 그만큼 부담이 늘고 병사 개개인의 질이 떨어진다"라 했다. 실제로 영락제는 자신보다 더 많은 군대를 거느렸던 건문제의 대군과 싸워 승리했는데, 영락제의 군대가 수는 적어도 훨씬 정예병으로 편성되었기 때문이다.

다시 본론으로 돌아가 수양제는 야심만만하게 100만 대군을 일으켜 고구려를 쳤으나, 결국 역사에 패배자로 이름을 남겼다. 수양제가 100만 대군을 모아 고구려를 친 이유는 고구려왕과 신하들이 겁을 먹고 항복할 것이니 손쉽게 이길 수 있으리라는 자기 과시욕 때문이었을 것이다.

그러나 수양제의 구상은 보기 좋게 빗나갔다. 고구려인들은 수나라의 100만 대군에 놀라면서도 좀처럼 항복하지 않고 끈질기게 저항했다. 고구려와 수나라의 최대 격전지였던 요동성 공방전이 그러했는데, 요동성을 지키던 고구려군은 수나라에 항복할듯 언질을 주다가도 끝내 항복하지 않고 계속 농성전을 이어나갔다. 다른 곳들도 마찬가지여서 수나라 군대의 진격은 수양제가 처음 구상했던 것과 달리, 고구려 전쟁의 양상은 점점 진창 속에 빠져 들었다. 그러는 와중에 수나라군의 군량미는 하루가 다르게 줄었다. 자연히 수나라군의 전투력도 약화될 수밖에 없었다. 사서에 자세히 기록되어 있지 않지만, 전황이 길어질수록 수나라 군대에서 부상자와 탈영병이 늘어났을 것이다.

이에 수양제는 고심 끝에 별동대를 따로 편성하여 고구려의 수도인 평양을 곧바로 공격하는 작전을 세웠다. 그리고 우중문 등에 약 30만의 군대를 맡겼다. 별동대라고 하지만 30만은 결코 적은 수가 아니었다. 30만이나 되는 인원을 별동대로 편성할 만큼 당시 수나라군은 규모가 어마어마했다.

하지만 우중문이 지휘하는 수나라 별동대도 그리 편안하지는 못했다. 고구려의 내륙 깊숙한 평양까지 진격하느라 당초 예상보다 보급선이 길어진 데다, 무엇보다 고구려군의 보급로 차단과 교란에 대비하기 위해 병사들에게 각자 먹을 식량 100일 치를 스스로 짊어지게 했다. 말이 좋아 100일 치지, 그렇게 많은 양의 군량을 한 개인이 일일이 짊어지고 가면 얼마나 무거웠겠는가?

무거운 군량을 짊어지고 멀리 행군까지 해야 하는 수나라 별동대 병사들은 너무나 고통스러웠다. 이 무거운 군량을 몰래 땅에 파묻는 일 또한 비일비재했다. 수나라 별동대 사령부가 군량을 버리는 자는 참수하겠다고 뒤늦게 불호령을 내렸지만 병사들의 고통을 해결해주지 못하는 상황에서 아무리 엄포를 놓아봐야 허튼 소리에 불과했다.

그렇게 수나라 별동대 30만 명은 군량을 버리면서 겨우 고구려의 수도인 평양 외곽까지 도착하는 데는 성공했다. 하지만 거기까지였다. 수나라 별동대는 더 이상 진격할 수 없었다. 여기저기 묻고 버리느라 군량이 모두 바닥났던 것이다. 아무리 용맹한 군대라도 먹지 못하면 싸울 수 없는데, 하물며 먼 길을 오느라 지친 군사들에게 식량이 없다면 두 말할 나위 없었을 것이다. 게다가 고구려군은 거짓 항복하는 척하며 수나라군을 깊숙이 끌어들여 그들의 보급로를 차단했다. 고구려군의 총사령관인 을지문덕은 수나라 별동대를 지치게 한 뒤 총반격을 감행하여 그들을 일거에 분쇄하려는 계획을 천천히 실행에 옮기고 있었다.

주변 정황이 최악으로 빠지고 있다는 사실을 깨달은 별동대 사령부는 결국 철수하기로 했다. 그때부터 그들 앞에 지옥문이 펼쳐졌다. 을지문덕이 지휘하는 고구려군은 후퇴하는 수나라군의 후방을 끈질기게 추격하며 괴롭혔던 것이다. 이미 피로와 굶주림에 지친 수나라 별동대 대부분은 더 이상 싸울 의지를 잃고 고구려군의 칼과 창에 힘없이 죽어갈 뿐이었다. 살수(청천강)에서 벌어진 전투를 비롯하여 수나라군은 고구려군에 일방적으로 패했고 고구려군의 악착같은 추격전에서 살아남아 무사히 돌아간 수나라군은 고작 2,700명에 불과했다. 전체 병력의 생존률이 1퍼센트에 불과한 셈이었으니 너무나 참담한 패배였다. 돌아가지 못한 수나라 별동대 병사들은 어떻게 되었을까? 아마 고구려군에 죽거나 포로가 되었거나 그도 아니면 도망쳐서 깊은 산 속으로 숨어들었으리라.

한편 믿고 보낸 별동대가 처참히 궤멸했다는 소식을 들은 수양제는 전쟁을 중단하기로 했다. 여기서 한 가지 의문점은, 사서의 기록이 정확하다면 수나라 전체 병력 113만 명 가운데 30만 명이 없어져도 아직 병력이 83만 명이나 남아 있는데 수양제는 왜 철수하기로 마음먹었을까? 그 정도의 병력이 남아 있다면 한곳에 집중시켜 고구려의 방어선을 뚫고, 수도 평양까지 쳐들어갈 수 있었을 텐데 말이다. 이는 그렇게 하고 싶어도 할 수 없었기 때문이 아닐까? 다시 말해 살수대첩 직후 이미 수나라 군대는 보급의 어려움으로 인한 식량 부족 및 대규모의 인원손실(부상병과 탈영병 등) 탓에 더는 싸우고 싶어도 싸울 수가 없었던 듯하다. 그도 아니라면 수양제의 실제 병력은 100만 대군에 훨씬 못 미쳤을지도 모른다.

이렇게 해서 중국 역사상 가장 규모가 컸던 수양제의 고구려 원정은 초라한 패전으로 끝났다. 수양제는 5호 16국의 혼란을 끝내고 중국을 통일한 자신의 능력을 지나치게 믿고 대군을 동원하여 고구려를 쳤으나, 오히려 대군 때문에 보급의 어려움이 생겨 원정은 실패하고 말았다.

살수대첩이 일어난 지 700년 뒤, 조선의 개국공신 조준은 명나라 사신 축맹祝孟과 함께 한 자리에서 살수대첩을 주제로 한 시를 지었다. 축맹은 이 시를 듣고는 얼굴을 붉히며 아무 말도 하지 못했다고 한다.

> 살수의 물결은 거세게 요동치는 푸른 하늘이며薩水湯湯漾碧虛
> 수나라 병사 백만이 물고기가 되었다隋兵百萬化爲魚.
> 오늘 고기잡이와 벌목꾼의 이야기에至今留得漁樵話
> 먼 길을 가는 사람의 업신여김도 남기지 못했다不滿征夫一笑餘.

수양제의 고구려 원정이 실패한 지 700년이 지난 뒤에도 중국인들은 그 패배를 깊은 치욕으로 여겼던 것이다. 그만큼 보급의 중요성을 일깨워주는 역사이기도 하다.

몽골에 항복한 고려

그들이 두려워한 것은 칼이 아니라 쌀이었다

1231년부터 고려는 무려 28년 동안 세계 최강군이었던 몽골군에 맞서 조정을 강화도로 옮기고 항쟁을 계속했다. 그러나 1259년 고려 조정은 더 이상의 항전을 포기하고 몽골에 항복할 생각을 하게 된다. 몽골군 수뇌부가 기존의 전략을 바꾸어 강화도로 식량과 물자를 공급해주는 고려의 서남해 연안을 집중 공격했던 것이다. 그 바람에 강화도에는 보급품이 끊겼고 고려 조정은 관리들의 녹봉조차 제대로 주지 못하는 궁핍한 처지에 몰렸다. 더는 버틸 수 없다고 판단한 고려는 끝내 몽골에 항복했다.

강화도를 넘보지 못하는 몽골군

세계 역사에서 13세기는 몽골의 시대라 해도 과언이 아니었다. 불세출의 천재 전략가인 칭기즈칸이 1206년에 세운 몽골 제국은 주변 지역을 파죽지세로 정복해나가면서 급속히 영토를 늘렸다. 최전성기인 1279년에는 러시아부터 터키와 중국에 이르는 광대한 영역이 모두 몽골 제국의 지배를 받을 정도였다. 20세기 초에 근대 문명의 힘을 빌린 대영제국이 등장하기 전까지 어떤 나라도 몽골 제국의 위용에 비견할 수 없었다.

그러나 몽골 제국의 중심부와 가까이 있으면서도 적게는 28년(고려 조정의 항복), 넓게는 무려 42년 동안(1273년 몽골에 저항한 삼별초의 난이 진압됨)이나 끈질기게 항전한 지역이 있었으니 바로 고려였다. 남송처럼 경제력이 풍부한 것도, 이집트의 맘루크 왕조처럼 야전에서 몽골군을 압도했던 것도, 베트남처럼 무더운 날씨와 전염병으로 몽골군이 타격을 입은 것도 아니었음에도 고려는 몽골군의 침입에 맞서 42년 동안 힘겹게 버티다 무릎을 꿇었다.

몽골군이 수시로 고려 국경을 드나들며 침략을 일삼았을 만큼 고려의 방비 태세는 그리 좋지 못했다. 하지만 몽골군이 고려 땅을 수없이 짓밟아도 고려 조정은 도무지 항복할 기미를 보이지 않았다. 그 이유는 몽골군의 1차 침입 이후, 고려 조정이 수도를 개경에서 강화도로 옮겼기 때문이다. 당시에는 많은 반발을 샀

몽골 기병의 전투 장면.

지만, 결과적으로 현명한 행동이었으니 대몽항쟁 기간 동안 강화도는 단 한 번도 몽골군의 침입을 받지 않았다. 고려의 내륙 지역은 몽골군의 공세에 거의 초토화되다시피 했지만 강화도로 피난간 고려의 조정 대신들은 몽골군이 강화도 인근 육지에서 진을 치고 있어도 태평하게 풍악을 울리고 술을 마시며 여유를 부릴 수 있었다.

그렇다면 왜 몽골군은 육지와 가까이에 있는 작은 섬 강화도를 무려 28년 동안 그대로 내버려두었을까? 이 부분에 대해 여러 의견이 엇갈린다. 몽골군은 애초에 고려 조정과의 평화 교섭을 위해 강화도를 공격할 생각 자체가 없었을지도 모른다. 아니면 유목민족인 몽골족의 관습으로 인해 바다를 건너는 전쟁에 서툴렀다거나 이미 고려 조정이 자신들에게 항복한 것으로 여기고 강화도를 공격할 필요성을 느끼지 못했을지도 모른다.

하지만 몽골군이 강화도를 그냥 두었던 것은 아니었다. 비록 포기하기는 했지만, 몽골군은 강화도 공격을 진지하게 검토하기도 했다. 고려 조정이 몽골에 항복했다고 판단했다면 이미 속국이라여긴 고려를 계속 공격하지는 않았을 것이다.

유목민인 몽골족이 바다를 두려워해 해전에 서툴렀고 그래서 섣불리 강화도를 공격하지 못했다는 주장은 어느 정도 일리가 있다. 나중에 몽골군은 일본과 베트남, 인도네시아 자바에서 패했는데 이는 모두 바다를 건너는 전쟁이었다. 그러나 패하기는 했어도 어떻게 해서든 함대를 만들어 원정을 나섰다는 점을 본다면, 해전에 서툴렀다는 주장도 감안해 생각해야 한다.

그렇다면 몽골군이 조그만 섬 강화도 언저리에서 계속 머뭇거렸던 진짜 이유는 무엇이었을까? 대몽항쟁이 벌어지던 당시, 강화도는 외부 군대가 쉽게 들어갈 수 없었다. 먼저 강화도 주변의 물살은 매우 빠르고 거세어 배가 쉽게 항해하기 어려웠다. 게다가 강화도 해안가는 아직 간척 사업이 제대로 이루어지지 않아 많은 군사를 한 번에 상륙시킬 곳이 별로 없었다. 또한 고려 조정이 강화도 주변에 무려 1,000척의 함대로 수군을 편성해 굳게 지키는 바람에 좀처럼 몽골군이 건드릴 엄두를 내지 못했다. 이 밖에도 바다 경험이 없던 몽골군 특성상, 해전에 서툴다는 점도 무시할 수 없다. 한번은 몽골 함대가 고려 남부의 작은 섬인 압해도를 공격했다가 해안가에 섬 주민들이 설치한 투석기 두 대를 보고 황급히 철수한 적도 있었다. 그러니 몽골군에게 있어 강화도는 목구멍에 걸린 가시처럼 매우 성가신 방해물이었을 것이다.

그렇다면 조선 병자호란 때 강화도가 청나라군에 쉽게 함락된 것은 어떻게 설명할 수 있을까? 이는 병자호란 때의 강화도는 대몽항쟁 때와 상황이 많이 달랐기 때문이다. 먼저 대몽항쟁 때의 강화도는 1,000척의 함대로 방어 태세가 잘 되어 있는 데 반해 병자호란 때의 강화도는 불과 판옥선 몇 척으로 구성된 소수 해군이 전부였을 정도로 방어 태세가 형편없었다. 또한 병자호란 무렵 강화도는 상당 부분 간척 사업이 진행되어 섬의 면적이 넓어져 배에 탄 군사들이 상륙할 지점을 찾기도 쉬웠다. 결정적으로 병자호란 당시 강화도를 지키던 사령관 김경징이 몹시 무능력하고 어리석은 인물이었던 탓에, 청나라군이 공격해오자 저항할 생각도 하지 않고 그대로 도망쳤다. 그에 비하면 대몽항쟁을 위해 강화도로 도읍을 옮겼던 최우는 용감한 인물이었다.

매국노 이현의 기밀 누설과 몽골의 서남부 해안 공략

그런데 이런 대몽항쟁의 양상은 1254년부터 시작된 몽골군의 6차 침입을 기점으로 달라졌다. 몽골군이 고려의 서남 해안 지역, 즉 전라도 일대를 집중 공격하며 약탈을 일삼았던 것이다. 몽골군의 전술에 변화를 준 요인은 고려 내부에서 일어난 정보 누설이었다. 몽골에 사신으로 파견되었던 고려인 이현이 몽골군 사령관 야굴에게 "고려의 수도는 강화도에 있는데, 모든 세금을 본토에서 거둬들입니다. 그렇게 거둬들인 세금은 모두 가을에 강화도로 보냅니다. 그러니 세금을 강화도로 보내기 전에 몽골군이 쳐들어가서 강화도로 가는 조세 운반로를 끊는다면, 강화도의 고려 조정은 죄다 세금을 받지 못해서 가난에 시달리다 결국 항복하게 될 것입니다"라고 알려주었던 것이다.

이현은 왜 고려를 버리고 몽골에 붙었을까? 사료에 기록이 없어 정확한 사정은 알 수 없다. 다만 추측하자면, 그는 몽골 제국에 사신으로 가 있는 동안 세계를 정복해나가던 막강한 몽골 제국의 군사력을 보며 심리적으로 위축되고 충격받았던 듯하다. 그는 강력한 몽골 제국과는 도저히 싸워 이길 수 없고, 전쟁이 길어질수록 고려는 더 큰 피해를 입을 것이며 다른 나라들처럼 완전히 멸망할 수도 있으리라 생각했던 것 같다. 그러니 차라리 몽골 제국에 항복하고 그들의 환심을 얻어 보호받는 편이 더 나을 것이라고 판단했던 듯싶다.

이러한 가정은 결코 무리가 아니다. 당시 몽골 제국은 명실상부한 세계 최강대국이었고, 1254년 무렵이면 지구상의 어떤 나라도 몽골 제국의 힘에 견줄 수가 없었다. 자고로 사람은 선하든 악하든 강대한 존재 앞에 서면 겁을 먹고 주눅이 들기 마련이다.

이현의 건의는 이후 차라대가 이끈 몽골군의 6차 침입에서 반영되었다. 몽골군은 지금의 전라남도 지역인 부용창과 해릉창과 해양(광주)과 장흥창과 영광 등지를 집중 공격했다. 이 지역들은 전라남도 내륙에서 세금을 걷어 배에 싣고 강화도로 보내는 길목에 있었기에 매우 중요한 거점이었다. 몽골군의 6차 침입은 1259년까지 계속되었는데, 그 과정에서 고려인 20만 명이 포로로 잡혔을 정도로 고려는 큰 피해를 입었다.

아울러 강화도로 향하는 고려의 세금 수송로도 막대한 타격을 받았다. 조선처럼 고려도 세금 대부분을 배에 실어 강이나 바다 등 수로를 통해 실어 날랐는데, 몽골군이 수로의 길목이자 거점인 전라남도 지역을 맹렬히 타격하면서 세금 수송이 끊겼던 것이다. 이때 고려 조정이 입은 피해가 얼마나 컸느냐 하면, 강화도로 피난을 간 고위 관리들조차 월급을 받지 못해 조정에 출사하여 벼슬을 받겠다는 사람들이 끊어졌다고 한다. 벼슬을 해봤자 월급도 못 받고 굶을 텐데, 굳이 벼슬을 할 사람이 누가 있었겠는가.

그럼에도 불구하고 고려의 실권자이자 강화도로 피난을 갔던 최 씨 무신 정권이 강화도 방어를 고집하며 강경책을 고수하자, 고려 조정에서는 무신 정권에 대한 불만이 커졌다. 진작에 몽골과 평화 교섭을 했더라면 더 이상 전쟁을 겪지 않아도 되는데, 공연히 최 씨 가문이 자기들의 독재 권력을 지키기 위해 백성을 죽이고 나라를 위기로 몰아넣어 전쟁을 강행한다는 여론이 싹텄던 것이다.

결국 1258년 3월 26일, 최 씨 가문의 충직한 장군 김준은 반란을 일으켜 최의를 죽이고 최 씨 정권을 무너뜨렸다. 이로써 62년 동안 고려의 최고 실권자였던 무신 정권은 끝났다. 그리고 고려 조정은 약 1년 동안 몽골 제국과 치열한 외교 교섭을 벌인 끝에 마침내 1259년 4월, 태자인 왕전(원종)을 몽골로 보내 더 이상의 대몽항쟁을 포기하고 몽골 제국에 공식적으로 항복했다. 최 씨 무신 정권의 친위대인 삼별초는 항복을 거부하고 1273년까지 몽골 제국에 저항했으나, 이미 고려 조정이 몽골 제국에 항복한 현실에서 삼별초의 항전은 패배가 결정된 것이나 다름없었다. 최 씨 가문을 없앤 김준과 그 후계자인 임연 등이 새로운 독재 정권을 만들었으나 그 힘은 그전보다 약했다. 무엇보다 최 씨 정권이 무너지면서 고려 왕실은 몽골 제국의 힘을 빌어 김준과 임연 등을 제거하는 데 성공했다. 이로써 고려 무신 정권은 완전히 막을 내렸으나 그 대신 고려는 몽골의 간섭을 받게 되었다.

13세기 세계 최강대국이던 몽골의 침입을 받아, 최 씨 무신 정권은 강화도로 수도를 옮기고 항전했다. 몽골군의 침입으로부터 안전한 강화도로 들어가 버티다 보면 끝내 몽골제국이 고려와 평화적인 협상을 하게 될 것이라는 작전이었으리라. 이런 계획은 처음에는 어느 정도 효과가 있었다. 그러나 몽골군이 전술을 바꾸어 강화도로 공급되는 세금의 길목인 서남해안 일대를 집중적으로 공격했고 세금을 받을 수 없어 궁핍해진 무신 정권은 자중지란에 휩싸여 붕괴됐다. 끝내 고려는 몽골에 굴복했다. 칼로 일어나 권력을 잡았던 최 씨 가문도 굶주린 백성들의 원성은 막지 못했던 것이다.

테노치티틀란의 수상 공방전

도시를 지켜주던 호수가 족쇄가 되다

현재 멕시코 지역에 있던 아즈텍 제국의 수도 테노치티틀란 tenochtitlan은 동시대 유럽 어느 도시보다 거대하고 아름다웠다. 도시는 호수에 둘러싸인 섬 위에 지어졌으며, 그로 인해 적의 침입을 잘 막을 수 있었다. 그러나 번영을 누리던 테노치티틀란은 1521년, 에르난 코르테스가 이끈 에스파냐군과 원주민 연합군에 포위되었다. 코르테스는 참으로 교활했으니, 테노치티틀란을 둘러싼 호수를 역으로 이용하여 그 위에 전함을 띄워 도시를 봉쇄하고 식량 공급을 차단했던 것이다. 도시의 방벽이던 호수가 에스파냐군의 작전으로 도시를 말라 죽이는 죽음의 덫이 되고 만 셈이었다.

인구 25만의 대도시 테노치티틀란

1116년 멕시코 북쪽의 사막에서 살던 아즈텍인들은 남쪽으로 이주하여, 원주민인 톨텍족의 용병으로 활동했다. 현재 멕시코의 상징인 선인장 위에 앉아 뱀을 무는 독수리 문장도 지금의 멕시코로 아즈텍인들을 인도한 신의 사자가 독수리였다는 전설에서 비롯된 것이다. 이후 1345년, 아즈텍인들은 톨텍족과의 예속을 끊고 지금의 멕시코시티에 테노치티틀란이라는 도시를 건설하고 정착했다. 테노치티틀란은 호수 중앙에 있는 섬 위에 건설되었다. 이 섬은 여덟 개의 다리가 육지로 연결되어 있었고 모든 물자는 외부에서 배로 실어 날랐다. 도시가 호수로 둘러싸인 덕에 외적의 침입을 효과적으로 방어할 수 있었다. 또한 테노치티틀란은 최대 25만의 인구를 수용할 수 있었는데, 당시 유럽의 어느 도시보다도 규모가 컸다. 아울러 테노치티틀란은 매일 청소부들이 도시에서 배출되는 쓰레기를 깨끗이 청소했으며 유럽의 도시들과 달리 오물이나 악취가 넘치는 일이 없었다.

테노치티틀란을 본 에스파냐 군은 "로마나 베네치아, 마드리드 그리고 콘스탄티노플보다 더욱 아름답고 훌륭하다. 마치 꿈을 꾸는 것 같다!"라고 감탄할 정도였다.

호수 위에 건설된 테노치티틀란.

안전한 곳에 수도를 세운 아즈텍인들은 그들의 용맹을 무기 삼아, 주변의 다른 집단들을 정복했다. 그리고 아즈텍 제국은 찬란한 번영을 누리며, 중앙아메리카 지역의 중심지로 떠올랐다.

에르난 코르테스의 출현

그러나 전성기를 구가하던 아즈텍 제국에도 파멸의 운명이 다가왔다. 1519년, 황금과 출세를 노리던 야심가 에르난 코르테스가 에스파냐의 식민지였던 쿠바에서 100여 명의 탐험대를 이끌고 멕시코 동부 해안에 상륙했던 것이다.

코르테스는 '이달고hidalgo'라는 가난한 하급 귀족 출신이었다. 알기 쉽게 설명하자면, 조선 시대 남산골 샌님 같은 가난한 양반 신분이었다. 에스파냐 작가인 세르반테스가 쓴 소설《돈키호테》의 주인공 돈키호테도 이달고에 속하는데, 신분만 귀족일 뿐 집안 살림은 무척 가난해서 재산이라고는 그저 작은 집 한 채와 늙은 말한 마리가 전부인 것으로 묘사된다.

궁핍한 삶에 찌들어 있던 에스파냐의 이달고들은 1492년 콜롬버스가 아메리카 대륙을 탐험한 사실을 세상에 알리자, 신세계로 건너가 원주민들을 정복하고 일확천금을 얻은 뒤 이른바 '콘키스타도레스Conquistadores'라 불렸다. 그들의 입장에서는 본국에 있어 봤자 가난에 시달릴 뿐이니, 차라리 신대륙을 정복하고 원주민에게 약탈한 금은보화로 새로운 인생을 시작하는 편이 더 낫다고 판단했던 듯하다.

코르테스 또한 신대륙을 정복한 뒤 일확천금을 노리는 콘키스타도레스였다. 그는 입버릇처럼 나팔 소리를 들으며 대귀족들처럼 풍족한 만찬을 즐기지 못할 바에야 교수대로 가겠다고 말했을 만큼, 부귀영화에 대한 야망에 불타던 인물이었다. 대학교에서 법학을 전공하고 쿠바에서 벨라스케스 총독의 부하로 일하던 코르테스는 서쪽 바다 건너에 부유한 원주민들의 나라인 아즈텍 제국이 있다는 소문을 듣고 군사 160여 명을 이끌고 멕시코 동쪽 해안에 상륙했다.

얼핏 보면 불과 200명도 안 되는 소수 병력으로 수백만 인구가 사는 제국을 정복하겠다는 코르테스의 발상이 무모해보일 수도 있다. 그러나 코르테스는 결코 바보가 아니었다. 그는 아즈텍 제국이 틀락스칼라족 같은 주변 원주민 부족을 상대로 잔혹한 인간 사냥(부족 청년들을 납치해 신들에게 제물로 바쳤다)을 일삼아 원성을 사고 있다는 사실을 알고, 아즈텍을 미워하는 틀락스칼라족과 손잡고 아즈텍을 정복하려 했던 것이다.

그런데 코르테스의 출현 소식을 처음 들은 아즈텍 황제 몬테수마 2세Moctezuma II는 그가 먼 곳에서 온 귀한 손님인 줄 알고 그를 테노치티틀란으로 초대했다.

코르테스와 틀락스칼라족 지도자들이 만나서 동맹을 맺고 있는 모습을 그린 삽화. 멕시코가 에스파냐로부터 독립한 이후에 나온 작품이다.

그리고 황금으로 만든 커다란 원반을 선물했는데, 이 처사가 오히려 코르테스로 하여금 아즈텍에 이렇게 황금이 많으니 나머지 황금들도 모조리 빼앗고 말리라는 욕망에 불을 지폈다.

탐욕스러운 에스파냐인들의 횡포와 '슬픈 밤' 사건

테노치티틀란에 도착한 코르테스는 자신을 환대하는 몬테수마 2세를 납치한 뒤 감금했다. 그리고 그를 인질로 삼아 자신이 그를 대신하여 아즈텍 제국을 통째로 지배하겠다는 야욕을 노골적으로 펴기 시작했다. 먼저 코르테스는 아즈텍인들에게 "너희들이 가진 황금과 은과 보석들을 모두 내놓아라! 아니면 황제의 목숨은 없다!"라고 협박했다. 황제를 살리려던 아즈텍인들은 어쩔 수 없이 코르테스에게 금은보화를 몽땅 털어 몬테수마 2세의 몸값으로 내놓았다. 아울러 아즈텍인들이 섬기는 신들은 모두 악마라 하여 신상을 파괴하는 한편, 신전에 예수와 성모마리아 상을 세우고 아즈텍인들에게 숭배할 것을 강요했다. 자신들의 재산을 빼앗고 신앙까지 모독하는 에스파냐인들의 횡포를 보며 아즈텍인들은 분노가 들끓었다. 그러나 코르테스에게 인질로 잡힌 몬테수마 2세의 목숨 탓에 울화를 삼킬 수밖에 없었다.

하지만 에스파냐인들의 횡포는 끝이 없었다. 에스파냐군은 축제를 즐기던 아즈텍인들을 무자비하게 대량학살했던 것이다. 더구나 당시 아즈텍인들은 무방비 상태였다. 이는 누가 보아도 도저히 변

명의 여지가 없는 일방적인 만행이었다.

더 이상 참을 수 없었던 아즈텍인들은 활화산처럼 들고 일어나 에스파냐군에 맞서기 시작했다. 놀란 코르테스가 몬테수마 2세를 내세워 아즈텍인들의 분노를 가라앉혀보려는 꼼수를 썼으나 아즈텍인들은 허수아비가 된 몬테수마 2세에게 돌을 던져 죽였다. 일설에는 코르테스를 비롯한 에스파냐인들이 이제 더는 쓸모없어진 몬테수마 2세를 죽이고는, 아즈텍인들이

테노치티틀란에 입성하는 에스파냐군을 묘사한 삽화.

죽였다고 거짓말하여 그 책임을 떠넘기려 했다는 주장도 있다.

몬테수마 2세가 죽자, 코르테스와 에스파냐군은 더욱 곤경에 빠졌다. 아즈텍인들이 몬테수마 2세를 대신하여 추대한 새 황제 쿠이틀라우악Cuitlahuac의 지휘 아래, 에스파냐인들이 머무는 요새를 포위하여 하루도 쉬지 않고 공격을 퍼부었던 것이다. 물론 에스파냐인들은 강철 갑옷과 화약 무기(대포와 총)로 무장한 데다 건물을 엄폐물 삼아 버틸 수 있었으나, 점차 식량이 떨어지고 아즈텍인들의 수가 도무지 줄지 않는다는 점이 문제였다. 결국 코르테스는 테노치티틀란에서 분노한 아즈텍인들에게 계속 에워싸여 있다가는 식량이 바닥나 굶어 죽고 만다는 사실을 깨닫고 탈출을 감행했다.

하지만 탈출도 쉽지 않았다. 어느 노파가 그들이 밤중에 빠져나가는 것을 목격하여 아즈텍 군사들에게 알렸고 달아나는 에스파

냐 군사들의 뒤를 아즈텍 군사들은 끈질기게 추격했다. 에스파냐
군은 이때를 '슬픈 밤'이라고 불렀는데, 하룻밤 만에 에스파냐군
수백 명이 테노치티틀란의 호수를 건너려다 빠져 죽거나 아즈텍
군사들에게 붙잡혀 신전으로 끌려가 죽임을 당했기 때문이다.

전멸의 위기에 처했던 에스파냐 군사들은 오툼바 Otumba 평원에
서 간신히 기병대의 돌격으로 아즈텍군을 격퇴했다. 그러나 아즈
텍 제국은 여전히 수만 명의 대군을 확보할 수 있었고, 반면 코르
테스는 대부분의 병력을 잃고 의기소침한 상태였다. 설상가상으로
아즈텍인들은 그동안의 적이었던 틀락스칼라족에게 사신을 보내
"너희가 믿었던 에스파냐군은 이미 우리에게 잡혀 대부분 죽었고
겨우 얼마 안 되는 잔당들만 남아 있다. 그러니 너희가 그들을 공
격해 모두 없앤다면, 그동안 너희와 맺었던 원한을 잊고 새로 동맹
을 맺겠다"라고 제안했다. 만약 이때 틀락스칼라족이 동맹을 끊고
에스파냐군을 공격했더라면 그들은 수적 열세를 극복하지 못하고
전멸했을 것이다. 코르테스에게는 다행히도, 아즈텍에게는 불행히
도 틀락스칼라족들은 격렬한 회의와 논쟁 끝에 에스파냐와 동맹을
유지하기로 결정했다. 잊기에는 오랜 세월 아즈텍의 침탈을 당하
며 품은 원한이 너무나도 컸기 때문이었다.

'슬픈 밤' 사건 이후 막다른 길에 몰렸던 코르테스는 틀락스칼
라족이 도와 가까스로 재기에 성공할 수 있었다. 코르테스는 쿠바
에 증원 병력을 요청하는 한편, 자신을 죽음의 위기로 몰아넣었던
테노치티틀란을 연구했다. 테노치티틀란은 호수로 둘러싸인 섬 위

에 지어진 도시인데, 외부와는 총 여덟 개의 다리로 연결되어 있었다. 그곳에는 무려 25만 명의 아즈텍인들이 살고 있어서 한꺼번에 공격해 들어갔다가는 그들의 반격에 전멸될 위험이 있었다.

하지만 거꾸로 생각하면 많은 인구가 활동하기 위해서는 그만큼 많은 식량이 필요하다. 그렇다면 도시로 들어가는 보급로를 차단하고 압박한다면 테노치티틀란은 함락될 것이었다.

계획을 짠 코르테스는 마침 자신과 함께 '슬픔의 밤' 사건 현장에서 무사히 살아서 탈출했던 병사 마르틴 로페즈Martin Lopez를 불렀다. 그는 배를 만드는 조선공이었는데, 코르테스는 마르틴의 적성을 살려 테노치티틀란의 호수 위에 띄울 범선을 만들도록 지시했다. 그리고 배를 다 만들고 분해한 다음, 그것들을 틀락스칼라족 인부들에게 테노치티틀란 입구까지 교대로 짊어지고 가도록 했다. 밀림 속에서는 배를 만들어도 띄울 곳이 없으니, 일부러 분해하고 나서 목적지까지 가면 다시 조립하여 배를 띄우도록 한 것이다. 이렇듯 코르테스는 탐욕과 교활함을 모두 갖춘 인물이었다.

테노치티틀란의 수상 공방전

1521년 코르테스가 지휘하는 에스파냐군과 틀락스칼라족의 연합군은 테노치티틀란을 포위하고 아즈텍인들과 치열한 공방전을 벌였다. 테노치티틀란의 호수 위에는 마르틴 로페즈가 만든 범선들이 떠다니며 대포로 아즈텍인들을 공격했다. 동시에 테노치티틀란

을 잇는 다리 위로는 매일 같이 에스파냐와 틀락스칼라족 연합군
이 몰려와 아즈텍인들을 공격하다가 날이 저물면 진영으로 퇴각하
여 휴식을 취했다. 날이 밝으면 공세가 다시 이어졌다.

절체절명의 상황에 처한 아즈텍인들은 쉽게 굴복하지 않고 결
사하여 침략군에 저항했다. 그러나 그들의 용맹에도 불구하고 아
즈텍을 둘러싼 상황은 갈수록 악화일로에 치달았다. 무엇보다 코
르테스가 호수 위에 띄우도록 한 범선이 가장 위협적인 요소였다.
앞서 설명한 대로 테노치티틀란은 인구 25만 명에 달하는 대도시
라 생활에 필요한 대부분의 물자와 식량을 외부에서 배로 싣고 왔
다. 그런데 코르테스가 띄운 범선 때문에 물자 반입을 전혀 할 수
없었다. 아즈텍인들이 호수에 배를 띄우려 해도 에스파냐 범선이
쏘아대는 포탄에 맞아 모조리 격침되기 일쑤였다. 게다가 아즈텍
의 배는 에스파냐의 커다란 범선과는 비교가 안되는 작은 카누여
서, 전투력에서는 도저히 상대가 되지 않았다. 이렇게 에스파냐의
범선들이 호수 위를 누비며 물자 수송을 끊자 아즈텍인들은 식량
이 모자라 굶주리기 시작했다. 제대로 먹지 못하니 병에 걸리거나
심지어 굶어 죽는 사람들이 늘어났다.

그 밖에도 아즈텍인들은 에스파냐인들이 가진 총과 대포를 두
려워했다. 아즈텍의 기술로는 에스파냐의 총탄과 포탄을 막아낼
방어구를 만들 수 없었고, 아무리 용맹한 아즈텍 전사도 에스파냐
군이 쏘는 총탄이나 포탄에 맞으면 그대로 즉사했다.

아즈텍인들은 에스파냐의 총과 대포가 아무리 막강해도 화약이

없으면 무용지물이 될 것이란 사실에 주목하여 시간이 지나면 쓸 수 없게 될 거라고 믿고 기다렸다. 그러나 그것은 착각이었다. 코르테스는 멕시코 곳곳에 활발히 활동하는 화산들이 많다는 사실을 알고, 원주민들을 시켜 화산 입구에서 유황을 캐오도록 명했던 것이다. 유황을 정제하고 거기에 열대우림에서 채취한 초석을 더하면 자연히 화약이 만들어졌다. 이렇게 되자 에스파냐군은 무한대로 화약을 확보할 수 있었고 아즈텍인들이 기대했던 것과는 달리 에스파냐군의 총탄과 포탄은 아무리 기다려도 떨어지지 않았다.

아즈텍인들이 미처 생각하지 못한 문제가 하나 더 있었다. 오랫동안 많은 사람이 도시 안에 갇혀 부대끼고 매일 같이 피와 땀을 흘리며 전투를 벌이니 제대로 몸을 씻기가 어려웠다. 그러자 자연스레 위생 상태가 나빠져 전염병이 돌았던 것이다. 그렇다고 몸을 씻으러 호숫가로 나오기도 어려웠다. 아즈텍인들이 호숫가 주변에 얼씬거리기만 하면 범선에서 대포를 쏘아 죽였기 때문이다.

결국 아즈텍인들은 굶주림과 전염병에 하루하루 죽어가며 호수 안에 갇힌 꼴이었다. 더는 지옥 같은 도시의 상황을 견딜 수 없었던 아즈텍 최후의 황제 쿠아우테목Cuauhtemoc은 코르테스에 항복했다. 그리하여 아즈텍 제국은 불과 2년 만에 에스파냐 군대와 원주민 부족 연합군에 의해 함락되었다. 호수로 보호받던 아즈텍은 오히려 그 호수로 인해 고립되어 멸망한 것이다.

이순신의 활약

역사를 바꾼 영웅

임진왜란을 일으킨 일본의 도요토미 히데요시는 해상으로 전쟁에 필요한 식량과 물자를 실어 나르려 했다. 그러나 이순신이 이끈 조선 수군은 일본 함대를 연이어 격침하면서 이러한 히데요시의 계획을 좌절시켰다. 그리하여 히데요시는 조선을 발판으로 삼아 중국과 인도까지 정복하겠다는 야심을 접을 수밖에 없었다.

히데요시는 과대망상가인가

일본을 통일하고 임진왜란을 일으킨 도요토미 히데요시는 자신의 야망이 좌절되자 쓸쓸하게 죽었다. 그가 죽은 뒤 그의 아들 히데요리는 히데요시의 정적이었던 도쿠가와 이에야스에 죽었고, 히데요시 정권은 붕괴되어 도쿠가와 가문이 일본을 지배했다. 이런 역사적인 사실 때문에 많은 사람이 히데요시가 왜 임진왜란을 일으켰는지 알 수가 없다고 생각하거나 그가 과대망상에 젖어 무모한 전쟁을 일으켰다고 보기도 한다.

그러나 히데요시는 결코 과대망상이나 허풍을 일삼는 미치광이가 아니었다. 그가 살아온 과정을 보면, 그는 우매함과는 거리가 멀었다. 오히려 비상한 두뇌와 주위 상황을 정확하게 파악하는 동물적인 감각, 그리고 과감한 결단력까지 갖춘 무서운 인물이었다. 애초에 지배계급인 무사와 피지배계급인 농민과 천민의 신분 차별이 엄격했던 일본 사회에서, 한낱 천민 출신인 히데요시가 자신의 노력으로 일본의 최고 권력자에 올라갔다는 사실 자체가 그의 뛰어난 능력을 증명하는 것이었다. 또한 매일 같이 전쟁과 혼란으로 가득 찬 전국 시대를 헤치고 살아남아 쟁쟁한 영웅을 모두 쓰러뜨리고 일본을 휘어잡은 인물을 과소평가해서는 안 된다. 오늘날까지 많은 일본인이 히데요시를 뛰어난 영웅으로 평가하는 데는 여러 이유가 있다.

오다 노부나가나 다케다 신겐, 우에스기 겐신 같은 영주들처럼 히데요시도 전쟁터에서 한평생을 보낸 잔뼈 굵은 장군이었다. 그는 자신을 따르는 막강한 군사들을 믿었고, 그들이라면 충분히 조선과 명나라를 정복할 수 있다고 생각한 것이다. 히데요시의 이런 생각은 틀

도요토미 히데요시.

리지 않았다. 실제로 조선에 상륙한 일본군은 가는 곳마다 승리를 거두었고, 그들과 대적했던 조선군은 추풍낙엽처럼 패배와 후퇴를 거듭했다. 당시 일본군은 부산에 상륙한 지 불과 20일 만에 조선의 수도 한양까지 함락시켰는데, 일본군이 기병을 거의 쓰지 않았다는 사실을 감안한다면 이는 가히 전광석화라 할 만했다.

일본군의 북진은 계속되었다. 조선의 국왕 선조는 그들을 피해 한양을 버리고 개성과 평양을 거쳐 명나라와의 국경 지대였던 의주까지 피신했다. 한편 함경도 쪽으로 진격한 일본군은 한극함이 이끄는 조선 기병대를 맞아 해정창 전투를 벌였다. 이때 조선 기병대는 함경도 출신 백성들로 이루어졌는데, 그들은 여진족과 싸우던 경험이 있었기 때문에 용맹했고 전투에 능숙했다. 그러나 그들조차 해정창의 창고 안으로 숨어 들어가 곡식 가마니를 엄폐물로 삼고 조선 기병대를 향해 조총을 발사하는 일본군을 당해내지 못하고 달아났다. 해정창 전투의 승리로 일본군은 파죽지세로 함경도를 점령했고 심지어 일본군 지휘관 가토 기요마사는 아예 조선 국경을 넘어 여진족 땅까지 쳐들어갈 정도였다.

중국 명나라의 기병 부대. 조선을 돕기 위해 파견 된 명나라 기병들은 벽제관 전투에서 패배하기도 했으나 직산전투에서 일본군의 북진을 막는 데 큰 공을 세웠다.

승세가 아닌 패세가 짙어졌던 임진왜란 후반기 울산성 공방전에서도 일본군은 뛰어난 전투력을 발휘하여 자신들을 포위했던 조명연합군을 격퇴했다.

266

이런 일본군은 당시 세계 최강대국이던 명나라의 눈에 어떻게 보였을까? 명의 고관인 조사정趙士禎은 일본군을 가리켜 "사납고 날래기가 동쪽의 이민족들 가운데 으뜸이며 물산이 풍부하고 병기가 날카로우며 목숨을 가볍게 여겨 전쟁에 능숙하다"라고 높이 평가했다.

이처럼 일본군이 매우 강력한 전투력을 지녔기에 히데요시는 일본군의 힘을 믿고 자신의 정복 야망을 실현에 옮겼던 것이다. 다시 말해 임진왜란은 히데요시의 노망 때문에 일어난 일이 아니라, 역사상 다른 정복자들처럼 더 넓은 영토를 지배하려는 히데요시의 야망 때문에 일어난 것이다. 아울러 전국 통일 직후 일본 전역의 넘치는 군사적 힘을 외부로 분출할 필요도 있었을 것이다.

좌절된 일본군의 수륙 병진 정책

그러나 히데요시의 야심찬 세계 정복 계획은 전혀 예상하지 못한 암초를 만나 침몰했다. 바로 이순신이 이끄는 조선 수군이 일본군의 앞길을 가로막고 나섰던 것이다.

애초에 히데요시는 조선 침략을 계획하면서 조선 수군을 전혀 염두에 두지 않았다. 이유는 여러 가지로 추측되는데 먼저 1555년 왜구들이 전라남도에 쳐들어갔던 을묘왜변 당시, 조선 수군은 너무나 무기력해 왜구들의 공격에 제대로 대응하지 못했다. 그리고 임진왜란이 벌어진 직후, 원균의 경상우수영 수군은 싸워보지도 못하고 함대를 해체하고 달아났다. 이런 상황들로 인해 히데요시는 조선 수군이 싸울 준비나 용기가 없는 무능력한 겁쟁이들이라고 보고 조선 수군을 철저히 무시했던 듯싶다.

두 번째로 이순신과 그가 창안한 함대에 대한 정보도 부족했을 것이다. 이순신은 애초에 북쪽 함경도에서 육군을 지휘했다가 1589년 정읍 현감으로 지내고 있었는데, 선조의 명으로 불과 2년 만에 수군 사령관인 전라좌수사에 임명되었다. 너무나 빠른 승진이어서 당시 조정 대신들도 불공정한 인사라고 의문을 제기할 정도였다. 일본 측에서 이 사실을 알았는지의 여부는 알 수 없으나, 만약 알았다면 이순신을 그리 훌륭한 장군이라고 여기지는 않았을 것이다. '조선 국왕이 멋대로 임명하여 조선 조정 내에서도 비난받는 이상한 장군' 정도로 생각하지 않았을까?

세 번째로 이순신이 야심차게 준비한 전함 거북선은 임진왜란이 일어나기 고작 하루 전인 1592년 4월 12일에 처음 항해했다. 그러니 일본으로서는 거북선에 대해 알고 싶어도 알 수가 없었을 것이다. 그러나 임진왜란이 시작되자, 이순신이 이끄는 조선 수군이 일본 수군을 연이어 격파하면서, 일본 수군은 조선 수군을 극도로 두려워하게 되었다. 히데요시조차 한산도 대첩에서 일본 수군이 궤멸되었다는 소식을 듣고 조선 수군을 만나면 싸우지 말고 도망치라는 지시를 내릴 정도로 조선 수군과의 교전을 피했다. 한산도 대첩 직후, 이순신이 함대를 이끌고 부산포를 공격해 일본 함대 100척을 격침하자 일본군의 물류 수송은 더욱 큰 타격을 입었다.

이는 언제라도 조선 수군이 일본 본토에서 조선으로 실어 나르는 일본군의 보급망을 공격할 수 있다는 뜻이었기 때문이다.

이순신과 조선 수군의 승리로 인해 일본군의 당초 계획은 막대한 차질을 빚었다. 먼저 조선 수군에게 제해권을 빼앗겨 해로로 물자를 수송하기가 어려워졌다. 식량과 물자야 육로로 옮기면 된다고 생각할 사람도 있겠지만, 일본군으로서는 그러기가 매우 어려웠다. 여기에는 몇 가지 사정이 있었는데, 조선의 육상 도로 사정이 매우 나빴기 때문이다. 조선은 육상 도로를 거의 정비하지 않았다. 이유는 도로가 잘 닦여 있으면, 외적의 침략에 이용된다는 이유에서였다. 이 때문에 조선 후기의 실학자들은 "왜 우리나라는 중국처럼 도로망을 제대로 정비하지 않느냐? 이러니까 물류의 유통이 늦고 나라가 가난하여 백성들이 굶주린다"라고 비판하기도 했다. 하지만 이런 점이 임진왜란에서는 큰 이득으로 작용했다. 육로를 통한 일본군의 물자 수송에 장애를 준 것이다. 현대에도 철도나 도로의 사정이 안 좋으면 육상으로 물자를 수송하기 어려운데, 고속도로나 철도도 없는 시대의 육상 수송은 더욱 힘들었을 것이다. 험한 산은 말할 것도 없고, 비라도 오면 땅이 질퍽거려 통행하기도 힘들었을 듯싶다. 게다가 조선 땅 곳곳에서 의병이 일어나 일본군의 물자 수송을 방해했다. 의병들로부터 물자를 보호하려면 그만큼 수송대를 지키는 병력을 붙여야 하는데, 그러자면 물자를 옮기는 동안 병사들이 먹을 식량을 따로 마련해야 했다. 결과적으로 이중 부담이었다.

행주대첩 이후, 가토 기요마사와 고니시 유키나가 등 일본 주요 장수들은 히데요시에게 "부산포에 있는 식량을 한양까지 옮기는 일은 매우 어렵습니다. 한양에 있는 식량이 다 떨어질 때까지 버티다가 곡식이 풍부한 전라도를 공격하겠습니다"라고 편지를 썼다. 일본군 장수들도 임진왜란 당시, 육로를 통해 식량을 나르는 일은 그다지 기대하지 않았다.

그렇다면 임진왜란 초기에 일본군은 보급 문제를 어떻게 해결했을까? 답은 간단했다. 대부분의 군량은 현지에서 조달했다. 조선군이 버리고 간 식량을 저장하거나 조선의 각 성과 고을들을 점령하여 조선인들로부터 식량을 빼앗아 배를 채웠던 것이다. 고니시 유키나가가 평양성을 함락했을 때, 가장 기뻐했던 일이 바로 조선군의 곡식 창고에서 많은 곡식을 발견했던 일이었다. 조선군이 너무나 황급히 도망치느라 곡식 창고에 든 곡식을 미처 태우지 못했던 것이다.

이처럼 일본군은 현지 식량을 다 먹어치워 식량이 떨어지면 진격을 중단하고 그 자리에 계속 머무르며 후방에서 식량이 공급되기만을 기다렸다. 시간이 흘러 조선 수군과 의병들의 활약으로 그조차도 여의치 못하자 일본군은 철수할 수밖에 없었다.

그렇다면 전쟁이 아닌 평화기에 조선은 어떻게 곡물 등 세금을 한양까지 실어 나를 수 있었을까? 조선은 대부분의 세금을 강이나 바다 등 수로를 통해 운반했다. 일본군 또한 수로를 이용하고 싶었으나 바다는 이미 조선 수군이 모두 장악했고 강으로 통하는 길목은 조선 의병들이 출몰하니 거의 불가능했다.

아울러 조선 수군의 승리는 일본군의 수륙병진계획을 좌절시켰다. 서해로 일본 육군을 이동시켜 조선과 명을 제압하려던 히데요시의 계획이 이순신과 조선 수군으로 인해 실패한 것이다. 실제로 임진왜란 후반기, 일본군은 대군을 함대에 태워 한양을 기습하려는 계획을 세우고 이를 실행에 옮겼으나 명량대첩에서 조선 수군에 패하는 바람에 수포로 돌아갔다.

히데요시는 100년의 내란에 단련되어 용맹하고 강한 전투력을 지닌 일본군을 믿고 조선과 명과 인도 등 아시아를 정복하겠다는 야망을 세웠다. 그러나 이순신과 조선 수군의 활약으로 일본군은 보급이 끊겨 제대로 싸울 수 없었다. 이들은 전쟁 초반부 이후로는 일본과 가까운 남해안에 틀어박혀 간신히 버티는 신세가 되었다. 이순신과 조선 수군은 조선을 구하고, 아울러 히데요시의 아시아 정복이라는 야망을 좌절시킨 위대한 방파제였다.

원정에 실패한 나폴레옹

러시아의 거대한 영토가 서유럽 대군을 삼키다

세계 역사상 가장 뛰어난 장군으로 평가되는 나폴레옹은 1812년 러시아 원정의 실패로 사실상 몰락했다. 통설로는 러시아의 추운 날씨 탓에 군사들이 얼어 죽어서라고 알려졌으나, 과연 그것만이 전부였을까?

러시아를 침공한 나폴레옹과 70만 대군

오늘날까지 나폴레옹은 세계 역사상, 가장 뛰어난 전술가로 칭송 받고 있다. 그는 프랑스의 식민지였던 코르시카의 포병 소위 출신 이었다. 그 뒤 유럽의 전쟁터를 누비며 전공을 쌓아 장군이 되었 고 주변 국과의 전쟁에서 모두 승리를 거두어 국민들의 열렬한 지 지를 받았다. 그는 결국 프랑스 황제 자리까지 올라 유럽 중심부의 대부분을 지배했다. 나폴레옹은 오직 스스로의 능력만으로 성공을 이루었으니, 그를 천재라 부른다고 해도 결코 무리가 아니다.

그런데 나폴레옹의 성공 가도는 1808년에 벌어진 이베리아 반도 전쟁을 기점으로 점차 쇠퇴한다. 나폴레옹이 자신의 형 조세프를 동맹국 에스파냐의 왕위에 앉히자, 에스파냐 국민들은 "우리는 프랑스인 왕을 섬기거나 나폴레옹의 노예가 되기 싫다!"라고 격렬하게 반발하며 프랑스에 맞서 대대적인 민중 봉기를 일으켰다.

이베리아 반도 전쟁은 1814년까지 6년이나 계속되었다. 그 과정에서 프랑스는 막대한 병력과 비용을 소모했지만 전쟁에서 끝내 패하는 바람에 큰 타격을 입었다. 나폴레옹도 나중에 이베리아 반도 전쟁을 가리켜 "에스파냐는 위궤양처럼 나를 괴롭혔다"라고 회고하기도 했다.

에스파냐 민중이 펼친 게릴라전에 고생하던 1812년, 나폴레옹은 러시아 원정을 강행한다. 프랑스와 국경을 맞댄 사이도 아니었고, 러시아군이 먼저 프랑스에 쳐들어온 것도 아니었는데 나폴레옹이 굳이 먼 나라인 러시아까지 쳐들어간 데에는 나름대로 이유가 있었다. 먼저 당시 나폴레옹은 가장 큰 적인 영국을 경제적으로 고립시키기 위해 유럽 각국에 대륙 봉쇄령을 강요하고 있었다. 그런데 러시아가 이를 어기고 영국과 계속 무역을 했기에 나폴레옹은 러시아에 압박을 가할 필요가 있었다. 아울러 러시아는 영국에 막대한 양의 곡물을 수출하고 있었다. 만약 나폴레옹이 러시아를 굴복시켜 영국과의 무역을 중지시킨다면 영국은 식량 부족 사태에

에스파냐의 수도 마드리드에서 일어난 에스파냐 민중들의 반프랑스 봉기를 그린 그림. 에스파냐 화가 고야의 1814년 작품.

시달릴 것이라는 계산도 깔려 있었다.

1812년 6월 24일, 나폴레옹은 프랑스와 유럽의 각 동맹국(나폴레옹의 위세에 굴복하여 강제로 동맹을 맺은)들로부터 차출한 연합군을 이끌고 러시아 원정을 시작했다. 원정에 참가한 병사들은 프랑스를 비롯하여 프로이센과 오스트리아, 이탈리아, 스위스, 에스파냐, 네덜란드, 벨기에 등 유럽 본토 국가 대부분이었다. 이들은 약 70만 명이나 되었는데, 이는 1차세계대전이 시작된 1914년 전까지 유럽 역사상 가장 많은 병력이었다.

도대체 왜 나폴레옹은 군이 70만 명이나 되는 대군을 이끌고 러시아로 쳐들어갔던 것일까? 병력이 많아질수록 그들을 먹여 살릴 보급품이 많이 필요하고 내륙 깊숙이 진군할수록 보급로가 길어져 부담이 증가한다는 사실을 몰랐을까? 그렇지는 않았을 것이다. 그는 단순히 전쟁만 잘하는 장군이 아니었다. 그는 근대적인 법률인 나폴레옹 법전과 중앙은행, 엘리트 교육 기관 등을 창설할 만큼 뛰어난 행정가였으며, 오랫동안 상하지 않는 음식을 개발하라는 지시를 내려, 병조림(통조림의 원류)을 탄생시켰을 만큼 보급에도 신경을 쓴 전술가였다. 그가 러시아 원정을 떠나면서 보급을 소홀히 했다고는 보기 힘들다.

군이 여러 나라에서 차출한 70만 대군을 이끌고 거추장스럽게 원정을 나서는 것보다는 차라리 10만 명 내외의 최정예 병력만을 선발하여 원정에 나서는 편이 보급에 더 부담을 덜어주지 않았을까? 어째서 나폴레옹은 그런 생각을 하지 못한 것일까? 대략 추측해본다면 앞서 언급한 대로 나폴레옹은 대부분의 유럽 국가가 자신을 따르고 있다는 것을 러시아에 과시하려는 의도가 담겨 있지 않았을까? 그리고 자신의 잠재적인 위험이자 적이기도 한 프로이센과 오스트리아 등에서 일부러 군대를 빼내어 원정에서 전력을 소모시킴으로써 국력을 약화하려는 의도도 있었던 듯싶다.

나폴레옹이 패한 진짜 원인

70만 대군을 이끌고 러시아 원정에 나선 나폴레옹은 원정에서 완패했다. 이때 프랑스가 입은 피해가 얼마나 컸느냐 하면, 처음 나폴레옹이 유럽 각국에서 차출하여 데리고 간 70만 병사 가운데 살아서 러시아를 빠져나온 병사는 고작 2만 명에 불과했다. 오늘날에도 보기 힘든 궤멸이었다.

그런데 나폴레옹이 러시아 원정에서 궤멸한 일을 두고 많은 사람이 그저 "러시아가 워낙 추워서 나폴레옹 군대가 얼어 죽었던 거다. 정작 러시아인들은 아무것도 한 일이 없다"라고 단순히 여기기 일쑤다. 하지만 오늘날 러시아의 인구는 1억 4,000만 명일 뿐더러 나폴레옹 시대에도 러시아는 다른 유럽 국가들보다 많은, 대략 4,000만 명가량의 인구를 지녔다. 만약 러시아가 항상 춥기만 한 나라라면 어떻게 이렇게 인구가 많겠는가?

더구나 러시아는 공산주의 혁명이 일어나기 전까지 다른 유럽 국가에 가장 많은 곡식을 수출하는 나라였다. 러시아가 나폴레옹과 전쟁을 치른 이유 또한 러시아가 영국에 밀가루를 수출하는 것을 막은 나폴레옹에 반발하여 전쟁을 벌인 것이었다. 사람이 들어가기만 하면 얼어 죽을 정도로 러시아가 추운 나라였다면 대체 어떻게 다른 나라에 수출할 정도로 많은 양의 밀을 재배하고 국민을 먹여 살려 인구를 늘렸겠는가?

러시아는 전형적인 대륙성 기후를 가진 나라다. 대륙성 기후란, 쉽게 말하자면 여름에는 덥고 겨울에는 추운 날씨다. 그래서 러시아의 수도 모스크바나 다른 도시를 방문한 한국인들은 깜짝 놀란다. 러시아는 언제나 추운 나라라고만 알고 있었는데, 막상 7~8월에는 무려 섭씨 40도까지 치솟을 정도로 덥다고 한다!

다시 본론으로 돌아와 과연 나폴레옹은 단순히 러시아의 추위 때문에 패했을까? 그렇지 않다. 나폴레옹은 6월에 처음 러시아 땅을 밟았는데, 이때 러시아는 여름이었다. 누구라도 추웠다고 말할 수 없다. 그러니 나폴레옹의 부대가 러시아 땅에 발을 닿자마자 추위에 떨며 고생했다는 말은 신빙성이 없다.

실제로 나폴레옹의 부대가 러시아를 침략했을 때의 정황들을 기록한 자료를 보면, 추웠다는 기록은 별로 보이지 않는다. 오히려 러시아 원정 중에는 날씨가 따뜻하여 강이 얼지 않아, 강을 건너기 위해 특별히 공병대를 동원해 다리를 새로 놓을 정도였다.

그렇다면 나폴레옹이 러시아 원정에서 패한 진짜 이유는 무엇이었을까? 먼저 나폴레옹의 러시아 원정 당시, 그가 이끈 군대는 프랑스인을 제외하면 모두 프로이센과 오스트리아와 에스파냐 등 프랑스 동맹국에서 모집한 군사들로 채워져 있었다. 그런데 프로이센과 오스트리아는 얼마 전까지 프랑스와 싸운 적국으로, 나폴레옹에 패하고 그의 힘에 눌려 억지로 동맹을 맺은 나라였다. 에스파냐 역시 러시아 원정이 시작되던 1812년 당시, 반 나폴레옹 봉기가 계속되어 국민들 사이에 프랑스와 나폴레옹에 대한 적개심이 매우 강했다. 이런 나라에서 강제로 끌려온 군인들이 나폴레옹을 좋아할 리도 없었고, 자연히 그를 위해 열심히 싸울 리도 없었다. 그래서 나폴

네멘 강을 건너는 나폴레옹의 군대.

레옹을 미워하던 외국인 출신 원정군 병사 가운데 적지 않은 수는 기회를 틈타 고향으로 돌아갔다. 그들은 도망침으로써 싸우지 않고 나폴레옹에게 저항했던 것이다.

그나마 러시아 원정에서 용감히 싸운 외국 군인들은 러시아의 식민 지배를 받던 폴란드 출신 병사들 밖에 없었다고 한다. 폴란드인들은 자신들이 러시아를 물리치면 나폴레옹이 폴란드를 독립시켜주겠다는 약속을 믿었기에 열심히 싸웠던 것이다. 하지만 그들만으로 기울어진 전세를 역전하기란 무리였다.

이 밖에도 외국에서 모집한 병사들은 대부분 전투 경험이 부족해 나폴레옹의 강행군을 잘 견디지 못했다. 나폴레옹은 평소 "가장 훌륭한 병사는 적보다 더 빨리, 먼저 목적지에 도착하는 자들이다"라고 말할 만큼 빠른 행군을 중시했다. 나폴레옹의 군대에서 오래 복무하며 전투 경험을 쌓은 노련한 고참병들이야 익숙한 일이었겠지만, 그런 일이 생소한 신병들은 도저히 적응하기 어려웠다. 하루에 50킬로미터 행군을 하는 것만으로도 피곤함을 호소하는 병사들이 많은데, 하물며 그보다 10배나 더 먼 거리를 행군하라는 명을 받으면, 탈영의 유혹에 시달리지 않을까?

행군이 계속되다 보니 병사들은 쇠약해졌다. 여기에 보급 부대의 붕괴로 제대로 먹지도 못해 영양실조에 시달렸다. 지금도 그렇지만 러시아의 도로 사정은 매우 열악한데, 하물며 19세기 초에는 더 말할 것도 없었다. 포장도로가 제대로 갖추어진 곳이 별로 없다 보니 보급품을 실은 수레의 행진 속도가 매우 늦어졌고, 거기에 말들이 먹을 마른 풀도 부족하다 보니 상당수의 말이 굶거나 병들어 죽었다. 말들이 죽어나가자 보급 수레를 끌기도 어려워 보급 부대가 예정보다 훨씬 늦게 도착하거나 아예 도착하지 못하는 경우도 잦았다. 그러니 많은 병사가 군량을 받지 못해 굶주림으로 고통받다 식량을 구하고자 부대를 이탈해 러시아 농촌 지역을 습격하는 일들이 잦아졌다.

결정적으로 얼마 못 가 전염병이 퍼지기 시작했다. 수십만은 족히 되는 많은 사람이 한곳에 부대끼며 지내니 자연히 위생 상태가 나빠졌다. 이로 인해 각종 전염병이 퍼지기 딱 좋은 조건이 되었던 것이다.

나폴레옹의 군대는 보급 부대가 늦어지자 궁여지책으로 러시아 현지 농민들을 상대로 식량을 강제로 징발하게 된다. 그 결과 러시아 농민들은 자신들의 식량을 빼앗아가는 침략군에 분노가 타올랐다. 이들은 자발적으로 게릴라 부대를 만들어 나폴레옹의 군대에 맞서 싸웠다. 나폴레옹의 군대는 굶주림을 달래려다 오히려 적의 수만 늘린 꼴이 되었다. 행렬에서 낙오한 원정군 병사들이 러시아 농민들에게 붙잡혀 목숨을 잃는 일도 늘어났다.

원정에서 전염병, 굶주림, 추위, 전투로 인해 죽어간 원정군 병사들은 24만 명으로 추정된

보로디노 전투를 묘사한 그림. 나폴레옹은 이 전투에서 가까스로 러시아군을 격파하고 모스크바로 진격하긴 했지만 손실도 만만치 않았다.

다. 그나마 원정 초기에는 전투도 별로 없었고 춥지도 않았다는 점을 고려하면, 대략 12만 명 정도가 전염병과 굶주림으로 죽었다고 볼 수 있다. 정확히 셀 수 없는 탈영병 수는 제외한 수치다. 그렇다면 나폴레옹의 원정군은 러시아군과 본격적으로 격돌했던 1812년 9월 7일의 보로디노 전투 이전에 이미 전체 병력의 3분의 1에서 절반 정도를 잃었다는 말이다. 이 정도면 사실상 나폴레옹의 원정군은 외국인 출신 병사들의 이탈, 떠도는 전염병, 보급의 미비함이 겹쳐 자멸했다고 볼 수 있다.

결정적으로 나폴레옹이 러시아에서 철수하게 된 것은 모스크바에 대화재가 일어난 탓이었다. 누가 무엇 때문에 일으켰는지 그 원인은 알 수 없으나 이 화재로 인해 도시의 대부분이 불에 타 원정군은 식량을 구할 수가 없었다. 러시아의 열악한 도로 사정 때문에 보급 부대가 제때에 도착하지도, 그렇다고 현지에서 식량을 구하기도 무리였던 현실을 감안했을 때 나폴레옹은 더 이상 원정을 계속할 수 없다고 판단했다.

나폴레옹이 점령한 모스크바에서 일어난 대화재를 묘사한 그림.

마침내 10월 무렵, 나폴레옹은 원정군을 이끌고 러시아에서 철수했다. 바로 이때부터 본격적으로 겨울이 시작되어 러시아의 강추위가 몰아닥쳤다. 그러나 이미 철수 이전부터 나폴레옹의 원정군은 보급의 미비로 인해 지리멸렬한 상

황이었기 때문에, 강추위가 원정
의 패배를 좌우했다고 볼 수 없다.

　결정적인 패배의 원인은 나폴레
옹이 거느리고 간 군대의 수가 너
무 많았다는 사실 자체에 있었다.
물론 병사가 많으면 그만큼 유리
하지만, 그들을 제대로 먹이지 못

러시아에서 고통스럽게 후퇴하는 나폴레옹과 원정군을
묘사한 그림.

하면 많은 병력은 오히려 군대를 약화시키는 위험으로 작용한다.
나폴레옹은 유럽 각국에서 불러온 70만 대군을 믿었지만, 그 대군
은 스스로에 치명적인 결함을 내포하여 자멸하고 마는, 진흙으로
빚은 거인이었다.

러시아인들의 끈질긴 저항

나폴레옹의 원정군이 들이닥칠 당시, 러시아 군대는 뛰어난 명장
인 쿠투조프가 지휘하고 있었다. 쿠투조프는 보르디노 전투에서
나폴레옹군과 치열한 접전을 벌여 3만 5,000명을 격퇴했다. 비록
불리한 전황에 러시아군은 후퇴했지만 대오를 유지하며 질서정연
하게 전장을 빠져나갔다. 나중에 나폴레옹은 보르디노 전투가 자
신이 치른 가장 무서운 싸움이었다고 회고하기도 했다.

　이 밖에도 거의 모든 러시아인들은 나폴레옹에 협력하거나 조
국을 배신하지 않고 끈질기게 나폴레옹에 맞서 싸웠다. 단순히 군

인들만 저항했던 것이 아니었다. 앞서 언급한 대로 러시아 농민들도 침략자인 나폴레옹 군대를 증오하여 정부군을 도와 곳곳에서 게릴라 부대를 만들어 나폴레옹 군대와 격렬하게 맞섰다. 그래서 나폴레옹 측 탈영병들은 러시아 농민들에게 붙잡히는 것을 매우 두려워했다. 포로가 되면 상당수는 고문을 당하다가 죽었기 때문이었다. 그나마 러시아 정규군에 포로로 잡히면 살아날 수는 있었다. 약 15만 명에 달하는 원정군 병사들이 포로가 되었다. 그 가운데 3분의 1인 5만 명이 프랑스군이었다. 이들은 러시아 원정을 겪으면서 전쟁에 환멸을 느끼고 러시아에 정착했다.

나폴레옹은 러시아인들을 가리켜 "아직도 농노제를 하고 있는 미개한 나라"라고 우습게 여겼다. 사실 그런 인식은 나폴레옹뿐만 아니라 유럽인 대부분이 갖고 있었다. 같은 백인에다 기독교도임에도 불구하고 서유럽인들은 17세기까지 러시아인을 가리켜 "세례를 받은 곰 A baptized bear"이라고 경멸하기도 했다.

그러나 유럽인들이 깔보던 러시아는 전 유럽을 공포에 떨게 한 나폴레옹의 군대를 집어삼켜 나폴레옹의 지배를 무너뜨리는 원동력이 되었다. 러시아의 거대한 영토 깊숙이 진격했던 나폴레옹의 군대는 보급망의 지지부진으로 자멸해 나폴레옹이 야심차게 추진한 러시아 원정은 실패로 끝났다. 이 사건으로 나폴레옹의 불패 신화는 깨졌고 그의 가혹한 지배에 진저리를 낸 다른 유럽 국가들은 모두 반기를 들었다. 나폴레옹은 결국 1815년 워털루 전투에서 치명타를 입고 몰락했다.

총보다 더 강력했던 무기, 돈

영국이 나폴레옹을 이긴 비결

나폴레옹을 최종적으로 격파한 나라는 영국이었다. 하지만 영국군은 나폴레옹의 프랑스군보다 훨씬 수가 적었고, 해전을 제외하면 프랑스군과 직접 싸워본 경험도 적었다. 그럼에도 영국군은 풍부한 경제력과 원활한 보급로 덕에 나폴레옹을 쓰러뜨릴 수 있었다. 영국 해군이 제해권을 쥐고 있었기 때문에 이들은 식량과 군수 물자 보급에 불편 없이 마음 놓고 싸울 수 있었다.

나폴레옹의 최대 숙적 영국

서유럽의 전통적인 강국인 영국과 프랑스는 백년전쟁 때부터 약 500년간 유럽의 패권을 장악하기 위해 경쟁했다. 이러한 다툼은 루이 14세 때 매우 치열해졌고 급기야 18세기에는 서로가 북미 대류의 식민지를 장악하기 위해 전쟁을 치르는 양상으로 격화되었다. 영국은 캐나다에서 승리했지만, 프랑스는 이에 대한 보복으로 영국의 식민지였던 미국을 독립하도록 그들에게 막대한 지원을 하여 오늘날의 미국을 탄생시켰다.

하지만 전쟁으로 인해 너무 많은 돈을 탕진한 프랑스가 경제난과 더불어 1783년 대혁명의 소용돌이에 휩싸이자 진세는 영국 쪽으로 기울었다. 프랑스가 격렬한 사회 혼란에 말려들어 경제적으로 피폐해지는 데 반해, 영국은 안정적인 사회 덕에 경제적 상황이 훨씬 좋았기 때문이다. 여기에 영국의 무역선들은 이미 세계 각지를 누비며 해상 무역의 주도권을 장악하고 있었다. 이렇게 제해권을 차지한 영국은 캐나다는 물론이고 인도에서도 프랑스를 누르고 식민지 영토를 넓혀가며 두 원료 공급 기지와 상품 판매 시장으로서 잘 활용하고 있었다. 18세기 말 세계 식민지 쟁탈 경쟁에서도 영국은 프랑스를 앞질렀던 것이다.

아울러 영국은 반反 혁명군을 돕기 위해 프랑스 남부 툴롱Toulon에 군대를 보내어 프랑스를 압박했으며, 대혁명에 반대하는 프랑스 보수 세력인 왕당파에 자금을 지원하고 그들이 반란을 일으키도록 부추겨 프랑스 내의 혼란을 부추겼다.

이런 영국의 전횡에 제동을 건 인

1775년 6월 17일 벌어진 벙커힐 전투를 묘사한 삽화. 영국에 북미 대륙의 주도권을 빼앗긴 프랑스는 영국에 맞선 미국 식민지 주민들을 대폭 지원했다. 그 결과 미국은 독립할 수 있었다. 하지만 미국 독립 전쟁에 너무 많은 돈을 쏟아 부은 프랑스는 재정 파탄에 처했다.

물이 있었으니, 그가 바로 나폴레옹이었다. 나폴레옹은 영국의 해상 무역에 타격을 줄 계획을 수립하고 실행에 옮겼다. 그것이 바로 이집트 원정(1798~1801년)이었다. 당시 이집트는 영국과 인도의 중간 지점에 있어 두 지역의 중계 무역 거점이었다. 만약 이런 이집트를 프랑스가 점령해 영국의 해상 무역을 방해하고 더 나아가 영국의 경제력에 막대한 피해를 입힐 수 있을 것이라는 속셈이었다.

하지만 나폴레옹은 끝내 이집트 정복에 실패했다. 1805년 벌어진 트라팔가르 해전에서도 영국 해군이 프랑스 해군을 격멸함으로써 영국의 해상 무역은 여전히 번영을 누렸다. 유럽 대륙을 재패한 나폴레옹도 영국 해군만은 이기지 못했던 것이다. 프랑스 혁명의 여파로 유능한 해군 제독과 선원 등이 대부분 죽거나 해고되는 바람에 프랑스 해군력에 큰 차질이 생겼기 때문이었다. 특히 숙련된 뱃사람이 부족했던 것이 문제였다. 이러한 상황은 나폴레옹의 몰락 이후로도 계속되어 프랑스는 끝내 영국에 영영 제해권을 넘겨주었다.

나폴레옹의 대륙 봉쇄령

무력으로 영국을 굴복시키지 못하자, 나폴레옹은 다른 방법을 생각해냈다. 그것은 경제적 굴복이었다. 러시아의 작가 톨스토이는 나폴레옹 시대를 무대로 한 자신의 소설《전쟁과 평화》에서 영국을 가리켜 "장사치 근성의 나라"라고 불렀는데, 다소 비하하는 뜻

트라팔가르 해전을 묘사한 그림. 이 해전은 영국과 프랑스의 해군력을 확고히 증명한 사례였다. 아울러 영국에 제해권을 빼앗긴 프랑스는 나폴레옹 시대 이후로 영국에 뒤처진 2류 국가로 전락했다.

이 담겨 있었지만 틀린 말도 아니었다. 실제로 영국은 해상 무역로를 장악하여 돈을 번 나라였기 때문이다.

　나폴레옹 역시 이 사실에 주목하여, 영국의 경제력에 타격을 주어 전쟁을 하지 않고도 영국을 굴복시키려 했다. 이러한 작전에서 대륙 봉쇄령이 시작됐다. 이는 유럽의 모든 나라가 영국과 어떠한 교역도 하지 못하게 하는 것이었다. 만약 이를 어기면 자신이 직접 군대를 이끌어 응징하겠다는 엄포를 덧붙이기도 했다. 영국의 주요 상품 시장인 유럽 본토에서 영국산 제품을 수입하지 않고 반대로 영국에 식량 자원을 수출하지 않으면, 영국은 경제난에 시달려 얼마 못 가 자멸할 것이라는 계산이 깔려 있었던 것이다.

오늘날 대륙 봉쇄령은 나폴레옹의 오만이자 최악의 실수로 평가되고 있다. 그런 평가가 틀린 것은 아니나, 대륙 봉쇄령이 아주 쓸모없던 것은 아니었다. 실제로 대륙 봉쇄령이 시행되자 영국에서는 물가가 폭등하고 서민들의 불만이 높아져 정치가 위태로워지기도 했다. 게다가 북미 대륙에서는 영국을 적대시하던 미국이 영국의 식민지였던 캐나다를 침공하여 영미전쟁(1812~1815년)이 일어났다. 당시의 미국은 지금처럼 초강대국이 아니라 갓 독립한 신생 국가였기 때문에 영국에 심각한 위협이 되지는 못했다. 그래도 미국 군대가 영국의 캐나다 식민지를 노렸다는 점에서 영국에 근심거리를 주기는 했다.

하지만 대륙 봉쇄령은 양날의 칼이었다. 영국과 교역하지 못하는 다른 유럽 국가들도 영국처럼 물가가 올라 서민들의 살림살이가 악화되고 국가 재정에 적자가 증가하는 등 경제적으로 고통을 겪었다. 궁핍한 경제 상황을 견디다 못한 유럽 본토의 정부들은 나폴레옹에게 대륙 봉쇄령을 완화해달라고 호소했지만, 나폴레옹은 영국을 굴복시키는 일이 급선무라며 모두 매몰차게 거절했다. 그러자 유럽 나라들에서는 서서히 나폴레옹에 대한 반감이 싹트기 시작했다.

나폴레옹의 대륙 봉쇄령은 영국과 유럽 본토에 모두 고통을 주었다. 하지만 더 고통스러운 쪽은 유럽의 다른 국가들이었다. 영국은 그래도 캐나다와 인도 등을 상대로 한 무역으로 손해를 보충하여 경제적 피해를 어느 정도 견딜 수 있었으나, 유럽 국가들은 해상 무역로가 막혀 경제적 피해가 영국보다 훨씬 컸다. 이러한 원인은 영국의 막강한 해군력 때문이었다. 영국은 나폴레옹의 대륙 봉쇄령에 맞서 자국이 가진 강력한 함대를 풀어 유럽 각국의 해안을 봉쇄하는 정책을 폈다. 이 때문에 대륙 봉쇄령은 실패할 수밖에 없었다. 영국이야 해군이 보호하는 무역 선단을 통해 캐나다나 인도에서 필요한 물자를 들여오거나 남는 물자를 수출하면 되었지만, 대륙 봉쇄령을 따르는 다른 유럽 국가들은 영국 해군의 봉쇄를 뚫고 외부에서 물자를 들여오거나 수출로 돈을 벌 수도 없었다.

결국 대륙 봉쇄령에 반발한 러시아가 나폴레옹의 명을 어기고 영국에 곡물을 수출하자, 분노한 나폴레옹은 자신이 직접 70만 대군을 이끌고 러시아를 응징하러 떠났다. 그러나 그는 광활한 러시아의 한복판에서 병력을 모두 잃고 초라하게 철수했다. 이 원정의 실패로 인해 유럽 각국은 드디어 나폴레옹에 대한 대대적인 반격에 나섰다. 결과적으로 나폴레옹은 영국의 막강한 해군력과 탄탄한 경제력을 대륙 봉쇄령이라는 꼼수로 무너뜨리려다, 오히려 자신이 먼저 무너지고 만 셈이었다.

'세계의 공장' 영국

나폴레옹이 굳이 대륙 봉쇄령이라는 극단적인 조치를 취했어야 할 만큼, 19세기 초 유럽에서 영국 경제력은 매우 독보적이었다. 해상 무역에서는 이미 프랑스, 에스파냐, 네덜란드, 러시아 등 주요 경쟁국의 선박 수를 모두 합친 것보다 영국이 가진 선박 수가 더 많을 정도로 압도적인 1위를 달리고 있었다. 이뿐만 아니라 영국은 캐나다와 인도를 잇는 국제 무역을 통해 막대한 경제력을 축적하고 있었다.

당시 영국의 경제력이 얼마나 풍요로웠느냐 하면 유럽의 다른 국가들은 병사들이 훈련할 때, 총탄 대신 나무 조각을 쓰거나 아니면 입으로 총소리를 내며 훈련하는 데 반해 영국 병사들만 훈련에서 실탄을 사용하고 있었다. 지금으로서는 그게 뭐가 대단하냐고 의문을 품을 수도 있겠지만, 총탄 한 발을 쏘는 것도 비용이 든다는 점을 감안한다면, 영국은 국가재정이 여유로웠던 덕에 총탄 값을 걱정하지 않고 마음껏 실탄 사격 훈련을 할 수 있었던 것이다. 그에 반해 유럽의 다른 나라들은 국가 재정이 풍족하지 못해 총알 값을 아낄 수밖에 없었다. 이러한 차이점은 유럽 모든 나라 군대 가운데 영국군이 사격 속도가 가장 빠르고 명중률도 높다는 평가를 받았던 것으로 증명되었다.

영국의 경제력을 증명하는 사례는 이뿐만이 아니었다. 바로 증기기관과 이를 이용한 산업혁명이었다. 1769년 영국의 제임스 와트James Watt는 펌프 축을 회전시키고 실린더를 따로 분리하는 장치를 삽입하여, 증기기관을 발명했다. 그가 만든 증기기관은 공장에서 옷감을 짜는 방적기로 쓰이게 되었다. 오늘날 일정한 질량이나 힘을 나타내는 단위인 와트(W)는 제임스 와트의 이름에서 유래했다. 방적기가 공장에서 사용되자 그전까지 의류에 관련된 가

나폴레옹 전쟁 시절 영국군의 복식을 현대에 재현한 사진. 영국군 병사들은 붉은색 제복을 정식 제복으로 착용하여 붉은 옷Red coat이라 불렸다.

내수공업에 종사하던 많은 수공업자가 값싸고 대량생산할 수 있는 기계식 공장에 밀려 경쟁력을 잃고 파산했다. 실직한 수공업자들은 먹고살기 위해 공장으로 들어가 저임금 노동자가 되었다. 세계 역사에서는 이를 1차 산업혁명이라고 부른다.

그리고 1829년부터 영국에서 시작된 기차와 철도는 제임스 와트가 개발한 방적기에 필적하는 제 2의 산업혁명을 불러일으켰다. 사람과 물자를 마차보다 더 많이, 빨리, 그리고 안정적으로 수송할 수 있는 기차를 만들기 위해 자연히 제조에 필요한 철의 수요가 늘어났다. 다시 철을 생산할 광산과 공장 및 거기서 일할 노동자들의 수요도 증가할 수밖에 없었다.

19세기 초부터 영국에서 시작된 공장식 대량생산은 사람의 손이 일일이 드는 수공업 방식보다 비교할 수 없을 만큼 생산성이 늘었고 제품 가격도 낮았다. 그래서 영국에서 대량생산된 옷감과 철이 인도와 중국에 수출되자 현지에서는 가격 경쟁에서 도저히 이길 수가 없어 모두 파산했을 정도였다. 증기기관을 이용한 공장식 대량 생산이 1,000년 넘게 우위를 지키던 중국과 인도의 전통 수공업을 순식간에 망가뜨린 셈이다.

영국은 19세기 '세계의 공장'이라 불릴 만큼 전 세계 공업 생산량의 대부분을 차지했다. 특히 오랜 전쟁으로 인해 혼란스러웠던 유럽 본토의 나라들은 값싸고 품질 좋은 영국 제품을 구하느라 안간힘을 썼다. 프랑스조차 병사들이 입는 군복의 절반 이상이 영국산 제품이었다. 심지어 나폴레옹 자신이 입는 제복 옷감도 영국산이었다. 이런 경제력의 차이가 결국 영국을 전쟁의 승리자로 만든 것이다.

러시아 땅이 될 뻔한 하와이

유럽과 아시아에 이어 태평양까지

지금은 상상도 할 수 없는 일이지만, 1815년 하와이가 러시아 영토에 편입될 뻔한 일이 있었다. 1799년까지 시베리아를 모두 정복한 러시아는 그 여세를 몰아 베링 해협을 건너, 북미 대륙에까지 식민지를 넓히려 했다. 1810년까지 알래스카와 캘리포니아에 거점을 마련한 러시아는 그 여세를 몰아, 태평양의 하와이까지 진출하여 군사 요새를 세웠다. 그러나 러시아 황제 알렉산드르 1세는 하와이 식민지 작업을 중단시키고 인력과 물자를 철수하도록 했다. 러시아 본토에서 거리가 멀어 관리와 운영에 비용이 너무 많이 들고 물자 보급이 어렵다는 이유에서였다. 그리하여 러시아는 태평양 동부에 식민지를 가질 기회를 스스로 포기했다.

시베리아를 횡단하여 아메리카에 발을 디딘 러시아

러시아가 어떻게 머나먼 하와이에까지 오게 되었는지를 알려면 먼저 러시아라는 국가의 성립과 팽창 과정에 대해 살펴보아야 한다. 원래 러시아는 지금처럼 유럽과 아시아에 걸친 큰 나라가 아니었다. 우랄산맥 서쪽의 키예프와 노브고로드 같은 작은 도시 국가들의 집합체였다. 그러다가 1236년부터 러시아는 칭기즈칸의 손자인 바투칸이 이끄는 몽골군에 정복되어 그들에게 공물을 바치는 신세로 전락했다.

약 250년간 계속된 몽골의 지배는 1480년 러시아 모스크바 공국의 군주인 이반 3세 Ivan III가 몽골인들에게 더 이상 공물을 바치지 않겠다고 선언함으로써 끝났다. 1552년과 1556년에는 러시아인들이 몽골인들의 왕국인 카잔 칸국과 아스트라한 칸국을 정복함으로써 이제 그들이 몽골인들을 지배하기 시작했다. 아울러 1582년 서부 시베리아의 시비르 칸국이 러시아 선봉장 예르마크가 지휘하는 코사크 용병들에게 멸망됨으로써 러시아인들은 이 광대한 시베리아로 뻗을 교두보를 확보했다.

그 뒤로도 러시아는 동방으로 진출하여 1640년대에는 중부 시베리아의 퉁구스족을, 1680년대에는 바이칼 호수의 부

시비르 칸국을 정복하여 시베리아 정복의 교두보를 건설했던 예르마크.

랴트족을, 1690년대에는 동부 시베리아의 야쿠트(사하)족을 정복하고 제국의 영토로 편입했다. 18세기 초인 1724년, 러시아인들은 아시아와 북미 대륙을 바다로 갈라놓는 베링 해협까지 탐험했으며 1741년에는 러시아인 선장 알렉세이 치리코프가 베링 해협을 건너 알래스카에 상륙했다. 알래스카의 원주민 틀링깃족이 이따금 러시아를 습격하기도 했으나, 러시아군에 의해 모두 진압되었다. 러시아인들은 알래스카 남부에 싯카Sitka라는 도시를 건설하고, 이곳을 러시아령 알래스카 식민지의 수도로 삼았다.

러시아인들이 이토록 빠른 속도로 드넓은 시베리아를 정복했던 이유는 바로 여우와 수달, 담비 같은 동물의 모피를 얻기 위해서였다. 그까짓 수달이나 담비 가죽이 뭐 그리 대단할까 하고 생각할 수도 있겠으나, 겨울이 길고 추운 날이 많았던 러시아에서 담비나 여우 가죽으로 만든 모피는 추위를 막을 고급 상품으로 여겼다. 한 예로 1581년 시비르 칸국을 정복한 예마르크는 군대를 동원해 수많은 모피를 노획했고 담비와 여우 모피 수만 장을 러시아 황제 이반 4세에게 바쳤다. 뜻하지 않은 선물을 잔뜩 받은 이반 4세는 무척 기뻐하며, 시비르 칸국을 정복한 러시아군 사령관 예르마크가 저질렀던 강도죄를 모두 사면해주었다.

러시아에 고용되었던 코사크족 용병. 코사크족은 러시아의 변경으로 이주한 러시아 농민들과 몽골-투르크계 유목민들의 혼혈로 이루어져 있었다. 이들은 러시아 군대에 복무하는 대가로 자치권을 누렸다.

이렇게 시베리아 원주민들을 정복하면서 얻은 모피는 러시아의 국가 경제에 매우 높은 비중을 차지하게 되었다. 1623년 시베리아의 러시아인 관리가 남긴 보고서에 의하면 검은 여우 모피 두 장 가격은 110루블인데, 그 돈으로는 말 10마리와 암소 20마리 및 대지 100에이커를 살 수 있었다. 1650년대에 이르면 러시아는 국가 수익의 최대 30퍼센트가량을 모피 무역으로 충당할 정도였다. 그래서 시베리아 정복에 나섰던 러시아인들은 모피를 가리켜 "털이 달린 황금"이라고 부를 정도였다.

1598~1613년 동안, 러시아는 제위 계승을 놓고 대혼란에 빠졌다. 이때 시베리아에서 얻은 모피 수익 덕에 정부가 파산하지 않고 위기를 극복할 수 있었다. 아울러 모피는 러시아와 외국과의 외교 관계에서 중요한 선물이 되기도 했다. 1595년 러시아는 신성로마제국에 다람쥐 모피 33만 장과 담비 모피 6만 장을 보냈고, 1635년 터키와 휴전 협상을 하기 위해 1만 루블어치의 모피를 선물로 보내기도 했다.

이 정도면 담비나 여우 가죽으로 만든 모피가 얼마나 고가 상품이었는지, 왜 러시아인들이 모피를 얻기 위해 혹독한 추위가 지배하는 드넓은 시베리아를 파죽지세로 휩쓸었는지 알 수 있을 것이다. 러시아인들이 먼 알래스카와 북미 대륙에까지 갔던 이유도 모피를 얻고자 동물들을 너무 많이 잡아 죽이는 바람에 새로운 모피 산지를 찾으려던 것이었다.

알래스카가 북미 대륙에 속한다는 사실이 밝혀지자 러시아인들은 새로운 땅인 북미로 진출하려는 야심에 부풀었다. 1799년 러시

러시아-미국 회사를 만든 니콜라이 레자노프의 초상화.

아의 무역상이었던 니콜라이 레자노프Nikolay Petrovich Rezanov는 북미 대륙에 러시아의 식민지 개척을 목적으로 한 러시아-미국 회사를 설립했다.

그리고 같은 해, 니콜라이는 러시아 황제 파벨 1세로부터 앞으로 20년 동안 러시아-미국 회사가 북미 대륙에 진출하는 모든 거점에서 운영과 사업을 독점할 수 있도록 하는 승인 면허장을 받았다. 이로써 러시아-미국 회사는 러시아 정부를 대신하여 알래스카를 포함한 북미 대륙을 식민지로 삼을 수 있는 모든 자격을 얻은 셈이었다.

알래스카에서 더 남쪽으로

한편 레자노프와 그의 심복인 알렉산드르 바라노프Alexander Andreyevich Baranov 등 러시아-미국 회사의 고위급 간부들은 알래스카를 식민지로 삼은 것에 만족하지 않고 북미 대륙의 더 남쪽까지 진출하려는 야심을 품었다. 먼저 모피 상인들이 탐내던 모피를 더 많이 구하기 위해서는 새로운 땅을 찾아 나서야 했다. 또한 알래스카 식민지에 차츰 인구가 늘면서 사냥이나 고기잡이만으로는 식량을 충분히 공급하기가 어려워, 풍부한 농업 생산력을 지닌 따뜻한 남쪽 땅이 필요했다.

그리하여 레자노프는 배를 타고 해안선
을 따라 남쪽으로 항해를 시작했다. 1806년
4월, 당시 에스파냐의 식민지였던 캘리포니
아에 도착했다. 거기서 레자노프는 캘리포
니아를 다스리는 에스파냐 장관 호세 다리
오 아르겔료를 만나 캘리포니아에서 알래
스카의 러시아인들에게 식량을 제공하면 그
대가로 모피를 주겠다고 제안했다.

알렉산드르 바라노프의 초상화.

하지만 그의 말을 들은 호세 장관은 난색을 표했다. 당시 에스파
냐령이었던 캘리포니아에서는 외부로 식량을 유출하는 일이 법으
로 엄격히 금지되어 있었기 때문이다. 난관에 부딪친 레자노프는
어찌해야 할지 방도가 떠오르지 않아 고민하던 중 호세 장관이 개
최한 성대한 연회에 초대되었다. 그런데 이 연회장에서 레자노프
는 한 아름다운 소녀와 만났다. 그녀의 이름은 마리아 콘셉시온 아
르겔료Maria Concepcion Arguello였는데, 호세 장관의 외동딸로 당시
캘리포니아 최고의 미녀로 칭송받던 여인이었다.

그다음은 마치 거짓말 같은 일이 일어났다. 15세의 소녀였던 마
리아는 42세의 중년 남성인 레자노프와 만나자 사랑에 빠졌고, 이
윽고 그와 결혼을 결심하는 사이로 발전했다.

이 사실을 알고 호세는 크게 놀랐다. 당시 에스파냐인들이 그렇
듯이 호세 장관과 마리아는 독실한 가톨릭 신자였다. 그런데 레자
노프는 러시아인이었기에 러시아 정교회를 믿었다. 가톨릭 교회에

국경도 종교도 나이도 초월한 사랑에 빠진 소녀 마리아 콘셉시온 아르겔료.

서는 가톨릭 신자끼리만 결혼하도록 허용하는데, 다른 종파인 러시아 정교회 신자와 결혼하는 것은 원칙적으로 금지된 일이었기 때문이다. 호세는 마리아에게 교회법상 레자노프와 혼인을 허락할 수 없다고 타일렀으나, 사랑에 빠진 마리아는 무슨 일이 있어도 그와 결혼하겠다고 고집을 피웠다.

결국 호세는 딸의 뜻에 굴복했고 6주 뒤 레자노프는 마리아와 약혼식을 먼저 올렸다. 딸을 아끼던 호세는 사위가 된 레자노프의 부탁을 거절하지 못하고 빵과 말린 고기 등 식량이 가득 실린 수송선을 알래스카로 보내주기로 했다.

약혼식은 치렀지만, 레자노프는 캘리포니아에 계속 있을 수 없었다. 러시아 황제 알렉산드르 1세에게 앞으로 북미 대륙 식민지 운영에 필요한 지원을 더 늘려달라고 요청하기 위해 러시아의 수도인 상트페테르부르크로 떠나야 했다. 그 중에는 북미 대륙에 정착할 러시아 이민자들을 보내달라는 제안도 포함되어 있었다.

레자노프는 마리아에게 2년만 기다리면 꼭 돌아와 정식으로 그녀를 아내로 맞이하겠다고 약속했다. 그리고 알래스카를 거쳐 캄차카 반도에 상륙한 뒤 상트페테르부르크를 향해 길을 나섰다.

그러나 불행히도 상트페테르부르크로 가던 1807년 3월 8일, 레자노프는 시베리아 중부 도시 크라스노야르스크에서 죽었다. 대륙과 대양을 넘나들며 정신없이 벌인 사업들의 뒤처리를 하느라 무척 피로해진 레자노프는 그만 과로사했던 것이다. 그의 무덤에는 마리아를 그리워하며 남긴 "나는 당신을 다시는 볼 수 없다오. 하지만 나는 결코 당신을 잊을 수 없소"라는 유언이 새겨졌다.

한편 캘리포니아에서 하염없이 레자노프를 기다리던 마리아는 그가 죽었다는 소식을 듣자 무척 상심했다. 이후 몬테레이에 수녀원을 설립하고 그곳 수녀가 되어 평생 독신으로 살다가 1857년에 죽었다. 나이 차이가 많이 났음에도 마리아는 레자노프를 진심으로 사랑했던 모양이다.

레자노프의 죽음에도 불구하고 1812년 캘리포니아 소노마 카운티에는 러시아-미국 회사의 고문인 이반 알렉산드로비치 쿠스코프가 러시아군이 주둔할 로스 요새Fort Ross를 건설했다. 로스 요새는 러시아를 줄여 붙인 이름이었다.

로스 요새는 주변 지역에서 농사를 지어 얻은 식량을 북쪽의 알래스카에 설치된 러시아 식민지에 공급하고자 세워졌다. 그리고 에스파냐령 캘리포니아와의 무역을 수행할 거점으로서 설립되었다. 로스 요새가 담당하는 전체 면적은 대략 29킬로미터 정도였으며, 주변 강가와 계곡에서 수달을 잡아 모피를 얻는 무역 사업이 주된 수익원이었다. 로스 요새에서 생산된 모피는 대부분 미국이나 중국으로 수출되었다.

춥고 황량한 알래스카에 비하면 로스 요새가 들어선 캘리포니아는 비교적 따뜻해 농사를 짓기에 적합했으며, 로스 요새의 주변 토양은 상당히 비옥했다. 그래서 한동안 로스 요새에서는 농사가 잘 되어, 알래스카로 식량을 빠짐없이 실어 날랐고 정착한 러시아

캘리포니아에 세워진 로스 요새의 전경을 그린 스케치화.

인들도 편안하게 지냈다. 로스 요새가 건설되고 러시아인들이 정착하자, 알류트족 같은 북태평양의 원주민들은 물론 핀란드와 우크라이나, 에스토니아 등지에서도 많은 사람이 이주했다.

로스 요새는 1812~1841년까지 약 29년 동안 운영되었는데, 이반 A. 쿠스코프(1812~1821년 재임), 칼 J. 폰 스크미드트(1821~1824년 재임), 파벨 I. 셸리코프(1824~1830년 재임), 페테르 S. 코스트로미티노프(1830~1838년 재임), 알렉산드르 G. 로트체프(1838~1841년 재임)까지 다섯 명의 행정관이 차례로 재임했다.

캘리포니아는 1821년 멕시코가 에스파냐에서 독립하면서 멕시코 영토가 되었으나, 로스 요새는 여전히 러시아 소유였다. 1848년에야 비로소 캘리포니아는 미국에 편입되었다. 캘리포니아가 '미국' 땅이 되기 7년이나 앞서 러시아는 이미 캘리포니아를 소유하고 있었던 것이다.

로스 요새는 1833년과 1837년에 말라리아와 천연두 등 전염병이 퍼져 인구가 크게 줄었고, 해달과 수달 같이 모피를 제공해주던 동물들도 너무 많이 잡아 모피 무역도 중단되기에 이르렀다. 재정 악화를 견디다 못한 러시아-미국 회사는 1841년, 로스 요새를 멕시코인 존 서터John Sutter에게 3만 달러에 팔았다. 그리고 그때까지 요새에 머무르던 회사 직원은 모두 알래스카로 철수했다. 그리하여 레자노프가 야심차게 추진하던 캘리포니아 식민지는 36년 만에 끝났다.

한편 바라노프도 상사 못지않게 새로운 땅을 찾는 탐험에 열성이었다. 1808년 배를 타고 알래스카 남쪽을 항해하다가 하와이 제도에 도착했고, 그곳에서 하와이 섬의 군주 카메하메하 1세 Kamehameha I를 만났다. 당시 하와이 제도는 여러 개의 섬을 다스리던 부족장들이 서로 싸우고 있었는데, 그들 가운데 가장 강력한 인물이 바로 카메하메하 1세였다. 훗날 카메하메하 1세는 다른 부족장들과의 전쟁에서 승리하고, 하와이 제도를 통일하여 하와이 왕국을 세웠다.

카메하메하 1세와 만난 바라노프는 그에게 알래스카와 하와이 사이의 물물교환을 제안했다. 알래스카는 하와이로 모피와 가죽을 수출하고 그 대가로 하와이는 알래스카로 돼지고기와 닭고기 및 바나나와 고구마 등의 식량들을 수출한다는 것이었다. 카메하메하 1세는 이 제안에 동의했고, 이렇게 해서 러시아-미국 회사는 알래스

하와이 제도 전체를 최초로 통일한 카메하메하 1세의 초상화.

카와 캘리포니아에 식민지를 설치한 데 이어, 남쪽 하와이와도 무역 관계를 맺었다.

그런데 러시아-미국 회사의 내부에서는 알래스카의 원주민인 틀링깃족을 군사력으로 제압하고 알래스카를 식민지로 삼은 것처럼, 하와이도 같은 방법을 쓰자는 여론이 싹트고 있었다. 러시아-미국 회사의 경영진들은 이 여론에 찬성도 반대도 하시 않으며 침묵으로 일관했다.

카우아이 섬에 들어선 러시아 요새

그러던 1815년 1월 30일, 베링 해협에서 10만 루블어치의 모피를 싣고 항해하던 러시아-미국 회사의 배가 거센 풍랑을 만나 표류하다가 하와이 제도 서쪽 카우아이 섬 해안에 좌초되는 사건이 벌어졌다. 선원들은 가까스로 살아남았지만, 그들이 싣고 가던 물품들은 모두 카우아이 섬의 지배자인 카우무알리Kaumualii에게 압수됐다. 카우무알리는 자신이 카우아이 섬을 다스리고 있으므로 카우아이 섬의 해안에 밀려 온 물건들은 전부 자신의 것이라고 주장했던 것이다. 그나마 선원들은 알래스카의 수도인 싯카로 떠나는 것을 허락받았기에, 서둘러 싯카로 돌아가 러시아-미국 회사에 이 사실을 알렸다.

귀중한 상품 모피가 카우아이 섬의 족장에게 빼앗겼다는 소식을 접한 러시아-미국 회사 내에서는 사태 해결을 두고 격론이 벌어졌다. 레자노프가 죽은 이후 회사의 최고 책임자가 되었던 바라노프는 평화적인 해결책을 주장했다. 다른 직원들도 이 제안에 동의했다. 러시아-미국 회사가 가진 군사력은 몇 군데 거점과 무역로를 지키는 것이 전부인 터라, 섣불리 먼 곳의 원주민을 상대로 군사력을 쓸 수 없다는 이유에서였다.

바라노프는 러시아-미국 회사의 직원이자 독일인 의사인 게오르그 안톤 샤퍼Georg Anton Schaffer를 카우아이 섬으로 파견했다. 그는 그곳의 지배자인 카우무알리와 만나 그가 몰수한 러시아-미국 회사 소유의 모피들을 회수하는 임무를 맡았다. 1815년 10월, 하와이로 떠난 샤퍼는 곧바로 카우아이 섬으로 가지 않고 하와이 섬으로 향하여 카메하메하 1세와 그의 왕비를 만났다. 그리고 호의를 베풀어 그들의 아픈 곳을 치료해주었다. 이에 기분이 좋아진 카메하메하 1세는 샤퍼에게 그가 머물 집과 병원을 지어주었다. 그는 하와이 섬에서 7개월가량 머무르며 다른 주민들에게도 의료 봉사를 했다.

샤퍼가 귀중한 상품인 모피를 서둘러 찾으러 가지 않고 왜 하와이 섬에서 시간을 보냈는지 정확한 이유는 알 수 없으나, 아마 하와이 제도의 정황을 고려해서 한 행동이었던 듯싶다. 당시 카메하메하 1세는 하와이 제도의 최강자였고 카우무알리는 그에게 복종하는 신하의 위치에 있었다. 따라서 샤퍼는 카우무알리보다 먼저 카메하메하 1세를 만나 그의 권위를 인정하고, 그의 호의를 얻은 뒤 도움을 요청하려는 속셈이었던 듯하다. 만약에 그가 카메하메

게오르그 안톤 샤퍼의 초상화. 그는 하와이 제도의 카우아이 섬에 러시아 요새를 건설했던 인물이었다.

하 1세를 제쳐두고 카우무알리를 먼저 만나게 되면, 행여 카메하메하 1세가 자신의 권위를 무시했다고 여겨 러시아-미국 회사와 샤퍼에 뭔가 불이익을 줄 수도 있다고 생각했을 것이다.

해가 바뀐 1816년 5월 8일, 하와이 주민들에 대한 의료 봉사를 모두 마친 샤퍼는 카우아이 섬에 도착하여 마침내 카우무알리를 만났다. 샤퍼와의 회담에서 카우무알리는 자신이 몰수한 러시아-미국 회사 소유의 모피를 모두 돌려주겠다고 말했다. 그리고 놀라운 말을 덧붙였는데, 자신의 부족과 카우아이 섬이 러시아 황제의 종주권을 인정하고 러시아 제국에 복종하고 싶다는 뜻을 밝혔다.

샤퍼와 만나기 6년 전인 1810년, 카우무알리는 카메하메하 1세에게 굴복해 복속된 상태였으며, 그는 이런 현실이 매우 못마땅했다. 그래서 러시아의 힘을 빌어 카메하메하 1세의 지배에서 벗어나고 자신의 권력을 되찾고 싶었던 것으로 추측된다.

카우무알리의 뜻하지 않은 제안에 샤퍼는 찬성했다. 자신이 러시아-미국 회사를 대신하여 카우무알리를 러시아 제국의 신하로 인정하고, 그의 보호를 위해 카우아이 섬에 요새를 짓고 러시아 군사들이 주둔하겠다는 조약을 체결했다. 그리고 카우무알리가 돌려준 모피들을 배에 싣고 싯카로 돌아가 러시아-미국 회사에 이 사실을 알렸다.

일개 직원이 전체 회사를 대신해 외부 집단과 멋대로 조약을 맺은 것은 엄밀히 말해 월권행위다. 그러나 러시아-미국 회사에서는 샤퍼에게 아무런 처벌도 하지 않았다. 오히려 그가 전한 조약의 내용대로 카우아이 섬에 주둔할 러시아군과 무기 및 장비들을 보내주었다. 회사의 최고 경영진인 바라노프는 아마도 카우아이 섬의 지배자가 자발적으로 러시아 제국에 복속하겠다고 먼저 제안했으니 명분상 문제될 것이 없다고 여겼을 것이다. 그는 이번 기회를 잘만 이용한다면 알래스카와 캘리포니아에 이어 하와이에까지 러시아 제국의 식민지가 확장될 것이라는 결론을 내렸기에 샤퍼가 체결한 계약을 받아들였을 것이다.

카우무알리와 샤퍼의 회담이 성사된 다음 해인 1817년, 샤퍼는 약속대로 300명의 러시아군과 그들이 사용할 군수 물자들을 가지고 카우아이 섬을 방문했다. 그리고 카우아이 섬의 남동쪽인 와이메아Waimea 계곡과 강 근처에 러시아 요새 세 곳을 건설했다. 요새들에는 러시아 황제 알렉산드르 1세와 황후인 엘리자베스 및 러시아 군대의 원수인 바클레이의 이름을 따, 알렉산드르 요새Fort Alexander, 엘리자베스 요새Fort Elizabeth, 바클레이 요새Fort Barclay라고 불렀다. 이 요새들을 짓는 데 카우아이 섬의 원주민 수백 명이 동원되었으며, 카우무알리 자신도 부인 세 사람과 함께 목재와 흙을 나르며 건설에 참여했다. 그 밖에 샤퍼가 데려온 러시아인과 알류트족(러시아에 복속된 알래스카의 원주민 부족 가운데 하나)으로 구성된 러시아 군사들도 요새 건설을 도왔다. 완공된 요새에는 대포와 머스킷 소총 등 각종 무기를 설치했으며, 포탄과 총탄 및 화약을 보관했다. 그리고 요새에는 모두 러시아 제국의 국기가 올라갔고, 샤퍼는 카우무알리에게 러시아 국기를 선물했다. 카우무알리는 그것을 받아 매우 소중히 여겼다.

이 무렵 카우아이 섬의 동남쪽에 있는 오아후Oahu 섬에도 러시아인과 알류트족들로 이루어진 러시아군 100명이 상륙했다. 그들은 섬에 주둔하며 전초 기지를 건설했고, 카우아이 섬에 주둔한 러시아 군대와 협조 체제를 갖추었다. 이렇듯 하와이 제도에 서서히 러시아의 영향력이 짙어지고 있었으나, 카메하메하 1세는 아무런 반응도 보이지 않고 그저 침묵으로 일관할 뿐이었다. 무장한 러시아인들과 함부로 무력충돌을 벌였다가 들이닥칠 위험을 우려해 잠자코 있었던 것일까?

하와이를 스스로 포기한 러시아

순조롭게 진행되던 하와이에서의 러시아 식민 사업은 1817년 6월, 전혀 뜻밖의 위기에 부딪친다. 러시아에 협조적이던 카우무알리는 돌연 태도를 바꿔 샤퍼에게 "당신이 데리고 온 모든 러시아 군대와 함께 당장 카우아이 섬과 오아후 섬에서 떠나라"라고 요구했다.

믿었던 동맹자의 돌변에 당혹한 샤퍼는 자신이 러시아-미국 회사에 요청하여 더 많은 도움을 줄 수 있다고 항변했으나, 카우무알리는 더 이상 샤퍼와 러시아 군대에 식량을 주지 않을 테니 빨리 떠나라는 말만 되풀이할 뿐이었다. 그리고 러시아 군사들이 주둔했던 요새와 그 안에 보관한 각종 무기와 화약은 모두 남겨두고 가라는 말도 덧붙였다.

카우무알리의 압박에 샤퍼는 러시아군 장교들과 의논했지만 뾰족한 수가 나오지 않았다. 무엇보다 낯선 땅에 고립된 그들은 현지의 유력자로부터 협조를 받지 않으면 제대로 활동할 수도 없는 처지였다. 카우무알리가 식량 공급을 끊는다면 그들은 꼼짝없이 섬에 갇혀 굶어 죽고 말 운명이었다. 군대를 동원해 카우무알리와 카우아이 섬 주민들과 싸운다고 해도 그들의 수가 워낙 적어 승산도 별로 없었다. 게다가 그 틈을 타서 카메하메하 1세가 공격해온다면 전멸될 위험도 있었다. 고심 끝에 샤퍼는 카우무알리의 요구를 받아들여 카우아이 섬과 오아후 섬에서 모든 러시아군을 철수하기로 결정했다.

1817년 6월 29일, 섬에서 떠난 러시아군은 그들이 힘들게 지었던 요새에 군수 물자들을 남겼다. 이것들은 고스란히 카우무알리가 차지했다. 결과적으로 러시아군은 애써 남 좋은 일만 해준 꼴이 되었다. 어쩌면 카우무알리는 처음부터 러시아에 진심으로 복종할 생각은 없었고, 그저 러시아인들을 적당히 이용하여 자신의 이익을 얻으려 했는지도 모른다. 그는 러시아인들이 남기고 간 요새와 무기 들을 힘들이지 않고 모조리 손에 넣어 자신의 군사력을 더욱 키웠다.

싯카로 돌아간 샤퍼는 러시아-미국 회사로부터 격렬한 추궁을 받았다. 그가 무모하게 일으킨 카우아이 섬 사업에 러시아-미국 회사의 공금 23만 루블이 소모되었으니, 그 책임을 져야 한다는 것이었다. 이에 샤퍼는 "내가 처음 카우무알리의 제안을 가져 왔을 때는 아무도 반대하지 않고 따르다가, 나쁜 결과가 나오니까 이제 와서 나한테 모든 잘못을 뒤집어 씌우느냐?"라며 항의했다. 그리고 자신이 직접 러시아의 수도인 상트페테르부르크로 가 러시아 황제인 알렉산드르 1세를 만나 일의 자초지종을 설명한 뒤 러시아 제국 정부의 도움을 받아 카우아이 섬과 하와이 제도 문제를 해결하겠다고 선언했다.

1817년 8월, 상트페테르부르크에 도착한 샤퍼는 러시아 정부를 찾아가 자신이 가져온 보고서를 전달했다. 그 내용은 대략 "멀리 하와이 제도의 카우아이 섬에 러시아군이 요새를 세웠는데, 현재 그 요새는 토착민 부족장인 카우무알리가 차지했다. 그로 인해 러시아 제국의 위신이 심각하게 손상되었다. 하와이 제도는 여러 부족이 난립한 상태라 수만 명가량의 러시아 정규군이 공격한다면 쉽게 정복할 수 있다"라는 것이었다.

이 보고서는 서둘러 러시아와 유럽 각국의 신문에 실렸고, 러시아 제국이 태평양 한복판에까지 식민지를 확장한다는 소식이 널리 퍼지며 큰 관심을 끌었다. 상트페테르부르크에 머물며 샤퍼는 황제가 자신의 보고서에 대한 찬반 여부를 어서 말하기를 바랐지만, 황제는 아무 말도 하지 않았다. 알렉산드르 1세는 당시 나폴레옹 전쟁의 뒤처리를 하느라 영국과 오스트리아 등 다른 유럽 국가와의 외교 문제가 가장 급선무였다. 그에게 멀리 떨어진 하와이에까지 뜬금없이 식민지를 건설하자는 샤퍼의 제안은 그리 매력적으로 들리지 않았다. 샤퍼의 보고서를 받은 지 7개월 뒤인 1818년 3월 8일, 그는 최종 결정을 내렸다. 그런데 그 결정은 샤퍼에게 있어 매우 실망스러운 것이었다.

"카우아이 섬을 비롯하여 하와이 제도 전체에 러시아 제국의 정규군을 대규모로 투입해 식민지로 삼자는 샤퍼의 제안은 받아들일 수 없다. 먼저 하와이 제도는 러시아 본국으로부터 너무 거리가 멀다. 그곳까지 군대와 물자를 보내려면 그만큼 비용이 많이 드는데, 굳이 그런 부담을 감수하면서 하와이 제도를 식민지로 삼아야 할 필요가 없다. 또한 하와이 제도는 고가의 산물이 생산되는 곳이 아니기 때문에 식민지화한다 해도 운영과 관리에 드는 비용이 수익보다 많아, 수지타산이 맞지 않는다. 이러한 이유들을 감안하여 하와이를 러시아의 식민지로 만들지 않겠다."

자신의 구상을 무시한 것에 분노한 샤퍼는 러시아-미국 회사에 사직서를 내고 브라질로 이민을 떠났다. 그는 브라질 공주 마리아 레오포우지나Maria Leopoldina의 주치의로 일하다가 공주가 죽자, 브라질에 정착한 다른 독일인 이민자들을 도우며 살다 1836년 사망했다.

알렉산드르 1세가 샤퍼의 제안을 거부한 데에는 그만한 이유가 있었다. 당시에는 태평양과 대서양을 연결하는 파나마 운하도 개

통되지 않아 러시아 본토에서 하와이로 가려면 남미 대륙의 남쪽 끝인 드레이크 해협을 통과해서 가야 했다. 그러려면 아무리 적게 잡아도 최소 1만 킬로미터 이상의 거리가 필요했다. 그렇게 멀리 떨어진 곳에 군대와 군인들이 필요한 식량과 무기, 각종 군수 물자까지 함께 보내려면 많은 돈이 든다. 그런데 문제는 과연 하와이를 정복해 얻을 수 있는 수익이 정복하는 데 들어간 비용을 채울 수 있느냐는 것이었다. 하와이는 황금이나 은 같은 귀금속이 쏟아지는 보물 창고도 아니었다. 그런 점에서 알렉산드르 1세에게 이 제안은 별로 구미가 당기지 않았다.

게다가 하와이는 작은 섬이라 군대를 먹여 살릴 식량 생산성이 떨어졌다. 이는 역설적으로 하와이에 군대를 많이 보내면 보낼수록 그들에게 필요한 보급이 더욱 늘어나고, 하와이에 별도로 공급할 보급선에도 부담이 증가한다는 사실을 의미했다.

또한 러시아는 전통적으로 대륙 국가인 탓에 바다나 섬 같은 '해양 영토'에 대한 애착이 적었다. 소련 시절부터 러시아 정부는 일본 정부에 "지금 러시아가 차지하고 있는 쿠릴 열도 가운데 시코탄과 하보마이를 일본에 넘겨주겠다. 그 대신 러시아에 대규모의 자본 투자를 해달라"라고 끈질기게 제안하고 있는데, 그런 제안을 하는 이유도 "여차하면 쿠릴 열도의 섬 두 개 쯤이야 외국에 줘버려도 상관없다"라는 생각이 깔려 있기 때문이다.

하지만 한편으로 생각한다면, 알렉산드르 1세의 결정은 러시아가 태평양 깊숙이 세력을 뻗을 기회를 스스로 걷어찬 것이다. 만약

알렉산드르 1세가 샤퍼의 제안을
받아들여 하와이 제도에 러시아군
수만 명을 보냈다면, 하와이 제도
는 꼼짝없이 러시아에 정복되었을
것이다. 당시 하와이 제도는 카메
하메하와 경쟁하던 여러 부족장이
난립해 있었고, 카메하메하를 견제
하려던 카우무알리처럼 러시아 같

카우아이 섬에 표기된 러시아 요새 '엘리자베스'의 알림판. 오늘날 하와이를 방문하는 전 세계 관광객들에게 한 때나마 러시아가 하와이 제도에 손을 뻗쳤다는 역사적 사실을 알리는 흔적이다.

은 외부의 도움을 빌리려던 자들도 있었을 테니 러시아의 정복에 내응하는 세력들도 나타났으리라. 아울러 하와이 제도에서 러시아 의 대규모 정규군과 싸워 이길 만큼 많은 병력을 편성할 수 없었을 것이다.

1818년이면 특별히 러시아의 하와이 점령을 방해하려는 외부의 간섭도 거의 없던 시절이었다. 북미 대륙의 미국은 지금처럼 초강 대국이 아니라 갓 독립한 신생국가였다. 이들은 캐나다를 지배하 던 영국을 견제하느라 멀리 떨어진 하와이에는 그다지 손을 뻗을 여유가 없었다. 영국은 중국과의 무역을 성사시키기 위해 한창 바 빴던 터라 하와이에는 관심을 두지 않았다.

이런 상황에서 하와이 제도가 러시아에 정복되었다면, 주변의 남태평양 지역으로 세력을 확장할 수 있는 거점으로 활용되었을 가능성이 높다. 실제로 러시아는 오토 폰 코체부에게 세계 일주 임 무를 주고 그 와중에 이스터 섬을 방문하도록 하기도 했다. 그렇다면 하와이 제도에서 시작된 러시아의 남태평양 정복은 이스터 섬과 그 인근의 파푸아뉴기니까지도 가능하지 않았을까?

그러나 이 모든 가능성은 알렉산드르 1세의 결정으로 인해 허공 속으로 사라졌다. 물론 그의 입장에서 본다면 이미 러시아가 차지하고 있는 시베리아만 해도 충분히 거대한 영토인데, 구태여 1만 킬로미터나 멀리 떨어진 바다의 작은 섬 몇 개를 차지하겠다고 많은 돈과 물자를 소모하며 전쟁을 일으키고 싶지는 않았을 것이다.

소련을 살린 랜드리스 작전

자본주의와 공산주의가 손을 잡다

독일과의 전쟁에서 산업과 농업의 중심지 우크라이나를 빼앗긴 소련은 군수 물자와 식량 보급에 큰 어려움을 겪었다. 이때 예기치 못한 구원의 손길이 나타났다. 평소 공산 국가인 소련을 경계해온 미국이 나치를 막기 위해 무제한적으로 소련에 군수 물자와 식량을 공급해준 것이다. 이 사건을 '랜드리스 작전'이라 하는데, 이로 인해 소련은 보급의 걱정 없이 독일과의 전쟁에 전념할 수 있었다.

미국의 무기 대여법

2차세계대전에서 가장 많은 희생자를 내고 승리한 나라는 어디인지 묻는다면, 아마 대부분은 미국이나 영국 또는 프랑스라 대답할 것이다. 그러나 2차세계대전에서 미국의 사망자 수는 20만 명에 불과했으며, 영국과 프랑스의 사망자 수를 합쳐도 100만 명을 넘지 않았다. 물론 인원수 자체로 보면 많으나 승전국인 소련이 2,000만 명의 희생자가 발생한 것에 비하면 10분의 1에 불과했다.

소련은 1941~1945년까지 2차세계대전에서 독일과 가장 치열한 전쟁을 벌였다. 그 과정에서 2,000만 명이 죽었다. 그리고 300만 명이 넘는 소련인들이 독일군의 포로가 되있다. 이들은 혹독한 강제 노역과 학대에 시달리다 수용소에 갇혀 비참하게 굶어 죽었다.

그런데 더욱 놀라운 것은 이토록 소련이 큰 피해를 입었음에도 끝내 2차세계대전에서 승리했다는 사실이다. 흔히 사람들은 나치를 패망시킨 나라가 미국이라고 알고 있다. 그러나 독일의 수도인 베를린을 점령한 장본인은 미군이 아닌 소련군이었다. 그것도 그냥 쉽게 손에 넣은 게 아니라, 최후까지 발악하는 독일군과 치열하게 싸운 끝에 무려 30만 명이 넘는 전사자를 내며 얻은 결과였다.

독일 베를린의 제국의사당에 소련 국기를 게양하는 소련군 병사.

어떻게 이런 일이 가능했을까? 물론 이는 스탈린이 말한 것처럼 소련 국민들의 헌신적인 투쟁과 굳건한 의지가 가장 큰 원인이었다. 그러나 그에 못지않게 외부 지원도 중요하게 작용했다. 미국이 랜드리스Lend-Lease 법안에 의해 대규모의 물자를 소련에 보내주어, 소련은 독일과의 전쟁으로 국내 산업 기반의 3분의 1이 파괴된 상황에서도 안심하고 군사력 증강에 몰두하여 끝내 독일을 제압했던 것이다.

랜드리스 법안은 1941년 3월 11일, 미국의 프랭클린 루스벨트 Franklin D. Roosevelt 대통령이 추진하여 실행된 군수 물자 지원 계획이었다. 당시 미국은 랜드리스 법안에 근거하여 영국, 소련, 중국 (국민당 장제스 정권) 및 프랑스 망명 정권인 자유 프랑스 등 2차세계대전에 참가했던 연합군 국가들에 식량과 군수 물자를 지원해준 것이다.

다른 나라들이야 이상할 것이 없었으나, 소련을 돕자는 루스벨트의 발상은 미국 내에서도 큰 논란을 일으켰다. 1930년대 말까지 미국을 비롯한 서방의 권력자들은 나치와 히틀러가 아니라 공산주의와 소련을 가장 두려운 적으로 여겼다. 그들은 나치즘보다 공산주의가 더 위협적인 요소라고 여겼다. 특히 공산주의 혁명을 세계로 확대하려는 소련을 견제하기 위해 독일을 지원하려는 모습마저

보였다. 실제로 미국 포드 Ford 사의 포드 회장은 히틀러의 선거 비용으로 7만 5,000달러를 지원했으며(히틀러는 포드에게 감사의 표시로 1938년 독일독수리훈장을 그에게 수여했다) 영국의 신문사《데일리 메일》의 사주인 로더미어 경은 독일이 체코를 합병하자 히틀러에게 이를 축하하고 루마니아까지 쳐들어가

랜드리스 법안에 서명하는 루스벨트 대통령. 반공 성향이 강했던 미국 사회에서 반대도 많았지만, 그는 끝내 소련을 원조하는 쪽으로 결정했고 이 판단이 2차세계대전을 승리로 이끌었다.

라는 편지를 보냈다.

또한 히틀러도 서방의 이런 분위기를 잘 알고 있었으며, 예상보다 훨씬 일찍 프랑스를 제압하자 영국 및 미국과 평화 협상을 맺고 소련을 공격하려 했다. 미국과 영국은 공산주의를 위협요소로 여기고 있으니, 그들과 손잡고 공산주의 종주국인 소련에 함께 맞서싸우는 동맹국이 될 수 있나고 생각한 것이나. 히틀러의 이런 발상이 철저하게 틀린 것은 아니었다. 2차세계대전이 끝나고 동서로 분단된 독일 중 서독은 미국과 영국 등 서방 연합국의 일원이 되었다. 냉전이 끝나고 공산주의 국가인 동독이 서독에 흡수되어 통일독일이 탄생하자 독일은 완전히 서방 국가로 편입되어 구소련을 계승한 러시아를 견제하는 역할을 했다.

하지만 결정적인 문제는 히틀러가 1939년 폴란드를 점령한 데 이어 1940년에 프랑스마저 점령하자, 미국과 영국이 더 이상 히틀러를 동맹의 대상으로 여기지 않았다는 점이었다. 그리고 히틀러가 공군을 동원해 영국을 폭격하자, 미국 등 서방국들은 이제 히틀러를 반드시 섬멸해야 하는 적으로 간주했다.

그럼에도 여전히 미국 내에는 소련을 못마땅하게 여기는 반공주의가 강해 루스벨트 대통령의 랜드리스 법안에 반대하는 목소리도 높았다. 그러나 루스벨트는 "이웃집에 불이 나면, 소방 호스를 빌려줘야 한다"라며 소련 지원을 강행했다. 비록 반공주의 성향을 지닌 관리들이 일부러 선적을 늦추기도 했지만 결국 랜드리스 법안은 그대로 실행에 옮겨졌다. 미국은 알래스카에 바로 맞닿은 소련 추코트카 반도나 소련 서북부의 항구 도시인 아르한겔스크로 물자를 보내주었다.

가뭄의 단비 같았던 랜드리스 작전

1941년 10월 1일부터 1945년 5월 31일까지 미국이 랜드리스 법안에 의거해 소련에 보낸 물자들의 양은 대략 트럭 427,284대, 전투 차량 13,303대, 오토바이 35,170대, 석유 2,670,371톤(휘발유와 각종 오일 등), 식량 4,478,116톤(통조림, 설탕, 소금 등), 증기 기관차 1,900대, 디젤 기관차 66대, 무개화차 9,920대, 경사대가 달린 화차 1,000대, 탱크차 120대, 그리고 중장비 자동차 35대 등이었다. 돈으로 환산하면 약 113억 달러에 이르는 수치다. 이는 1940년대의 달러 가치이니 지금 달러 가치로 계산하면 족히 1,000억 달러가 넘는다.

미국이 지원해준 물자들은 하나같이 소련에 말할 나위 없이 크나큰 도움이 되었다. 이 가운데 먼저 스팸SPAM 통조림이 대표적이다. 1937년 미국의 호멜Hormel 사가 개발한 돼지고기 햄 통조림 스팸은 랜드리스 법안에 따라 소련으로 보내졌다. 이때 소련은 곡창 지대인 우크라이나를 독일에 점령당한 상태여서 식량이 모자라는 상황이었다. 이들은 미국에서 온 스팸 통조림을 가뭄에 내린 단비처럼 소중히 여겼

미국 호멜 사의 스팸 통조림 광고. 2차세계대전에서 스팸은 최고의 군용 식량이었다.

다. 스팸은 통조림이라 전쟁 중에 보관하기도 쉽고 잘 상하지 않는 데다가 언제 어디서나 간편하게 먹을 수 있었다. 그래서 흐루시초 프 같은 소련의 고위급 인사들은 미국이 지원한 스팸이 소련에 큰 도움을 주었다고 회고했다.

미국은 스팸 이외에 코카콜라도 소련에 보내주었다. 콜라를 자본주의의 상징인 상품이라 하여 경계하던 소련인들도 한번 맛을 보자, 곧바로 빠져들었다. 소련군의 총사령관으로 독일군을 격파하고 베를린에 입성하여 전쟁을 승리로 이끈 게오르기 주코프 원수는 미국 정부가 보내 준 코카콜라를 마시고 그 뛰어난 맛에 빠져, 2차세계대전 내내 코카콜라를 즐겨 마셨다. 또한 소련의 독재자였던 스탈린도 코카콜라를 한번 마셔보고는 너무나 훌륭한 맛이라고 극찬하며 소련도 배를 원료로 한 소다 음료를 개발하라는 지시를 내리기도 했다. 소련인들은 미국과 자본주의를 사악한 제국주의 세력이라 말하면서도, 그 자본주의의 상징적 산물인 코카콜라의 훌륭함은 인정했던 것이다.

게오르기 주코프. 2차세계대전에서 소련군 총사령관으로 독일군에 맞섰고, 최후의 전투인 베를린 공방전에서 결국 승리했다.

이 밖에 미국이 보내준 각종 군수 장비인 M4 셔먼 전차와 지프차와 트럭과 항공 엔진 등도 소련군에 많은 도움을 주었다. 미국이 지원한 군수 장비들은 인체공학적으로 만들어진 데다 기계 결함을 일으키는 일이 별로 없어 사용하기 편리했다. 또한 소련보다 앞선 공업 기술을 가진 미국 제품을 사용하고 운영하면서 제작 기술을 터

득할 수 있었다. 아울러 미국의 지원 덕분
에 소련은 그만큼 자국이 장비를 생산하기
위한 물자를 절약하는 효과도 거두었다. 한
예로 2차세계대전이 막바지인 1945년에 이
르면 소련군이 사용한 탱크의 3분의 1은 모
두 미국에서 생산된 미국제였다.

미국과 영국 등 서방 자본주의 국가들이
호시탐탐 소련을 침략할 기회(실제로 러시
아 혁명에서 공산주의 세력인 적군과 봉건
주의 세력인 백군이 싸운 적백내전이 벌어

소련의 독재자였던 스탈린. 그는 서방 자본
주의 국가들을 내내 경계했지만, 히틀러가
1941년 6월 22일 소련을 침공하자 미국과
영국에 도움을 요청했고 그들과 손을 잡아
나치 독일을 패망시켰다.

지자, 미국과 영국은 군대를 보내 백군을 도왔다)를 노리고 있으니
경계해야 한다고 한 스탈린도 1943년 이란의 테헤란 회담에서 "미
국이 생산한 물자들의 지원이 없으면, 국제 연합이 결코 전쟁에서
이길 수 없었다"라고 말해 랜드리스 작전의 유용함을 공개적으로
인정했다.

참고 문헌

단행본

1. 플루타르코스, 이성규 옮김,《플루타르크 영웅전 전집 1》, 현대지성사, 2000. 10.

2. 플루타르코스, 이성규 옮김,《플루타르크 영웅전 전집 2》, 현대지성사, 2000. 10.

3. 모토무라 료지, 최영희 옮김,《말이 바꾼 세계사》, 가람기획, 2005. 11.

4. 김후,《활이 바꾼 세계사》, 가람기획, 2005. 11.

5. 심우성,《조선의 무기와 갑옷》, 가람기획, 2004. 09.

6. 에드워드 기번, 윤수인 · 김희용 옮김,《로마제국 쇠망사 1》, 민음사, 2008. 07.

7. 에드워드 기번, 송은주 외 2인 옮김,《로마제국 쇠망사 2》, 민음사, 2008. 07.

8. 래리 고닉 글·그림, 이희재 옮김,《세상에서 가장 재미있는 세계사 1》, 궁리, 2006. 05.

9. 손주영·송경근,《한 권으로 보는 이집트 역사 100장면》, 가람기획, 2001. 03.

10. 구약성경, 열왕기상, 열왕기하, 역대기상, 역대기하, 대한성서공회, http://www. bskorea.or.kr/infobank/korSearch/korbibReadpage.aspx

11. 라인하르트 쉬메켈, 한국 게르만어 학회 옮김,《인도유럽인, 세상을 바꾼 쿠르

간 유목민》, 푸른역사, 2013.04.

12. 에릭 힐딩거, 채만식 옮김, 《초원의 전사들》, 일조각, 2008.10.

13. 헤로도토스, 박광순 옮김, 《헤로도토스 역사-상》, 범우사, 1996.07.

14. 헤로도토스, 박광순 옮김, 《헤로도토스 역사-하》, 범우사, 1995.07.

15. 에르난 코르테스, 앙헬 델가도 고메스 엮음, 김원중 옮김, 《코르테스의 멕시코 제국 정복기 1》, 나남출판, 2009.01.

16. 에르난 코르테스, 앙헬 델가도 고메스 엮음, 김원중 옮김, 《코르테스의 멕시코 제국 정복기 2》, 나남출판, 2009.01.

17. 이치카와 사다하루, 남혜승 옮김, 《무기와 방어구(서양편)》, 들녘, 2000.11.

18. 시노다 고이치, 신동기 옮김, 《무기와 방어구(중국편)》, 들녘, 2001.08.

19. 도다 도세이, 유준칠 옮김, 《무기와 방어구(일본편)》, 들녘, 2004.07.

20. 퀸투스 쿠르티우스 루푸스, 윤진 옮김, 《알렉산드로스 대왕 전기》, 충북대학교 출판부, 2010.12.

21. 마이클 우드, 남경태 옮김, 《알렉산드로스, 침략자 혹은 제왕》, 중앙m&b, 2002.04.

22. B. H. 리델 하트, 박성식 옮김, 《스키피오 아프리카누스》, 사이, 2010.10.

23. 아드리안 골즈워디, 강유리 옮김, 《로마전쟁영웅사》, 말글빛냄, 2005.07.

24. 존 줄리어스 노리치, 남경태 옮김, 《비잔티움 연대기》 1~6권, 바다출판사, 2007.04.

25. 스기야마 마사아키, 임대희 옮김, 《몽골 세계제국》, 신서원, 1999.03.

26. 스기야마 마사아키, 이진복 옮김, 《유목민이 본 세계사》, 학민사, 1999.11.

27. 르네 그루세, 김호동·유원수·정재훈 옮김, 《유라시아 유목제국사》, 사계절, 1998.09.

28. 마르코 폴로, 김호동 옮김, 《마르코 폴로의 동방견문록》, 사계절, 2000.06.

29. 킴 매쿼리, 최유나 옮김, 《잉카 최후의 날》, 옥당, 2010.01.

30. 유성룡, 이재호 옮김, 《국역정본 징비록》, 역사의아침, 2007.05.

31. 제임스 포사이스, 정재겸 옮김, 《시베리아 원주민의 역사》, 솔출판사, 2009.03.

32. 박종화, 《임진왜란》 4~10권, 달궁, 2004.09.

33. 배상열, 《풍운》 1~7권, 이화문화사, 2003.06.

34. 후민·마쉐창, 이원길 옮김, 《중국을 말한다 13-집권과 분열》, 신원문화사,

2008. 08.

35. 멍펑싱, 김순림 옮김,《중국을 말한다 14-석양의 노을》, 신원문화사, 2008. 08.

36. 그레고리 프리몬 반즈·토드 피셔, 박근형 옮김, 한국국방안보포럼 감수,《나폴레옹 전쟁》, 플래닛미디어, 2009. 08.

37. 빅터 데이비스 핸슨, 남경태 옮김,《살육과 문명》, 푸른숲, 2002. 09.

38. 리처드 홈즈, 김지원 옮김,《나폴레옹의 영광》, 청아출판사, 2006. 10.

39. 니얼 퍼거슨, 김종원 옮김,《제국》, 민음사, 2006. 11.

40. 도현신,《전쟁이 발명한 과학기술의 역사》, 시대의창, 2011. 12.

41. 데이비드 핼버스탬, 정윤미·이은진 옮김,《콜디스트 윈터》, 살림, 2009. 05.

42. 나관중, 이문열 옮김,《삼국지 제8권》, 민음사, 2002. 03.

43. 김부식, 최호 옮김,《삼국사기》 1, 2권, 홍신문화사, 1994. 09.

44. 일연, 최호 옮김,《삼국유사》, 홍신문화사, 2008. 02.

45. 김용만,《새로 쓰는 연개소문전》, 바다출판사, 2003. 10.

46. 이승한,《고려 무인 이야기 3》, 푸른역사, 2003. 04.

47. 이순신, 노승석 옮김,《난중일기》, 민음사, 2010. 04.

48. 도현신,《옛사람에게 전쟁을 묻다》, 타임스퀘어, 2009. 05.

49. 도현신,《임진왜란, 잘못 알려진 상식 깨부수기》, 역사넷, 2008. 06.

50. 티에리 랑츠, 이현숙 옮김,《나폴레옹》, 시공사, 2001. 04.

51. 제임스 더글러스, 송설희·엄자현 옮김,《케네디와 말할 수 없는 진실》, 말글빛냄, 2011. 01.

52. 찰스 바우텔, 박광순 옮김,《무기의 역사》, 가람기획, 2002. 10.

53. 존 워리, 임웅 옮김,《서양 고대 전쟁사 박물관》, 르네상스, 2006. 02.

54. 도현신,《어메이징 세계사》, 서해문집, 2012. 10.

55. 이에인 딕키 외 4인, 한창호 옮김,《해전의 모든 것》, 휴먼앤북스, 2010. 05.

56. 폴 M. 케네디, 김주식 옮김,《영국 해군 지배력의 역사》, 한국해양전략연구소, 2010. 01.

57. 알프레드 세이어 마한, 김주식 옮김,《해양력이 역사에 미치는 영향》 1, 2권, 책세상, 1999. 03.

58. 제임스 L. 조지, 허홍범 옮김,《군함의 역사》, 한국해양전략연구소, 2004. 01.

59. 제프리 주크스 외 8인, 강민수 옮김,《제2차 세계대전》, 플래닛미디어, 2008. 11.

60. 발데마르 헤켈 외 2인, 오태경 옮김,《그리스 전쟁》, 플래닛미디어, 2009. 03.

61. 버나드 아일랜드, 하워드 제라드 그림, 김홍래 옮김, 남도현 감수,《레이테 만 1944》, 플래닛미디어, 2008. 11.

62. 칼 스미스, 짐 로리어·애덤 훅 그림, 김홍래 옮김,《진주만 1941》, 플래닛미디어, 2008. 10.

63. 마크 힐리, 김홍래 옮김, 남도현 감수,《미드웨이 1942》, 플래닛미디어, 2008. 04.

64. 제프리 우텐, 김홍래 옮김, 허남성 감수,《워털루1815》, 플래닛미디어, 2007. 08.

65. 니콜라스 세쿤다, 리처드 후크 그림, 정은비 옮김, 허남성 감수,《마라톤 BC 490》, 플래닛미디어, 2007. 01.

66. 김호동 ,《동방 기독교와 동서문명》, 까치, 2002. 06.

67. 박영배,《앵글로색슨족의 역사와 언어》, 지식산업사, 2001. 05.

68. 월터 스콧, 이수잔 옮김,《스코틀랜드 역사이야기》1~4권, 현대지성사, 2005. 10.

69. 한스 크리스티안 후프 외 3인, 박종대 옮김,《임페리움》, 말글빛냄, 2005. 01.

70. 아민 말루프, 김미선 옮김,《아랍인의 눈으로 본 십자군 전쟁》, 아침이슬, 2002. 04.

71. W. B. 바틀릿, 서미석 옮김,《십자군전쟁 그것은 신의 뜻이었다!》, 한길사, 2004. 01.

72. 조르주 타트, 안정미 옮김,《십자군 전쟁》, 시공사, 1998. 12.

73. 로널드 라이트, 안병국 옮김,《빼앗긴 대륙, 아메리카》, 이론과실천, 2012. 02.

74. 폴 카트리지, 이은숙 옮김,《스파르타 이야기》, 어크로스, 2011. 09.

75. 험프리 미첼, 윤진 옮김,《스파르타》, 신서원, 2000. 11.

76. 톰 홀랜드, 이순호 옮김,《페르시아 전쟁》, 책과함께, 2006. 12.

77. 올리버 스톤·피터 커즈닉, 이광일 옮김,《아무도 말하지 않는 미국 현대사》1, 2권, 들녘, 2015. 03.

78. 앤드루 나고르스키, 차병직 옮김,《세계사 최대의 전투: 모스크바 공방전》, 까치, 2011. 12.

79. 안토니 비버, 조윤정 옮김,《피의 기록, 스탈린그라드 전투》, 다른세상, 2012. 05.

80. 피터 심킨스 외 2인, 강민수 옮김, 한국국방안보포럼 감수,《제1차 세계대전 1914-1918》, 플래닛미디어, 2008. 04.

81. 스티븐 하트 외 2인, 김홍래 옮김,《아틀라스 전차전》, 플래닛미디어, 2013. 07.

82. 사이드 K 아부리쉬, 박수철 옮김,《사담 후세인 평전》, 자전거, 2003. 01.

83. 노암 촘스키 외 17인, 이수현 옮김,《미국의 이라크 전쟁》, 북막스, 2002, 12.

84. 사만 압둘 마지드, 주세열 옮김,《이라크 전쟁과 사담의 비밀》, 사회와연대, 2004. 05.

85. 데이비드 사우스웰, 안소연 옮김,《세계를 속인 200가지 비밀과 거짓말》, 이마고, 2007. 07.

86. 강준만,《한국 현대사 산책 1950년대 편》1~3권, 인물과사상사, 2004. 07.

87. 왜 몽골 제국은 강화도를 치지 못했는가, 이경수 지음, 푸른역사, 2014. 03.

88. 김태우,《폭격》, 창비, 2013. 07.

89. 제임스 위니필드, 홍성표 옮김,《걸프전》, 항공전역 분석, 해든아침, 2007. 03.

90. 해리 섬머스, 권재상·김종민 옮김,《미국의 걸프전 전략》, 간디서원, 2006. 06.

91. 기다 히데도, 오정석 옮김,《걸프전쟁》, 연경문화사, 2002. 12.

92. 김선유 지음,《걸프 전쟁》, 청림출판, 1991. 03.

93. 가와노 요시유키,《도해 전투기》, 에이케이, 2011. 04.

94. 아오키 요시토모, 권재상 옮김,《세계 최강 제트전투기 50선》, 북스힐, 2015. 08.

95. 아오키 요시토모, 권재상 옮김,《세계 최강의 전투기 F-22》, 북스힐, 2014. 04.

96. 아오키 요시토모, 권재상 옮김,《경이로운 5세대 전투기 F-35》, 북스힐, 2014. 01.

97. 김성걸,《전투기 100년 역사》, 한국국방연구원, 2014. 09.

98. 요미우리신문사,《최첨단무기시리즈 1》, 자작나무, 1998. 04.

99. 조지 E. 스트레이트마이어, 윌리엄 T. 와이블러드 엮음, 문관현 외 3인 옮김,《한국전쟁 일기》, 플래닛미디어, 2011. 06.

100. 이종하,《1월의 모든 역사: 세계사》, 디오네, 2012. 01.

인터넷

1. 위키피디아 영문판 https://en.wikipedia.org/wiki/Main_Page

2. 민족21, 〈평화운동가 브라이언 윌슨 미 재향군인회 대표 "1951년 무등산에 뿌려

진 의문의 백색가루는 T-2 진균독"〉,《민족21》, 2012년 12월 13일 자.
http://www.minjog21.com/news/articleView.html?idxno=823

3. 김형주, 〈"미국, 한국전쟁 중 '세균 무기'현장 실험 명령"〉, SBS 뉴스, 2010년 3월 19일 자. http://news.sbs.co.kr/news/endPage.do?news_id=N1000723169& plink=OLDURL .

4. 권종술, 〈미국 세균전 진실담은 '니덤보고서'원본 공개한 임종태 감독〉,《민중의 소리》, 2015년 6월 13일 자. http://www.vop.co.kr,A00000898960.html

사진 저작권 및 출처

19쪽   돌화살촉 https://en.wikipedia.org/wiki/Arrowhead#/media/File: Fleche＿Cartail
        hac＿MHNT＿PRE＿2009.0.232.2＿simple.jpg

21쪽   우르의 스탠다드 https://en.wikipedia.org/wiki/Standard＿of＿Ur#/media/File:
        Standard＿of＿Ur＿-＿War.jpg

22쪽   힉소스족을 추격하는 이집트의 파라오 http://www.urbanghostsmedia.com/
        home/twamoran/urbanghostsmedia.com/wp-content/uploads/2015/02/hyksos-
        nomad-warriors.jpg

25쪽   알렉산드로스 3세에 밀린 다리우스 3세 https://en.wikipedia.org/wiki/Battle＿
        of＿Issus#/media/File: Napoli＿BW＿2013-05-16＿16-25-06＿1＿DxO.jpg

27쪽   아시리아의 기병부대 https://en.wikipedia.org/wiki/Military＿history＿of＿the＿
        Neo-Assyrian＿Empire#/media/File: Assurbanipal＿op＿jacht.jpg

28쪽   아칼 테케 그림 https://en.wikipedia.org/wiki/Akhal-Teke#/media/File: Race
        ChevalineTurque.jpg

29쪽   샤이어 품종 말 https://en.wikipedia.org/wiki/Shire＿horse#/media/File: Shire.jpg

30쪽   말을 탄 스페인 병사들과 원주민 동맹군 https://en.wikipedia.org/wiki/File:
        Jal-ixco.jpg

31쪽   나폴레옹 군대의 흉갑 기병   https://en.wikipedia.org/wiki/Heavy_cavalry#/
media/File:An_Officer_of_the_Cuirassiers-_by_Edouard_Detaille.jpg

32쪽   킴메르인들의 모습   http://www.encyclopediaofukraine.com/pic%5CC%5CI%
5CCimmerian%20mounted%20warriors%20on%20Nimrud%20basrelief.jpg

33쪽   14세기 이란에서 그려진 몽골 기병들의 전투 장면   https://upload.wiki
media.org/wikipedia/commons/7/7b/DiezAlbumsArmedRiders_I.jpg

37쪽   해양민 군사들이 새겨진 이집트의 부조   http://www.minoanatlantis.com/pix/
Sea_People_Sherden.jpg

41쪽   스키타이인과 슬라브족의 전투 장면   https://en.wikipedia.org/wiki/Scythians
#/media/File:%D0%91%D0%BE%D0%B9_%D1%81%D0%BA%D0%B8%D1%84
%D0%BE%D0%B2_%D1%81%D0%BE_%D1%81%D0%BB%D0%B0%D0%B2
%D1%8F%D0%BD%D0%B0%D0%BC%D0%B8.jpg

45쪽   남미 원주민들의 팔매끈   https://en.wikipedia.org/wiki/File:Andean_sling_01.jpg

46쪽   양치기 소년 다윗이 던진 돌에 맞은 골리앗. 독일 화가 오스말 스킨들러
Osmar Schindler의 1888년 작품   https://en.wikipedia.org/wiki/Goliath#/media
/File: Osmar_Schindler_David_und_Goliath.jpg

47쪽   트라야누스 원기둥에 새겨진 돌팔매꾼   https://en.wikipedia.org/wiki/Sling_
(weapon)#/media/File: Slingers_on_Trajan%27s_Column.jpg

48쪽   지팡이 돌팔매 삽화   https://en.wikipedia.org/wiki/Sling_(weapon)#/media/File:
Friezen_vallen_de_toren_van_Damiate_aan.jpg)

51쪽   중국의 노   https://upload.wikimedia.org/wikipedia/commons/0/0c/Liannu.jpg

54쪽   한나라 때 청동으로 만들어진 노의 방아쇠 장치 유물   https://en.wikipedia.
org/wiki/Crossbow#/media/File: Warring_States_or_Western_Han_crossbow.jpg

58쪽   최전성기 시절의 페르시아 제국   https://en.wikipedia.org/wiki/Achaemenid_
Empire#/media/File:Achaemenid_Empire_(flat_map).svg

59쪽   고대 그리스의 호플라이트를 재현한 사진   https://en.wikipedia.org/wiki/File:
Spartan_hoplite-1_from_Vinkhuijzen.jpg

60쪽   팔랑크스 대형을 이룬 호플라이트   http://usercontent2.hubimg.com/5273802_
f520.jpg

63쪽   6미터에 달하는 긴 창을 든 팔랑크스 부대   http://1.bp.blogspot.com/-_gNRG

3s4mlQ/Uw3yEEZUgTI/AAAAAAAASo/JdpvPUMf954/s1600/Syntagma_pha

64쪽 독일의 란츠크네히트 용병부대 http://de.academic.ru/pictures/dewiki/98/bad-war.jpg

66쪽 히다스페스 전투 https://en.wikipedia.org/wiki/File:The_phalanx_attacking_the_centre_in_the_battle_of_the_Hydaspes_by_Andre_Castaigne_(1898-1899).jpg

68쪽 한니발의 코끼리 부대 https://en.wikipedia.org/wiki/File:Schlacht_bei_Zama_Gem%C3%A4lde_H_P_Motte.jpg

70쪽 무굴제국 시대의 코끼리 갑옷 https://en.wikipedia.org/wiki/Battle_of_Khajwa#/media/File:Elephant_in_Battle.jpg

73쪽 로마군이 사용했던 글라디우스 https://en.wikipedia.org/wiki/Gladius#/media/File:Uncrossed_gladius.jpg

74쪽 피드나 전투 그림 http://img09.deviantart.net/cbd0/i/2011/023/1/c/battle_of_pydna_168_bc_by_fall3nairborne-d37wo7o.jpg

76쪽 최전성기 시절의 로마 제국 영토 http://www.english-online.at/history/roman-empire/map-of-roman-empire-at-its-height.png

79쪽 650년 비잔티움-동로마제국 https://en.wikipedia.org/wiki/File:Byzantiumby650AD.svg

80쪽 해전에서 그리스의 불을 묘사한 삽화 https://en.wikipedia.org/wiki/Greek_fire#/media/File:Greekfire-madridskylitzes1.jpg

85쪽 남송 영역을 나타낸 지도 https://en.wikipedia.org/wiki/Mongol_conquest_of_the_Song_dynasty#/media/File:China_11b.jpg

87쪽 칭기즈칸의 손자 쿠빌라이 https://en.wikipedia.org/wiki/Kublai_Khan#/media/File:YuanEmperorAlbumKhubilaiPortrait.jpg)

89쪽 현대에 들어 재현한 트레뷰셋 https://en.wikipedia.org/wiki/Trebuchet#/media/File:Trebuchet_Castelnaud.jpg)

92쪽 아즈텍 제국의 영토 https://en.wikipedia.org/wiki/Spanish_conquest_of_the_Aztec_Empire#/media/File:Aztec_Empire_c_1519.png

93쪽 아즈텍 군사들의 무기와 복장 https://en.wikipedia.org/wiki/Aztec_warfare#/media/File:Codex_Mendoza_folio_67r_bottom.jpg

94쪽 에스파냐 군사들이 아즈텍인들을 학살하는 장면 https://es.wikipedia.org/

wiki/Noche_Triste#/media/File:Matanza_templo2.jpg

98쪽   노타치를 든 일본군 장수   http://i831.photobucket.com/albums/zz238/estcrh/
odachi-otachi-nodachi/UnusualOdachiopinionsplease.png

99쪽   명군과 왜구의 전투 장면을 그린 항왜도권   http://p3.pstatp.com/large/3d00
007d3b,d70d9787

105쪽   원나라에서 개발한 화총   https://en.wikipedia.org/wiki/Hand_cannon#/media/
File:Yuan_chinese_gun.jpg

107쪽   아쿼버스를 든 모습을 그린 그림   http://www.medievalwarfare.info/pics/arque
bus_02.jpg

109쪽   일본인들이 만든 아쿼버스   https://en.wikipedia.org/wiki/File:EdoJapaneseAr
quebuse.jpg

110쪽   드라이제 니들 건   https://en.wikipedia.org/wiki/Dreyse_needle_gun#/media/
File:Z%C3%BCndnadelgewehr_m-1841_-_Preussen_-_Arm%C3%A9museum.jpg

113쪽   조선 수군의 주력 전함 판옥선   http://100.daum.net/multimedia/search?
q=%ED%8C%90%EC%98%A5%EC%84%A0&id=10_141705&ind
ex=0)

114쪽   천자총통   http://100.daum.net/multimedia/entry/14XXE0056009

119쪽   카락선   https://en.wikipedia.org/wiki/Portuguese_India_Armadas#/media/
File:Portuguese_Carracks_off_a_Rocky_Coast.jpg

120쪽   인천시립박물관의 불랑기포   https://en.wikipedia.org/wiki/Breech-loading_
swivel_gun#/media/File:Ming_bronze_cannon.jpg

123쪽   강화도 초지진에 보관된 홍이포   http://100.daum.net/multimedia/search?q=
%ED%99%8D%EC%9D%B4%ED%8F%AC&id=24_C-D-U3O-F0-0401-
00009-03-00.png&index=1

127쪽   5미터가 넘는 긴 창인 파이크   https://en.wikipedia.org/wiki/Pike_(weapon)#/
media/File:Pike_square_img_3653.jpg

128쪽   쓰리 쿼터 아머   https://commons.wikimedia.org/wiki/File:German_Three-Quarter
Armour-_Royal_Ontario_Museum_-_DSC09469.jpg

129쪽   19세기 초에 사용된 총검   https://en.wikipedia.org/wiki/Bayonet#/media/File:Bay
onette-p1000740.jpg

130쪽   1798년 이집트의 임바바 전투 https://en.wikipedia.org/wiki/Battle_of_the_
Pyramids#/media/File: Louis-Fran%C3%A7ois_Baron_Lejeune_001.jpg

131쪽   1815년 워털루 전투의 모습 https://commons.wikimedia.org/wiki/File:Battle_
of_Waterloo_1815_11.png

134쪽   영국에서 개발된 퍼클 건 https://en.wikipedia.org/wiki/Puckle_gun#/media/
File: Puckle_gun_Photo.jpg)

135쪽   맥심 기관총과 개발자 하이럼 맥심 http://www.ralphmag.org/CH/maxim-
gun594x424.gif

137쪽   옴두르만 전투를 묘사한 기록화 https://en.wikipedia.org/wiki/File:Omdur
man2.jpg

138쪽   마흐디 교단의 신도 https://en.wikipedia.org/wiki/File: Mahdist_in_the_Kha
lifa%27s_house,_Omdurman,_Sudan.png

143쪽   영국의 존브라운앤컴퍼니 사가 제작한 군함 https://en.wikipedia.org/wiki/
John_Brown_%26_Company#/media/File:John_Brown_advertisement_Brasseys
_1923.jpg

145쪽   드레드노트급 전함 https://en.wikipedia.org/wiki/HMS_Dreadnought_(1906)#/
media/File: HMS_Dreadnought_1906_H61017.jpg

146쪽   헬골란트급 전함 https://en.wikipedia.org/wiki/Helgoland-class_battleship#/
media/File: Bundesarchiv_DVM_10_Bild-23-61-09,_Linienschiff_%22SMS_
Helgoland%22.jpg

149쪽   1917년 영국 해군이 진수한 아르구스 호 https://en.wikipedia.org/wiki/HMS_
Argus_(I49)#/media/File:HMS_Argus_(1917).jpg

151쪽   미국 항모전단의 항해 모습 https://en.wikipedia.org/wiki/Aircraft_carrier#/
media/File: Fleet_5_nations.jpg

154쪽   미국이 만든 원자폭탄 뚱보 https://en.wikipedia.org/wiki/Nuclear_weapon#/
media/File: Fat_man.jpg

155쪽   원자폭탄이 폭발하면서 발생한 버섯구름 https://en.wikipedia.org/wiki/File:
Nagasakibomb.jpg

159쪽   차르 폭탄 모형 https://en.wikipedia.org/wiki/File: Tsar_Bomba_Revised.jpg

161쪽   차르 폭탄이 폭발하는 장면을 촬영한 사진 https://en.wikipedia.org/wiki/

Tsar_Bomba#/media/File:Tsar_photo11.jpg

162쪽 피델 카스트로 http://vignette3.wikia.nocookie.net/godfather/images/4/4d/Fidel_
Castro.jpg/revision/latest?cb=20100415052925

163쪽 존 F. 케네디 대통령 https://en.wikipedia.org/wiki/John_F._Kennedy#/media/
File:JFK_White_House_portrait_looking_up_lighting_corrected.jpg

167쪽 현대식 탱크의 발명자인 어네스트 둔롭 스윈튼 https://en.wikipedia.org/wiki/
Ernest_Dunlop_Swinton#/media/File:E._D._Swinton_op._p._81.jpg

168쪽 영국군이 최초로 사용한 마크 1 탱크 https://en.wikipedia.org/wiki/British_
heavy_tanks_of_World_War_I#/media/File:Mark_I_series_tank.jpg

169쪽 독일군의 Tiger I 탱크 https://en.wikipedia.org/wiki/File:Bundesarchiv_
Bild_101I-299-1805-16,_Nordfrankreich,_Panzer_VI_(Tiger_I).2.jpg)

170쪽 소련군의 T-34 탱크 https://en.wikipedia.org/wiki/T-34#/media/File:Char_
T-34.jpg)

172쪽 걸프 전쟁에 투입된 미군의 M1 에이브람스 탱크 https://en.wikipedia.org/
wiki/M1_Abrams#/media/File:Abrams_in_formation.jpg

173쪽 걸프 전쟁 때 파괴된 이라크군의 T-72 탱크 https://en.wikipedia.org/wiki/
T-72#/media/File:T72_MBT.jpg

176쪽 흑사병과 참회의 행진 https://en.wikipedia.org/wiki/File:Burying_Plague_
Victims_of_Tournai.jpg)

178쪽 천연두에 감염되어 죽어가는 아즈텍인들 https://upload.wikimedia.org/
wikipedia/commons/3/39/Aztec_smallpox_victims.jpg

181쪽 폰티악 추장의 초상화 https://en.wikipedia.org/wiki/File:Pontiac_chief.png

182쪽 방독면을 쓴 1차 세계 대전 당시의 병사들 https://en.wikipedia.org/wiki/
File:Vickers_machine_gun_crew_with_gas_masks.jpg

183쪽 상하이 전투에서 방독면을 쓴 일본군 병사들 https://en.wikipedia.org/wiki/
File:Japanese_Special_Naval_Landing_Forces_in_Battle_of_Shanghai_1937.jpg

185쪽 731부대장이었던 이시이 시로 https://ja.wikipedia.org/wiki/%E7%9F%B3%E4
%BA%95%E5%9B%9B%E9%83%8E#/media/File:Shiro-ishii.jpg

190쪽 바다에 채찍질을 가하도록 명령하는 크세르크세스 https://en.wikipedia.org/
wiki/Xerxes_I#/media/File:Xerxes_lash_sea.jpg

194쪽 살라미스 해전 https://en.wikipedia.org/wiki/Battle_of_Salamis#/media/File: Kaulbach,_Wilhelm_von_-_Die_Seeschlacht_bei_Salamis_-_1868.jpg

198쪽 안티코노스, 셀레우코스, 프톨레마이오스 https://upload.wikimedia.org/wiki pedia/commons/1/15/Diadochi.png

200쪽 셀레우코스의 흉상 https://en.wikipedia.org/wiki/Seleucus_I_Nicator#/media/ File: Seleuco_I_Nicatore.jpg

208쪽 그리스-박트리아 영토 지노 https://upload.wikimedia.org/wikipedia/commons/ 0/07/Greco-BactrianKingdomMap.jpg

209쪽 디오도토스 1세의 초상이 새겨진 금화 https://en.wikipedia.org/wiki/Greco-Bactrian_Kingdom#/media/File: DiodotusGoldCoin.jpg

210쪽 다릭 금화 http://1u88jj3r4db2x4txp44yqfj1.wpengine.netdna-cdn.com/wp-con tent/uploads/2013/07/daric.jpg

211쪽 간다라 양식을 알려주는 조각품 https://en.wikipedia.org/wiki/Hellenistic_ period#/media/File: Buddha-Vajrapani-Herakles.jpg

212쪽 데메트리오스 1세의 초상이 새겨진 동전 https://en.wikipedia.org/wiki/File: De metriusIMet.jpg

215쪽 인도-그리스 왕국의 초대 영토를 나타낸 지도 https://en.wikipedia.org/wiki/ Hellenistic_period#/media/File: IndoGreekCampaings.jpg

219쪽 메난데르 1세의 초상이 새겨진 동전 https://en.wikipedia.org/wiki/Indo-Greek_ Kingdom#/media/File: MenanderAndReverse.jpg

222쪽 소설 삼국지연의로 가장 수혜를 본 인물인 관우 https://en.wikipedia.org/ wiki/File: Guanyu-1.jpg

223쪽 번성 공방전 https://en.wikipedia.org/wiki/Battle_of_Fancheng#/media/File: Woodblock_print_guan_yu_xiangyang.png

228쪽 관우금장도 https://en.wikipedia.org/wiki/File: Shang_Xi,_Guan_Yu_Captures_ General_Pang_De.jpg

230쪽 로마의 솔리두스 금화 https://en.wikipedia.org/wiki/Julian_(emperor)#/media/ File: Solidus_Julian-transparen

235쪽 율리아누스 황제의 페르시아 원정로 https://en.wikipedia.org/wiki/Julian%27s_ Persian_War#/media/File: Julian_vs_Persien.png

237쪽 사산 왕조의 중무장 기병 조각상 https://en.wikipedia.org/wiki/Heavy_cavalry#/media/File: Knight-Iran.jpg

239쪽 수나라 두 번째 황제인 양제 https://upload.wikimedia.org/wikipedia/commons/0/0b/Sui_Yangdi_Tang.jpg

240쪽 수나라의 영토를 표기한 지도 https://en.wikipedia.org/wiki/File: Cheui_Dy nasty_581_CE.png

247쪽 몽골 기병의 전투 장면 https://en.wikipedia.org/wiki/Mongol_military_tactics_and_organization#/media/File: MongolCavalrymen.jpg

255쪽 테노치티틀란 https://ferrebeekeeper.files.wordpress.com/2010/06/tenochtitlan2.jpg

257쪽 코르테스와 틀락스칼라족 지도자들의 동맹 https://en.wikipedia.org/wiki/Spanish_conquest_of_the_Aztec_Empire#/media/File: Tlaxcala_-_Palacio_de_Gobierno_-_Verhandlungen_Spanier_-_Tlaxcalteken_2.jpg

259쪽 테노치티틀란에 입성하는 스페인 군사 https://en.wikipedia.org/wiki/Spanish_conquest_of_the_Aztec_Empire#/media/File: ROHM_D201_The_conquistadors_enter_tenochtitlan_to_the_sounds_of_martial_music.jpg

265쪽 도요토미 히데요시 http://www.badassoftheweek.com/hideyoshi2.jpg

266쪽 중국 명나라의 기병 부대 https://upload.wikimedia.org/wikipedia/commons/d/d6/Ming_cavalry.jpg

274쪽 스페인 민중들의 반 프랑스 봉기를 그린 그림, ⓒ고야 1814년 https://en.wikipedia.org/wiki/Peninsular_War#/media/File: El_dos_de_mayo_de_1808_en_Madrid_rdit.jpg

277쪽 네멘 강을 건너는 나폴레옹군 https://en.wikipedia.org/wiki/French_invasion_of_Russia#/media/File: Crossing_the_Neman_in_Russia_1812_by_Clark.jpg

279쪽 보로디노 전투를 묘사한 그림 https://en.wikipedia.org/wiki/French_invasion_of_Russia#/media/File: Vereshagin.Napoleon_near_Borodino.jpg

280쪽 모스크바 대화재 https://en.wikipedia.org/wiki/French_invasion_of_Russia#/media/File: Napoleon_in_burning_Moscow_-_Adam_Albrecht_(1841).jpg

281쪽 러시아에서 고통스럽게 후퇴하는 나폴레옹과 원정군 https://en.wikipedia.org/wiki/File: Napoleons_retreat_from_moscow.jpg

284쪽 벙커힐 전투 https://upload.wikimedia.org/wikipedia/commons/thumb/2/2a/Battle

_of_bunker_hill_by_percy_moran.jpg/929px-Battle_of_bunker_hill_by_percy_
moran.jpg

286쪽 트라팔가르 해전 https://en.wikipedia.org/wiki/Battle_of_Trafalgar#/media/
File: Turner,_The_Battle_of_Trafalgar_(1822).jpg

290쪽 영국군의 복식 https://en.wikipedia.org/wiki/Red_coat_(British_Army_and_
Royal_Marines)#/media/File: Wellingtons33rd.jpg

293쪽 예르마크 https://en.wikipedia.org/wiki/File:Yermak.png

294쪽 코사크족 용병 https://en.wikipedia.org/wiki/File: Ilja_Jefimowitsch_Repin_-_
Reply_of_the_Zaporozhian_Cossacks_-_Yorck.jpg

296쪽 니콜라이 페트로비치 레자노프 초상 https://en.wikipedia.org/wiki/Nikolai_
Rezanov#/media/File: Rezanov_np.jpg

297쪽 알렉산드르 바라노프 https://en.wikipedia.org/wiki/Alexander_Andreyevich_
Baranov#/media/File:Baranov_Alexandr.jpg

298쪽 마리아 콘셉시온 아르겔뇨 https://en.wikipedia.org/wiki/Concepci%C3%B3n_
Arg%C3%BCello#/media/File: %D0%9A%D0%BE%D0%BD%D1%87%D0%B8%
D1%82%D0%B0.jpg

300쪽 로스 요새의 전경 https://en.wikipedia.org/wiki/Fort_Ross,_California#/media/
File: Vue_de_l%E2%80%99etablissement_russe_de_la_Bodega,_%C3%A0_la_
C%C3%B4te_de_la_Nouvelle_Albion,_en_1828.jpg

301쪽 카메하메하 1세 초상화 https://en.wikipedia.org/wiki/Kamehameha_I#/media/
File: Kamehameha_I.png

304쪽 게오르그 안톤 샤퍼의 초상화 https://en.wikipedia.org/wiki/Georg_Anton_
Sch%C3%A4ffer#/media/File: Georg_Anton_Sch%C3%A4ffer.jpg

311쪽 러시아 요새 '엘리자베스'의 알림판 http://makanacharters.com/wp-content/
uploads/2015/08/Russian-Fort-Elizabeth-1.jpg

314쪽 독일 베를린 제국의사당에 소련 국기를 계양하는 소련군 병사 http://www.
militaryeducation.org/wp-content/uploads/2011/12/Entry-2.-Battle-of-Berlin.jpg

315쪽 루즈벨트 대통령 https://en.wikipedia.org/wiki/Lend-Lease#/media/File:
President_Franklin_D._Roosevelt-1941.jpg

317쪽 호멜 사의 스팸 통조림 http://i976.photobucket.com/albums/ae247/chrisantino/

Blogspot/SPAM.jpg

318쪽　게오르기 주코프　https://en.wikipedia.org/wiki/Georgy_Zhukov#/media/File: Zhu
kov-LIFE-1944-1945.jpg

319쪽　스탈린　https://en.wikipedia.org/wiki/Joseph_Stalin#/media/File: CroppedStalin
1943.jpg